本书出版得到韩山师范学院
创建国家教师教育创新实验区项目经费支持

悦读文心
——核心素养下语文教学论文集

主　编◎黄少杰　　副主编◎唐大光

暨南大学出版社
JINAN UNIVERSITY PRESS

中国·广州

图书在版编目（CIP）数据

悦读文心：核心素养下语文教学论文集/黄少杰主编；唐大光副主编．—广州：暨南大学出版社，2021.12
（教师专业发展学校探索书系）
ISBN 978 - 7 - 5668 - 3269 - 6

Ⅰ.①悦…　Ⅱ.①黄…②唐…　Ⅲ.①中学语文课—教学研究—文集
Ⅳ.①G633.302 - 53

中国版本图书馆 CIP 数据核字（2021）第 260790 号

悦读文心——核心素养下语文教学论文集
YUEDU WENXIN——HEXIN SUYANG XIA YUWEN JIAOXUE LUNWENJI
主　编：黄少杰　副主编：唐大光

出 版 人：张晋升
责任编辑：王辰月
责任校对：陈俞潼
责任印制：周一丹　郑玉婷

出版发行：暨南大学出版社（510630）
电　　话：总编室（8620）85221601
　　　　　营销部（8620）85225284　85228291　85228292　85226712
传　　真：（8620）85221583（办公室）　85223774（营销部）
网　　址：http：//www.jnupress.com
排　　版：广州市天河星辰文化发展部照排中心
印　　刷：佛山市浩文彩色印刷有限公司
开　　本：787mm×1092mm　1/16
印　　张：16.25
字　　数：240 千
版　　次：2021 年 12 月第 1 版
印　　次：2021 年 12 月第 1 次
定　　价：65.00 元

目　录

悦读·高中篇

悦读·初中篇

文心·写作篇

序
语文的功用是促进一个人的精神成长

少杰希望我为即将出版的《悦读文心——核心素养下语文教学论文集》作序，坦率地说，一个人年纪大了之后，对自己的写作会更为谨慎。但是普宁市第二中学是家乡人所向往的教育高地，我自己的学科背景又是与中学语文相对应的汉语言文学，本书中有几位作者还是我的学生，所以犹豫了一下还是答应了。

一

本书是围绕语文学科的核心素养谈教学改革的一部论文集。此前我曾经写过一篇小文章《也谈语文学科的核心素养》，我想先谈一下对于语文学科的核心素养的思考。我的基本观点是，既然我们的教育目标是培养德智体美劳全面发展的人，那么我们在讨论某个学科的核心素养的时候，就必须考虑这个学科对于培养全面发展的人能够提供什么重要支撑——"素养"本来就是相对于人的发展而言的。如果从这样的角度思考整个中学的学科结构，就会看得比较清楚：数学、物理、化学、生物、地理、信息技术这些学科主要是培养学生认识自然、改造自然的能力的；政治、历史这些学科主要是培养学生认识社会、改造社会的能力的。这些都需要提升一个人向外发展的能力。体育学科的设置主要是强健人的体魄的，语文、音乐、美术这些学科则主要是促进人的精神成长的，是提升一个人向内发展的能力。一个人，只有内外兼修，才能称得上是全面发展。

因此，我们讨论语文学科的核心素养四要素，就必须从促进一个人的精神成长的角度出发。海德格尔有一句很经典的话：语言是存在的家园。这句话有着丰富而深刻的意蕴，语言对于人来说，本质上不仅是工具性的，而且是存在性的。我们在使用语言，语言也在构筑一个人的精神世界，语言是我们灵魂的安身之处。思维是一个人理解世界的方式。一个人理解世界的方式大致上可以分为两种：一种可以称为分析性思维，这种思维方式就是对事物从感性到理性的、由表及里的追问和分析，目的是掌握事物的本质和规律；还有一种可以称为想象性思维，这种思维方式是由眼前的事物通过体验和想象把不同的事物和现象关联在一起，目的是将不同的事物融合成为一个整体，达到万物通融、天人合一的境界。在某种意义上，一个人要想全面发展，就需要掌握这两种思维方式。一方面，一个人要认识这个世界，要把握这个世界的规律，要掌握某种改造这个世界的能力，就需要掌握分析的思维能力，通过学习数学、物理、化学等自然学科以及历史、政治等人文学科就可以拥有这种能力；另一方面，一个人要处理好与他人、与社会、与自然的关系，要融入和拥抱这个世界，就需要掌握想象的思维能力。对于后者的培养，主要就是通过语文学科，尤其是文学的教育，也就是通过想象的方式、情感的力量打动一个人的内心，让人敞开胸怀去接纳这个世界，热爱这个世界，去建立与他人、与社会、与自然之间的联系。

审美教育的意义不仅仅是"形成正确的审美意识、健康向上的审美情趣与鉴赏品位"。一个人在追求自己目标的过程中，可能会碰到挫折和失败，也可能取得成功。追求成功往往会激发人们设立更高的目标，然而也可能导致一个人陷入对欲望无止境的追求之中。而人追求成功的能力是有限的，有很多限制因素——一个人无法做到无所不能，也无法打败死亡。那么，人生应该如何突破这些制约呢？即有限的人如何追求无限？这个时候就要依靠内在的精神超越。精神超越有几种途径：一种是宗教，信徒把人生寄托给"无所不能"的"神"，让其灵魂得到救赎和安慰；另一种就是审美，在审美活动中，人可以摆脱功利的羁绊，在想象和情感的召唤下与他人、与社会、与自然万物重新融合在一起，生命从而回归本真，为灵魂找到家园。这就是蔡元培大力推崇"美育代替宗教"的原因所在。

如果从促进人的精神成长的角度来看，语文学科核心素养四要素的内涵及逻辑关系应该是：语言展示我们的存在，建构我们的精神个性；想象性思维触发我们与世界的共性，引领我们融入、拥抱世界；文化的传承与学习构筑一个人的人生观和价值观，铸就一个人的文化人格；审美鉴赏与创造召唤我们超越现实，为我们的灵魂找到安身之处。语言、思维、文化、审美几个要素融合共生，推动着一个人的精神成长，铸就着一个人的精神内核。

二

如何在语文教学中落实核心素养的培养？从本书就可以看到诸位老师卓有成效的探索。这些探索主要是从两个层面展开的。

首先是教学理念层面，具体来说就是语文要教什么。我觉得少杰在《核心素养下中学语文教学更需要情与美》中讲得很好，"每一位语文教师，都要充分发掘语言文字背后的情感因素，再现教材的情感，拉近学生与教材的距离，让教材中的情感跃然纸上。教师要在文字与学生的阅读体验中建构一个审美空间，才能使语文课堂变成一个美妙的语境场，使学生更真切地体悟情感，追寻美的足迹"。也就是说，语文课不仅要讲知识、讲思想，更重要的是发掘隐藏在文字背后的情感，培养学生的细腻敏感的心灵和同情心，这就是审美的教育。如果语文课为了应试的需要只是讲知识体系，那么审美的教育在语文教学中就无法落实了。作者之一张晓辉在《如何在语文阅读中培养学生的生命意识》中提到语文教育"要将生命意识渗透到相关的课文教学中，不要刻意地说教，要在探究中熏陶"，要让学生"从语文阅读中感受到生命的优雅与飞扬，品味出人性的丰富和灿烂，语文才能进入我们的生命，我们的生命才因此更有力量，更有意义"，这实际上也是在谈语文教育要落实审美的教育。庄丽玲的《民俗文化在生活化写作教学中的渗透》，提出将"民俗文化渗透于作文教学，有助于学生在珍视本土文明的基础上建设健康的本土文化观，形成积极的价值观念"，这显然是涉及语文教育如何落实核心素养另一要素"文化传承与理解"了。

其次是方法论的层面。这部论文集中的很多论文涉及的是教学策略，其中不乏精彩的论述。比如黄军祥的《以矛盾分析法促进文本阅读之深度研究》，提出"从矛盾处分析文本的裂缝、文本差异的共性、文本深层次的辩证统一等角度来深挖文本内涵"，我以为这是比较有学术价值的观点。我们常说要在教学中引导学生去体验作家所要表达的思想感情，然而一位优秀的作家通过作品所表达出来的对于人性的思考和他的情感体验往往是矛盾复杂的，其作品也常以多种角度、从多个层面表达这种矛盾。从这个角度来说，矛盾分析法就是一种有效的阅读策略。再比如方彤在《以经典阅读教学推动高中语文阅读有效性的实现》中提出推动学生深度阅读的方法："引导学生思考经典名人在特殊的环境下所做出的人生选择"，"推动着学生思索名人及其作品的深层意蕴"。我很认同这种教学策略，每一位作家的创作都源于他对人生困境的思考。而作家面对人生困境时的选择和精神姿态，往往就构成其作品最深层的精神底蕴。抓住作家面对困境时的选择和态度，就找到了通往他作品深层精神世界的桥梁。此外，我还注意到有几位教师谈到生活化作文的写作，其中周孚提指出目前学生的写作存在"假、大、空"的毛病，最后可能会塑造出"一个弄虚作假，没有高尚理想和追求的青年"，这并不是危言耸听。语言不只是一种可以为人所用的工具，语言也在构筑一个人的精神世界。一个学生的写作史，从某种意义上说就是其不断通过语言去塑造、修正的个人精神世界发展史。提倡生活化写作，就是引导学生用自己的语言去建构自己的精神空间。

我认为，一名中学教师要几十年重复讲授某个学段的同一门课程，如果他不及时做研究，不对自己的教学理念和教学方法进行反思和改进，他的教学就会停滞、僵化，乃至失去活力。因此，课题也许即将结题，但教师们的思考和探索应该永无止境，时刻伴随其整个教育生涯。

黄景忠

韩山师范学院副校长

文学与新闻传播学院教授

2021 年 10 月

悦读·高中篇

核心素养下中学语文教学更需要情与美

黄少杰

核心素养下，语文教学需要向生活延伸，在生活的体验中，语文教师要能触摸到学生的情感态度，才能让生活滋养学生的情感态度，从而使学生理智地尽情生活，尽情接受美的熏陶，尽情地享受美，尽情地创造属于自己的美。这是中学语文教学的最高境界。

语文学科核心素养是由语言的建构与运用、文化的传承与理解、思维的发展与提升和审美的鉴赏与创造组成的。语文学科核心素养具备基础性和发展性的特征。即便不接受专门教育，每一个人都可以感受到基础的语言特性，但语文的审美价值，需要语文教师通过富有美的形象性、感染性、社会性和创造性的教学活动，使学生收获美的教育。

语文，既是一个清晰明了的学科名称，也是一个非常抽象的专有名词。同时，语文也可以是很具体的，它可以是人们所说的每一句话、每一个字。语文无时无刻不在牵动着每一位语文教师的心绪，让人们通过文字体会到人情、生活、社会、国家等的情感与审美。

然而，在实际的语文教学中，语文总是显得"若隐若现"，有时候又显得机械呆板。很多时候，在语文教学中，教师会偏重于对文章的共性把握以及其理念的揭示和展现，而学生的学习又常常处于笼统理解、泛泛而谈的状态，教师在课堂中对主题思想的理解、对人物精神的揭示总是让学生感到枯燥乏味，让学生失去了想象探究的机会，缺乏深度的体验，造成了美的缺席。因此，语文教学显得冷清空洞，没有亲和力。

语文是什么？这对于每一位语文教师来说，都是必须要思考并解答的一个问题。

可以说，当一位语文教师能较好地阐释"语文"的深层含义时，语文的教学就会柳暗花明了。

在我看来，中学语文课堂主要有三个维度，第一个维度是教师和学生之间的情感交流，第二个维度是学生通过文字媒介与作者的情感交流，第三个维度是教师和学生共同与文本的情感交流。简单地说，语文教学就是两个字——"情"与"美"。语文缘情而生，有情而美；教师依情而动，情动而美；学生因情而学，情满而美。语文教学的一个层面就是让学生在教师的情感中感受情感，在文本的情感中领悟情感，在课堂的情感中燃烧自己的情感。另一个层面就是让学生在品味文字中体会美，在想象的意境中领悟美，在引领升华中创造美，给予学生美的熏陶。

因此，语文教学必须用情创造美。

第一，语文教师应该是一个具有情怀的人。唯有具有情怀，才可以真真正正地理解生活，进而热爱生活，发现生活的美。一位有情怀的语文教师，才能体会范仲淹"居庙堂之高则忧其民，处江湖之远则忧其君"的无私；才能品味王安石"不畏浮云遮望眼，只缘身在最高层"的无畏；才能读懂诸葛亮"淡泊以明志，宁静以致远"的高远。因此，美才会从语言的表达中迸发出来。

不管教师要教的是什么文章，在教学中语文教师必须先让自己"动情"。只有先有"情"，才能把握作者的感情基调，与作者同喜或是同悲，同褒或是同贬。总之，语文教师一定要把自己的情感释放出来，然后运用生动的语言，把课文所提供的艺术形象、具体画面或理性特征较好地呈现在学生面前，启发学生的形象思维，唤起学生的共鸣，把握作品中的情感因素，把学生引入情境之中，产生情感共鸣，进而从情感中产生美的价值，体验美的精神特质。"你的心不是'在'自己的心的过程里，在感情、情绪、思维里找到美，而是'通过'感觉、情绪、思维找到美，发现梅花的美。"宗白华这句话，可以很好地阐释语文教师动情的必要性。

语文教师对语文的情怀，会自然而然地滋润学生的语文情感，潜移默化地影响学生，让他们爱上语文，主动地去阅读、去欣赏、去创新。所以，语文教师只有自己情怀满满，才能深入地理解语文，欣赏语文，热爱语文。如此一来，陶渊明"采菊东篱下，悠然见南山"的安静恬淡才会在眼前浮现；李白"愿将腰下剑，直为斩楼兰"的英雄气概才会在心中荡漾；曹操"老骥伏枥，志在千里"的雄心壮志才会动人心弦。有情怀，有诗心，才有灵性，才有美。

由此可见，语文教师对语文的满心喜爱、课堂表达中流畅生动的语言、优雅得体又富有激情的举止、对文本入情入境的领悟沉醉等，都将直接影响学生语文学习的情感动向和审美意味。

第二，语文教师需要把语文背后的情感完整呈现。语文课文中的每一篇文章，每一层段落，每一句话，甚至是每一个字，都是带着作者的体温的。文字里，风霜雨雪，菊竹松梅，一枝一叶；絮语的蛙声，清扬的鹤鸣，低唱高吟；黎明黑夜，日月星空，一时一地；城市的情调，乡村的照片，抑或是春天的屋檐，夏天的湖畔，秋天的山野，冬天的火把，等等。每一个字就是一个奇妙的世界，每一篇文章就是一个神奇的天堂。字虽无声，却让人心生荡漾，心潮澎湃，思绪绵绵。每一个作者在作品中要描绘的景象、人物，都不是他们要表现的中心，他们描绘的真意都在言外：情思、美感。

因此，"海内存知己，天涯若比邻"的友情，"但使龙城飞将在，不教胡马度阴山"的豪情，"何当共剪西窗烛，却话巴山夜雨时"的温情，种种情思激荡在人们心头，在感动读者的同时，也涌现了美。读马致远的《天净沙·秋思》"枯藤老树昏鸦，小桥流水人家，古道西风瘦马。夕阳西下，断肠人在天涯"，体会字与字之间的精妙，我们会感受到文字背后的情思，使人感受到一种幽美的情绪，从柔情四溢的字里行间参透生活真谛。读"会当凌绝顶，一览众山小""长风破浪会有时，直挂云帆济沧海"，我们能从中寻求人生的信念，振奋的力量，心灵的归属，灵魂的升华。美也自然而然地在心间涌现。

语文，无论是说话还是写作，无论是词语还是句子，无论是诗歌还是小说，都真真切切地饱含作者的情感因子，闪耀着他们思想的光辉。

每一位语文教师，都要充分发掘语言文字背后的情感因素，再现教材的情感，拉近学生与教材的距离，让教材中的情感跃然纸上。教师要在文字与学生的阅读体验中建构一个审美空间，才能使语文课堂变成一个美妙的语境场，使学生更真切地体悟情感，追寻美的足迹。这才是语文教师面对教材时要完成的重要使命。

第三，语文教师需要引发学生对语文教材的情感共鸣。语文教师对教材中所表达的情感的揭示，也可以说是语文教学过程的前奏。语文教师能够让教材中的情感像太阳一样发光、发热，让学生从文章的每个角落领略到情感的温度，涌起情感的波涛，从而获取"登山则情满于山，观海则意溢于海"的情感愉悦，创造出属于自己的审美享受，这样的语文课堂才是有生命的课堂，语文教学才能真正体现它的价值与意义。

宗白华说得好："心的陶冶，心的修养和锻炼是替美的发现和体验做准备的，创造'美'也是如此。"语文教师应该带领学生在语文课堂里感受作品真谛：引领学生享受作品中清风如缕的晨昏、雨露多变的四季、纯净的情怀；可以浸润似水流年的岁月、随风飘荡的年华、诗意的情怀；化作品中的苦涩与孤独为胸怀与气度；或是变作品中令人不知所措的茫然为热情和行动的决心。从每一个细节中生成自己对美的感悟，就是一种深层的阅读。只要教师能让教材的每一篇、每一段、每一句甚至是每一字中的情感撞击学生的心扉，拨动学生情感的琴弦，那么即便是较为乏味的议论性文章，学生也可以从理性文字的本身出发，在生活中感受情怀的色彩。课堂上，为了加深学生对文本的理解，需要教师捕捉学生智慧的火花，让学生充分感受文字的美丽，促进他们心中美的生成。这样，语文课堂便可以创造出一个又一个精彩而富有诗意的美的课堂。正如宗白华所说："一切美的光是来自心灵的源泉，没有心灵的映射是无所谓美的。"

学生因"情"而学，他们对知识的认知、理解、探究也就更加丰富、深刻，学生的感知、理解、分析也会因此变得敏锐，思维变得更加灵活。学生学习语文时有情怀，才能真正地理解语文、热爱语文、欣赏语文，并因此真正地理解生活、热爱生活，创造生活的美、享受生活的美。

因此，语文课堂不能只是简单的对话与活动。教师对文章条分缕析地讲解，不见得就是生动的体现，反而可能会让一篇美文被"肢解"得毫无可读性，全无诗意。我们也不能让机械的教案把学生学习语文的兴趣和激情都赶走，最终对语文"望而生厌"。

语文教学需要向生活延伸，在体验生活的过程中，语文教师能捕捉到学生的情感态度，也能通过生活启发学生的情感认知，从而让学生能在生活中尽情地接受美的熏陶，尽情地创造自己的美的体验，这才是语文教学的最高境界。

语文就是一种情、一种美。语文其实是教师、作品（作者）、学生面对生活、面对家庭、面对社会、面对家国的情怀和审美体验。

参考文献：

［1］宗白华. 美学散步［M］. 上海：上海人民出版社，1981.

［2］牛秀娟. 课堂，与美最近的距离：基于学科核心素养的课堂教学变革［M］. 上海：华东师范大学出版社，2018.

核心素养下整本书阅读教学策略研究

——以《乡土中国》为例

林建华

《普通高中语文课程标准（2017 年版）》明确将语文核心素养提炼为语言建构与运用、思维发展与提升、审美鉴赏与创造、文化传承与理解四个方面。语文核心素养已然成为语文教育教学领域讨论和探索的热点。作为语文教学的重要组成部分，阅读无疑是提升中学生语文核心素养的重要方式之一。而整本书阅读更是使学生破解当前碎片化阅读，形成深度阅读习惯的较好途径。本文以《乡土中国》为例，研究整本书阅读的教学策略。

《普通高中语文课程标准（2017 年版）》指出，高中语文的学习目标与任务包括："在指定范围内选择阅读一部学术著作。通读全书，勾画圈点，争取读懂；梳理全书大纲小目及其关联，做出全书内容提要；把握书中的重要观点和作者的价值取向。阅读与本书相关的资料，了解本书的学术思想及学术价值。通过反复阅读和思考，探究本书的语言特点和论述逻辑。"通过对《乡土中国》的整本书阅读，可以促进学生"体验各类启示性、陶冶性的语文学习活动，逐渐实现多方位要素的综合与内化，养成现代社会所需要的思想品质、精神样貌和行为方式"。

一、整本书阅读教学的意义

将整本书阅读与研讨作为学习任务，旨在引导学生通过阅读整本书，拓展阅读视野，建构阅读整本书的经验，形成适合自己的读书方法，提升阅读鉴赏能力，养成良好的阅读习惯，促进学生对中华优秀传统文化、革命文化、社会主义先进文化的深入学习和思考，形成正确的世界观、人生观和价值观。叶圣陶先生在《论中学国文课程的改订》一文中说过："就学生方面说，在某一时期专读某一本书，心志可以专一，讨究可以彻底。在中学阶段内虽然只能读有限的几本书，但是那几本书是真正专心去读的，这就养成了读书的能力。"然而，在当今的教材选文中，学生只能学到节选的文章。用这些片段章节选文进行教学，其实是一种碎片化阅读和浅阅读教学。另外，大部分学生平时侧重于围绕高考考点进行训练，没有强烈的主动意识也缺少充分的时间进行阅读。在这种情况下，我们就难以真正提升学生的语言、思维以及审美能力，无法有效做到传统文化的传承。

关于整本书阅读的属性定位，李卫东认为，整本书阅读应该是冲破语文教学狭小格局的深度阅读、深度学习，需要精读、泛读的灵活转换，课内阅读和课外阅读的深度结合，正式学习和非正式学习的对接融通。整本书阅读有下面几个意义：

1. 培养学生的阅读习惯

阅读是相伴我们一生的精神活动，要开展好这项精神活动，除了靠我们的阅读兴趣外，更重要的是要培养良好的阅读习惯。因为习惯的力量是无比强大的，它可以为活动者提供源源不断的、自觉的动力。在培养学生的语文学习习惯上，整本书阅读给予学生的相关能量要比单篇短章式的文选型教材多得多。

2. 提升学生的语言能力

语言是人类沟通的重要工具。整本书阅读能够使学生接触到足够丰富的语言，有利于学生根据自己的喜好进行吸收并且模仿。经典作品的语言大都非常丰富、优美。当学生接触了一定数量的经典作品，其语言能力自然而然就会提升。

3. 提升学生的思维能力

阅读能使学生获得思维的翅膀。学生通过阅读进行思考，从而获得知识和思想。整本书阅读是学生发展思维能力的重要途径。经典作品意蕴深厚，它能使学生的思维不断地得到锻炼，为学生提供足够的思考和想象空间。

4. 提升学生的审美能力

提升学生的审美能力是语文教学任务之一。整本书阅读能使学生感受到汉语言本身的优美和魅力，也能体会到文学作品的美感，特别是感受作品里的真善美。这样，学生的心灵就得以滋润，灵魂获得熏陶。

5. 提升学生传承传统文化的能力

为了提高文化自信，实现民族复兴，中国的传统文化就必须好好地被传承。而传承传统文化的前提是深入地学习传统文化。现在，新教材增加了很多古诗文，实际上就是要使学生学习到更多的传统文化，通过教材经典作品选文带动学生进一步去阅读经典作品。这样，学生传承传统文化的能力才能得到提升。

二、学习《乡土中国》的价值

《乡土中国》是社会学大家费孝通的代表作，是根据费孝通20世纪40年代在西南联大和云南大学所讲授的"乡村社会学"课程内容整理而成，兼具学术性与文学性。《乡土中国》较为全面地展现了当时中国基层社会的面貌，是一部重要的学术著作，是必读的经典。

首先，阅读《乡土中国》可以发展学生的思辨能力，提升其思维的品质。学术著作的本质在于"说理"，在于"论证"，这也是学生将要在大学乃至人生中所必需的重要素质。学生能够在阅读《乡土中国》这部学术著作的过程中进行思维训练，费孝通在文中将中国乡土社会与现代社会进行对比，将乡村与都市进行对比，将中国社会与西方社会进行对比，学生可以从宏观角度出发去学习如何发现问题、解决问题。

其次，阅读《乡土中国》对于学生了解中国社会基层状况有很大的帮助。历史上，我国大部分地区是农村。费孝通调查的地方就是典型的农村。而农村的治理模式已存在几千年。费孝通真正抓住了数千年农耕文明所构筑的中国国民意识的核心——乡土。只有真正了解乡土的特点、内涵，我们才能了解中国几千年社会治理的结构和特点。随着工业文明的发展，以农耕文明为基础的农村社会治理模式受到了很大的挑战。费孝通描述的乡土中国在如今发生了很大的变化。比如，乡村过去的静止、不流动到现在变成了大流动、大迁徙；乡村的很多习俗和传统在淡化或消亡等。而以上的变化正在影响着我们当今的社会生活。

社会学是研究人类在社会中如何生存、生活的学问。社会治理模式的优劣直接关系到人类生活的质量和发展潜力。如今，我国正在大力建设社会主义新农村、建设美丽家乡和美丽中国。种种建设工程都需要我们建立一套适应时代发展的新型社会治理模式。美丽乡村应该是风景秀美、生机勃勃、民风淳厚的。

三、《乡土中国》整本书阅读的教学方法

1. 介绍阅读方法，引导学生进行自主阅读

整本书阅读教学的重点是引导学生进行自主阅读。然而，中学生往往难以在短时间内找到阅读重点，因此会产生畏难情绪。因此，教师需要事先对其进行阅读指导，通过名著概述导读、绘制结构化表格等，帮助学生梳理书籍框架和关键信息，进而打消横亘在学生和初读体验之间的阻碍。学生要做到自主阅读，前提是要掌握阅读的方法。通常，有两种阅读方法是学生必须掌握的——粗读和精读。粗读法亦称浏览法、泛读法，是指以极快的阅读速度把书通读一遍，以求对全书内容有个概括了解，知道大略轮廓，把握每一章节主要讲了什么问题。精读法亦称细读法、研读法，是指以正常的或极慢的阅读速度深入钻研全书的内容，以求对全书内容有全面透彻的理解，详细掌握书中的每一个论点、论据和论证方式，清晰地勾画出全书的结构或情节。学生进行整本书阅读的第一步就是对要看的书进行粗读，使学生迅速了解书的大致内容。第二步就是要指引学生对书进行精读。精读就是要对书中的重要篇章、段落、字词进行细品、研究。粗读和精读紧密结合，能使学生更好地把书读懂、读透。

2. 厘清重要概念，引导学生做好读书笔记

整本书阅读的重点在于对书中重要概念的理解。我们引导学生对《乡土中国》中重要概念进行理解，把握书中的核心内容和思想。好记性不如烂笔头。这里主要强调"写"的重要性。写要从两个方面入手：

一是引导学生对书中的重要概念进行梳理。比如，分别给"乡土中国""乡土本色""差序格局"等概念下定义。概念理解是准确把握整本书精神内涵的重要环节。二是对书中章节的核心内容和观点做读书笔记。学生通过做读书笔记能深化对所阅读内容的理解。

3. 利用思维导图，引导学生构建知识框架

在学习《乡土中国》的过程中，我还引导学生画思维导图。画思维导图有利于我们对思考的问题进行全方位和系统的描述与分析，有利于我们对研究的问题进行深刻的、富有创造性的思考，从而找到解决问题的关键因素或关键环节。学生通过绘制《乡土中国》思维导图，就能构建完整的知识框架。

4. 引入现实问题，引导学生学会学以致用

我们读名著经典，最大的价值是受其精神的影响和心灵的滋润。我们做人做事的价值判断很多时候受到我们阅读的经典的影响。同时，我们也应当引导学生运用书中的知识关注现实问题进而解决问题，以激发学生学习的热情。

我在教学过程中大量引入生活的例子引导学生进行思考、讨论。比如，"乡土本色"一篇所论述的乡土社会最大的两个特点是"土气"和"聚居"。为了更深入地认识乡土社会的这些特征，我列举两个现实生活中的例子，引导学生思考：中国人自古安土重迁，为什么现如今"北漂""南漂"这么多？前些年，每逢春节，经济特区深圳犹如一座"空城"，如今留在深圳过春节的人开始多了起来，这是为什么？学生经过调查、分析后得出结论：前些年，很多人刚到大城市闯荡，就业生活等方面都尚未安定，大多处于临时性或过渡性状态，所以很多人逢年过节要回乡。后来，随着事业和生活逐渐安定下来，闯荡者及闯荡者的后代就在大城市安家落户，他们的身份就从"外地人"变成了"本地人"。又如，我们当今处在一种"陌生人社会"中，那么我们如何在陌生人社会中重新建立熟人社会？现在我们遇到纠纷，是不是直接动用法律武器维权？学生经过调查、讨论后得出结论：若有理可讲、有人评理且理也说得通就没必要动用法律武器。

教会学生运用书中的知识解决生活中的实际问题，这是更高层次的学习，也更能激发学生的学习热情和创新意识。通过阅读《乡土中国》整本书，我们要引导学生，要像费孝通先生一样充满社会责任感，必须在深度学习中不断提高自身能力的同时，争取为建设更美好的中国贡献绵薄之力。

参考文献：

［1］中华人民共和国教育部. 普通高中语文课程标准（2017 年版）［S］. 北京：人民教育出版社，2018.

［2］李卫东. 混合式学习：整本书阅读的策略选择［J］. 语文建设，2016（9）：12－15.

［3］刘思伯. 中学语文阅读教学的实践与探索［J］. 课程教育研究，2018（40）：76－77.

以矛盾分析法促进文本阅读之深度研究

黄军祥

文本欣赏是学生走进文本的基本功，而很多学生却还徘徊在外，其最主要的原因在于找不到解读文本的正确途径。正如孙绍振教授所说："许多文本分析之所以无效，原因在于，空谈分析，实际上根本没有进入分析这一层次。分析的对象是文本的矛盾，而许多无效分析，恰恰停留在文本和外部对象的统一性上。"矛盾分析法是孙绍振教授提出来的，是还原法的一个非常重要的内容。文本欣赏与解构要从研究矛盾入手，才是"探究文本价值的立足点与支撑点"。

文本矛盾分析的技巧是有很多种的，有显性矛盾，从文本词义中即可看出来，能够引起读者的思考；也有隐性矛盾，存在于文本的构思与内涵方面，需要深层次地挖掘才能找到矛盾主体的统一性。本文主要从矛盾分析法的价值出发，从矛盾处分析文本的裂缝、文本差异的共性、文本深层次的辩证统一等角度来深挖文本内涵，从而让我们更好地把握文章的主旨。

一、从矛盾处分析文本的裂缝

分析文本的裂缝，即从文本本身语义的矛盾处，分析其中的深刻内涵。我们在反复细读文本时，让我们停留下来并引起我们思考的，往往是文本语义的矛盾之处，这使得我们更进一步地去体会作者的写作目的。

比如刘亮程的《寒风吹彻》："而这次，一野的寒风吹着我一个人。似乎寒冷把其他一切都收拾掉了，现在全部地对付我。"很明显，"一野的寒风"与"我"之间关系产生了裂缝，按照正常的逻辑，一野的寒风不可能只吹着"我"一个人，它一定还吹着其他事物，而"我"之所以认为它只针对"我"，其原因很明确，强调了在"我"的记忆中那寒风的刺骨与逼人，以及对"我"造成的不可磨灭的伤害。再如"冬天总是一年一年地弄冷一个人，先是一条腿、一块骨头、一副表情、一种心情……而后整个人生"。这句话也因其逻辑上的矛盾，而产生了文本的裂缝。冬天把一个人"弄冷"，它不可能是从"一条腿"开始的，再者，冬天也"弄冷"不了一个人的表情与心情。而这里这样写的目的在于强调年复一年的冬天对一个人影响之大，从身体到精神，一点点地蚕食一个人的人生，摧毁一个人的意志。这突出体现了语言的生动优美，用笔的深入骨髓。

从矛盾处分析文本的裂缝，就是要善于推敲文本之间的矛盾处，在矛盾中体会文本的多层含义，并更好地联系上下文，把握其文本主旨。

二、从矛盾处探究文本差异的共性

文本差异的共性，即文本本身有多重暗示，只有深入文本深层次，才能从文本的差异中找到其共性，从而更好地理解文本的多重内涵。

比如李煜的《虞美人》中"问君能有几多愁？恰似一江春水向东流"这一句奠定了整首词忧愁的基调，那到底是什么让作者如此地忧愁呢？第一层矛盾：为什么作者开篇即问"春花秋月何时了？""春花秋月"象征一切美好事物，古代诗词中有关"春花秋月"的感慨还有很多，比如李清照的"人比黄花瘦"，自比花，既怜花又怜己；还有"泪眼问花花不语，乱红飞过秋千去"，既恼己又恼花，花开花落与人的情感联系非常的紧密，人的情绪波动也与花息息相关；苏轼的"人有悲欢离合，月有阴晴圆缺"，更是把月的"圆缺"与人的"悲观"联系起来。那为什么李煜表达了希望"春花秋月"早点结束的愿望呢？因为他不知道"往事知多少"。因为"春花秋月"是"物是"，而"往事"却是"人非"。第二层矛盾：一个"又"与一个"不堪"形成对比，"小楼东风"一直吹不尽，而在月明之夜，"故国"却已经是"不堪回首"

了，从"小楼东风"的"不变"想到了"故国"的"变"。第三层矛盾："雕栏玉砌"的"在"与"朱颜"的"改"。这三层矛盾都在于，人之"变"与物之"不变"之间的矛盾。李煜从一代国君到阶下囚，其身份变化之大，让他在过去与现实之间的矛盾中徘徊，然而终不得解，所以只剩无法排解的忧愁。

又如海子的《面朝大海，春暖花开》，整首诗用词都非常阳光与明媚，在其阳光与明媚的背后却藏着深深的绝望与忧伤。第一层矛盾：连用了三个"从明天起"，"做一个幸福的人""关心粮食与蔬菜""喂马，劈柴，环游世界""和每一个亲人通信"。然而，"幸福"的物质生活、亲情等方面，都与"今天"的海子无关。第二层矛盾："告诉每一个人""给每一条河每一座山取一个名字""陌生人，我也为你祝福"等方面反映出，从认识的"每一个人""大自然"，到"陌生人"，诗人都想给予祝福，然而，这里并没有包括"我"。第三层矛盾："灿烂的前程""有情人终成眷属""在尘世获得幸福"，向个人前程、爱情再到尘世幸福进行祝福，而"我"的"面朝大海，春暖花开"并不属于"尘世"。所以，整首诗从不同层次的矛盾中可见，诗人用着明媚的字眼，告诉我们最深刻的悲哀与绝望。

从矛盾处探究文本差异的共性，就是从文本差异的共通之处、从文本的整体着眼，重新理解文本的深刻含义，我们才有可能去接近、去触碰作者写作的本意。

三、从矛盾处分析文本深层次的辩证统一

文本深层次的辩证统一，即透过文本的深层次矛盾看到其辩证统一的深度。所有事情的发展无不是处在矛盾的变化之中，重点不是在纠结于各种矛盾中，而是在矛盾之中找到其辩证统一之处，从而更好地解决问题。

比如史铁生的《我与地坛》，整篇文章都是从深层次做到了矛盾之处的辩证统一。如史铁生对生与死的看法，生与死本来是相互矛盾的，而他找到两者之间的统一之处，即"死是一件不必急于求成的事，死是

一个必然会降临的节日"，因此学会了坦然地面对死，然后只去关注如何活着；如史铁生对"上帝"早早地把他母亲接走，刚开始是无法接受，直到他重新认识到自己的痛苦，从自己的痛苦，延伸到母亲的痛苦，他终于找到了其辩证统一，即"她心里太苦了，'上帝'看她受不住了，就召她回去"。他想"上帝"是对的，这样他在母子情的深深愧疚之中才得到了一些释怀。如史铁生对常来园子的那对老人，爱唱歌的小伙子，有天赋的长跑家，漂亮却又不幸的小姑娘等的描述，说明其实人与人都有其不幸，他从只看见自己身上的不幸到看见他人的不幸，最后找到了答案，"就命运而言，休论公道"……整篇文章围绕着"生与死"各个细节点，都在矛盾之处得到了深层次的辩证统一，而这个"辩证统一"变成了作者能够继续向前看、向前走的精神动力，文本的矛盾，推演为人生的矛盾，与自己和解，就是与自己的人生和解。

从矛盾处分析文本深层次的辩证统一，即在矛盾之中，找到自己人生较好的立足点，矛盾并没有消失，只是我们用自己的态度开解了自我，并在矛盾之中见证了自我。

综上所述，擅于运用矛盾分析法去分析文本的裂缝、探究文本差异的共性、分析文本深层次的辩证统一等方面，就可以更好地突破文本与读者之间的"隔阂处"，从而更好地还原作者的写作本意，让我们看到不一样的文字世界。

参考文献：

[1] 孙绍振. 文本分析的七个层次 [J]. 语文建设，2008 (3)：4 – 9.

[2] 张华. 文本解读技术：手把手教你读文章 [M]. 广州：广东高等教育出版社，2018.

高中古代诗歌阅读探究活动课教学实践

陈琼瑶

　　高中语文教学中，开展古代诗歌阅读探究活动课，对于引导学生阅读课外古诗词，具有很强的现实意义。针对学生的阅读兴趣不强的实际情况，教师应精心设计探究课的激趣环节，可以尝试提供趣味文史知识、设计预想猜读环节、引导个性创作、导入诗人独特经历等多种形式，促使学生产生阅读期待，并带动学生进行思考。

　　语文学习，应当坚持多阅读、多感受、多积累。高中语文教学中，开展阅读探究活动课，引导学生阅读课外作品具有重要意义。但在具体实践中，高中生对小说、戏剧等故事性强的文学作品抱有很大的阅读兴趣，对诗歌尤其是古代诗歌心生抗拒，缺乏耐心。对此，教师有必要结合学生的阅读情况，精心设计阅读探究课的激趣环节，激发学生对代古诗歌的阅读兴趣，促使学生与作品之间形成感知交流活动。

　　笔者在常规的语文教学课程之外，尝试定期开展古代诗歌探究活动，每一次阅读探究活动以一个诗歌主题为中心，包括爱情诗歌、友情诗歌、亲情诗歌、宦游诗歌、闲适诗歌等，每个主题选取著名诗人的经典作品，提供给学生阅读。阅读探究活动课主要是为了消除学生阅读的抗拒心理，激发学生的阅读兴趣，拓宽学生的文化视野，提高学生的诗歌欣赏能力。

一、设计多样化的激趣环节

　　以下是笔者在阅读探究课教学实践中的尝试，设计激趣环节，包括提供趣味背景知识、设计预想猜读环节、引导个性创作、导入诗人独特经历等多种形式，以此促使学生产生阅读期待，并带动学生思考。

1. 提供趣味背景知识

在闲适主题诗歌阅读课中，主要引导学生阅读陶渊明、白居易、陆游等人的作品。在阅读陆游闲适诗歌之前，教师先提供相关的趣味背景知识，激发学生的阅读兴趣。

首先，带领学生了解历史背景——宋代《东京梦华录》追忆都城开封的风俗人情，里面的"诸色杂卖"有记载："养猫则供猫食并小鱼。"南宋《梦粱录》介绍都城临安的城市风貌，书中也有类似记载："凡宅舍养马，则每日有人供草料；养犬，则供饧糠；养猫，则供鱼鳅；养鱼，则供虮虾儿。"可见，宋代有爱猫养猫的风气。在这种风气的影响下，宋代文人笔下也有不少妙趣横生的"咏猫诗"。

然后，让学生带着对古代养猫生活的好奇，共同阅读陆游的相关诗篇，感受陆游的闲适生活。比如，陆游的《赠猫》中写道："盐裹聘狸奴，常看戏座隅。时时醉薄荷，夜夜占毡觎。鼠穴功方列，鱼餐赏岂无。仍当立名字，唤作小於菟。"在这首诗中，这位七十五岁的老人，以盐换猫儿，用薄荷逗它，将鱼餐奖赏给它，还给猫儿取了个"小於菟"的名字。

接着，学生可结合注释自行阅读陆游其他相关诗歌，包括《十一月四日风雨大作（其一）》（风卷江湖雨暗村,四山声作海涛翻。溪柴火软蛮毡暖，我与狸奴不出门。），《赠猫》（裹盐迎得小狸奴，尽护山房万卷书。惭愧家贫策勋薄，寒无毡坐食无鱼。），《冬日斋中即事（其一）》（我老苦寂寥，谁与娱晨暮？狸奴共茵席，鹿麛随杖屦。岁薄食无余，恨使鸟雀去。安得粟满囷，作粥馈行路！），等等。

最后，鼓励学生简要谈谈此次阅读的心得体会。有学生说，之前对陆游的认识只停留在"爱国诗人"上，没想到陆游还是古代"猫奴"代表，伟大的诗人也有普通平凡的一面。有学生谈到，陆游对猫甚是喜爱，到了晚年，猫几乎成了他的重要伙伴。有学生认为，陆游与猫一起生活的乐趣和闲情，或许可以让他暂时忘记朝廷纷争，抚慰壮志难酬的内心。

在整个阅读探究活动中，学生产生了浓厚的阅读兴趣，在自主阅读中打破了以往对陆游的单一认识，体会诗人的平凡生活和日常闲情，并带着这种阅读的乐趣去尝试品读更多的同主题诗歌。

2. 设计预想猜读环节

在爱情主题诗歌阅读课中，笔者以李白《长干行（其一）》为例，设计预想猜读环节，激发学生的探究兴趣，进而促使学生主动地投入阅读。

阅读李白《长干行（其一）》时，先给学生提供开篇的六句："妾发初覆额，折花门前剧。郎骑竹马来，绕床弄青梅。同居长干里，两小无嫌猜。"接着给他们提供相关背景知识，让学生知道长干里在江苏南京秦淮河以南，古时是繁华的商业区。学生初步了解了这一信息，并感受到开篇孩童两小无猜的嬉戏场景后，展开想象，猜想后续内容。

学生纷纷给出了自己的猜想，描绘后续内容可能会出现的场景：女主人公牵挂漂泊在外的心上人，抒发闺中情思；两人长大后开启了童话般的幸福生活；从商生活使得二人聚少离多，未来充满艰辛；诗中这位女主人公可能会和《氓》里的主人公一样以悲剧收场等。学生产生各种猜想后，便急切地想要知道作者后续的诗作内容和故事结局，便会自行结合注释阅读全诗，感受女主人公的心理世界，体会其中意想不到的细节之处。

《长干行（其一）》猜读环节一定程度上消除了学生阅读诗歌的抗拒心理，把机械学习变为主动探究，让学生更加积极地阅读教师提供的古代爱情诗歌，包括汉代卓文君《白头吟》、唐代白居易《采莲曲》、唐代元稹《离思》（五首）、唐代李商隐《无题·八岁偷照镜》、宋代李之仪《卜算子》等。

3. 引导个性创作

袁行霈说："好诗一定能够唤起读者的联想；善于鉴赏的读者也一定富于联想力。无论诗歌创作或鉴赏，离开联想都是不可能的。"笔者在教学实践中，尝试结合诗歌的"留白"艺术，激发学生想象力，引导学生进行个性创作。

例如，在友情主题的诗歌探究课中，学生主要阅读笔者印发的几首经典诗歌，包括李白《送友人》、孟浩然《夏日南亭怀辛大》、王昌龄《送柴侍御》、欧阳修《玉楼春·尊前拟把归期说》、白居易《问刘十九》和陆凯《赠范晔诗》等。

陆凯《赠范晔诗》："折花逢驿使，寄与陇头人。江南无所有，聊赠一枝春。"白居易《问刘十九》："绿蚁新醅酒，红泥小火炉。晚来天欲雪，能饮一杯无？"这两首短诗直白易懂，又给读者留下了很大的想象空间。因此，教师可以引导学生进行联想和想象，来体会诗中的友情。在学生简要理解白居易《问刘十九》和陆凯《赠范晔诗》这两首诗歌的大意后，可以让其进行个性创作：假如你是刘十九或者范晔，请你给友人写一封回信。在写回信的过程中，学生展开联想和想象，将自己置身于诗人的世界、诗歌的世界，感受诗歌蕴含的情谊。

在学生分享个人的书信创作后，教师进行简要点评，并引导学生发散思维。想象既是诗人从现实场景走向感性世界的方式，也是读者进入诗歌意境的途径。文学创作需要想象，文学欣赏也需要想象。

4. 导入诗人独特经历

以作者的某段特殊人生经历作为导语，既可以激发学生的学习兴趣，又能帮助学生了解作者的经历和文化知识，一定程度上扫除他们的阅读障碍。

例如，在阅读宦游主题诗歌时，笔者尝试以诗人们的"京漂"经历导入，以引起学生的阅读兴趣。古代士人在外求官或做官，将自己的经历和感悟记于笔下。一些被后世敬仰的优秀诗人，也有低到尘埃的卑微时刻，会为了生计和仕途四方奔波，在京城生活时也会为了找工作、吃饭、住房等问题而发愁，其艰难和心酸不亚于现代"北漂"一族。

接着，师生共同赏析经典诗篇，如杜甫的《奉赠韦左丞丈》和白居易的《卜居》等。学生感受到了诗人谋求一官半职之艰难。唐代盛行干谒之风，文人们为了求仕、入幕、求得生活之资等，常常通过写诗向权贵们表现其才能抱负、表达个人诉求，类似于如今的自荐信。我们熟悉的骆宾王、李白、杜甫、王昌龄、岑参、白居易、韩愈、柳宗元、孟

郊、杜牧、李商隐等都进行过干谒活动。杜甫的《奉赠韦左丞丈》便是典型的干谒诗。杜甫在困守长安时期，向时任尚书省左丞的韦济叙述他少年得意到此时困窘的悲痛经历，并坦露抱负胸怀。

学生也从诗中了解到了古时在京城买房之艰难，认识到不唯独当今时代，古代"京漂"文人们也有过"买房心酸史"。如唐代诗人白居易《卜居》一诗："游宦京都二十春，贫中无处可安贫。长羡蜗牛犹有舍，不如硕鼠解藏身。却求容立锥头地，免似漂流木偶人。但道吾庐心便足，敢辞湫隘与嚣尘。"大诗人在京城长安工作多年，依然家贫无住所，感慨连蜗牛和硕鼠都不如。他经历了升迁，也遭受过贬谪，游宦二十多年终于在长安买了一处宅子，告别了租房生活。

这样，学生了解了诗人独特经历，拉近了与诗歌的距离，又增强了阅读能力。当然，宦游主题诗歌还有更多内容，需要学生在课余时间继续阅读和体会。

除了以上四种做法，教师还可以尝试利用多样媒介资源。数字时代的发展和媒体技术的革新，使得我们能够获得各种优质学习资源，能够利用其他媒介资源来激发学生兴趣，并辅助阅读古代诗歌。例如，《半小时漫画唐诗》等趣味图书，《经典咏流传》《邻家诗话》等诗词类节目，中国唱诗班系列动画短片等，都可以适当在阅读探究课堂中向学生呈现。

二、反思与改进

在整个阅读探究活动中，在推动学生阅读古代诗歌的过程中，教师要注意以下几个方面：

第一，教师要继续拓宽自身阅读的广度、挖掘阅读的深度，不断汲取专业知识，在教学中努力成为学生的"源头活水"。

第二，教师主要扮演组织者和导读者的角色，要注意创设相对自由愉悦的阅读环境，尊重学生独特的阅读体验，鼓励学生表达，积极与学生交流。

第三，教师要以趣味内容和多种形式激发学生的阅读兴趣，对诗歌的思想观点、手法技巧、语言特色等知识点不必过多解释和分析，以免削弱学生的阅读积极性。

第四，教师既要支持多元化和个性化解读，又要防止泛滥无拘的主观认识。教师可以确定阅读课主题并主导阅读活动的进程，但不能以个人观点替代学生理解。同时要注意，开放性极强的诗歌阅读探究也要受到文本本身的制约，当学生明显脱离文本、脱离历史文化语境时，教师应及时予以提醒和引导。

综上，高中古代诗歌阅读探究活动课堂可以设置多种激趣环节，包括提供趣味背景知识、设计预想猜读环节、引导个性创作、导入诗人独特经历等多种形式，具有较强的操作性和现实意义。教师要继续探索学生自主学习的途径，研究诗歌阅读探究活动的形式，并在以后的具体实践中不断尝试和改善，切实提升学生的阅读能力，培养学生的文学素养。

参考文献：

[1] 陈向春. 中国古典诗歌主题研究 [M]. 北京：高等教育出版社，2008.

[2] 袁行霈. 感受·联想·修养：中国古典诗歌的艺术鉴赏 [J]. 北京大学学报（哲学社会科学版），1980 (3)：34 - 40.

[3] 何伟. 阅读期待·阅读反思·阅读批判：创造性阅读能力的培养 [D]. 福州：福建师范大学，2003.

[4] 钱梦龙. 导读：从"教"通向"不教"之桥 [J]. 语文教学通讯，2017 (3)：7 - 12.

[5] 郑锦云. 专题融合拓广度，比较参对见深度——学习任务群背景下的古诗词专题阅读的比较阅读教学例谈 [J]. 中学语文，2021 (3)：15 - 17.

[6] 李明敏. 高中古诗词鉴赏课现状分析及教学策略研究 [J]. 高考，2021 (1)：61 - 62.

[7] 张冠英. 课外古诗词阅读三维课堂实践 [J]. 语文教学与研究，2020 (8)：92 - 93.

浅谈高中语文阅读探究活动课堂的开展形式

陈琼瑶

阅读在高中生语文学习和提高文学素养中具有重大的意义，课外作品阅读在高中语文教育中一直占据极其重要的位置。在新课改的背景下，在高中语文教学实践中，针对高中生的阅读现状，开展多样化的阅读探究活动课堂，具有现实意义和可行性。本文主要讨论的阅读探究活动课堂的开展形式，包括自主阅读、分享心得、个性创作和展开辩论。

一、现实意义

阅读是我们脱离不成熟状态、建设自我的一种有效的方式，名著阅读对高中生语文学习和提高文学素养具有重大的意义。尽管高中生经过义务教育阶段的学习，已具备一定的语文素养，其阅读能力和思维能力有所提升，但是当前高中生的阅读现状仍然不容乐观，存在阅读兴趣不高、阅读能力不强、阅读量偏少、阅读质量偏低等令人担忧的问题。因此，在指导学生阅读方法、培养学生阅读习惯、提高学生阅读能力等方面，语文教师仍然需要探索。

在新课改的背景下，在探索新的教学方式来开展语文阅读教学的过程中，高中生的阅读活动不再局限于传统的语文教学模式。在常规的语文教学过程中加入形式多样的阅读探究活动课，有助于培养中学生的阅读能力，有助于改变中学生少阅读、窄阅读、浅阅读的现状。

当前教学实践中阅读探究活动已有许多形式，也取得一定的实际效果。本文主要讨论的阅读活动课堂的开展形式包括自主阅读、分享心得、个性创作、展开辩论。语文阅读探究活动能激发学生阅读的兴趣，拓宽阅读参与的广度，共同培养良好的阅读习惯。

二、实施策略

（一）教师针对性的引导

教师作为阅读探究活动课的组织者和引导者，作为学生阅读的一个重要的信息源，需要对学生进行必要的观察和有针对性的指导，促使阅读课能更有效地开展。

教师要从学生课外阅读的内容、时间、数量、方法等方面，提供阅读指引，引导学生制订阅读计划。在内容上，《普通高中语文课程标准（2017年版）》要求教师"应根据不同学生的具体情况，适时推荐文化品位高、难易程度适当的课外读物"，对此，教师可以根据经典性原则和多元化原则，列出高中生阅读参考书目，介绍校内图书馆适合高中学生阅读的各类图书和报刊，提供一些纸质材料与电子书籍，推荐优质的阅读网站。在时间安排上，针对当前高中生学业繁重的现状，教师要确保学生有一定的自由阅读的时间，可以根据平时的教学实际每周提供一个课时作为特定的阅读课堂，让学生慢慢养成阅读的习惯。教师可尝试通过这些引导，克服学生课外阅读的随意性和盲目性。

（二）阅读探究课堂的多样形式

1. 自主阅读

教师推荐适合高中生阅读的经典名著，或者学生们自主协商确定班级阅读书目，之后由学生制定名著阅读任务表，再利用规定的阅读课时间进行自主阅读，独立完成阅读任务。

在升学压力大、作业任务繁重、对经典名著的畏惧心理等多方面因素的影响下，高中生对于长篇经典作品的阅读与探讨可谓少之又少。若想改变这种现状，教师只在口头上呼吁学生多阅读是行不通的。教师可尝试在每周的常规语文课堂留出一定的时间作为阅读课堂，要求学生阅读所选的经典作品，并且要密切关注学生的阅读进度，促使学生能够持续阅读，把阅读任务真正地落到实处。

例如，在班级内部师生共同制定了一份经典作品阅读任务表（见表1）。在平时的交流与观察中，可发现班内学生对中国古代经典作品的了解极少。虽然许多优秀作品包括中国四大名著在内，是初中阶段要求阅读的，但是不少学生只是从一些学习资料中了解大概内容，并没有真正读过。对此，要求每位学生在以下作品中选择一项进行阅读，定期了解学生的阅读进度，并要求学生结合进度写下读后心得。

表1　高二（×）班中国古典小说和戏曲阅读任务表

高二（×）班　名著阅读任务表						
座号	姓名	名著	进度一（×月×日）	进度二（×月×日）	进度三（×月×日）	……
1						
2						
3						
……						

注：请每人选择一项作为本学期的阅读课读物：《三国演义》《水浒传》《西游记》《红楼梦》和中国古典戏曲（包括《窦娥冤》《西厢记》《长生殿》和《桃花扇》）。

2. 分享心得

独学则无友，孤陋则寡闻。教师要多提供机会让学生展示自己的阅读成果，促进学生之间的互动交流。对此，可尝试让每个学习小组轮流推荐文章或书籍，在班级专门的阅读分享栏对该文章或书籍进行简要介绍和点评。在这个环节中，学生要简要介绍作品概略，摘录原文中一些精彩独特的语句，分享个人特色鲜明的阅读感受。

例如，学生在分享栏处推荐校内图书馆馆藏的唐诗宋词元散曲类读本，给全班同学朗诵关汉卿的《一枝花·不伏老》的"尾曲"，并表达自己的阅读感受。学生抓住曲中名句，用有力明快的语气语调朗读，带领同学们去感受关汉卿狂放不羁、坚韧顽强的"铜豌豆"性格。学生分享自己的阅读体会时表示，当读到名句"我是个蒸不烂、煮不熟、捶不扁、炒不爆、响珰珰一粒铜豌豆，恁子弟每谁教你钻入他锄不断、斫不下、解不开、顿不脱、慢腾腾千层锦套头"，突然间被这种豪放泼辣的语言震住了，觉得这一曲既诙谐幽默又铿锵有力，越读越有滋味。这位学生的展示分享，让同学们了解到元曲的独特性、趣味性，拉近了同学们与经典的距离，激发了大家的阅读兴趣。

3. 个性创作

全班学生共同阅读由教师指定的某篇文章或者某本读物，并按照要求进行个性化创作，可评论、改写、仿写。学生之间进行相互评价、修改和优化，并且推选出优秀文章。教师根据学生作品的具体情况进行简要点评，然后将学生推选出的优秀文章展示出来，供全班学生欣赏和借鉴。

例如，在给学生印发选自《汪曾祺文选》中的短篇小说《鉴赏家》之后，要求学生利用阅读课时间深入阅读，让学生以叶三的儿子的身份给主人公叶三写一篇人物小传，并且要求每个小组选派一位代表上台展示所写的人物传记。在这个阅读探究活动过程中，学生共读同一篇课外文章，并通过个性化的写作来感知主人公叶三的审美情趣与其对季陶民的知己之情，体会散文小说的创作特色和汪曾祺温情诗意的艺术世界。这种将共同阅读与个性创作相结合的方式，拓宽了学生参与的广度，也提高了学生的阅读质量。

4. 展开辩论

要改变学生浅阅读的现状，就要引导学生思考和探讨所阅读的作品。深入探究的方式有多种，开展班级辩论赛就是其中一种较有效的方法。

在开展班级辩论赛这一活动中，教师要注意适当地给学生补充有关辩论的知识和要求，并留有充足的课余时间给学生，让学生准备相关材料、讨论和磨合，确保将其办成一次顺利的有深度的辩论赛，从而引发更多学生对原作品的深入思考，而不是停留在形式上的热闹。

例如，在本学年的一堂阅读课上要求学生阅读选自《叶圣陶短篇小说集》中的《邻居吴老先生》，并认真思考和分析主人公吴老先生的选

择——吴老先生在得知家乡人与日本侵略者相处融洽后断了原本强烈的回乡念头，决定在成都安居。围绕"吴老先生应返乡还是留下"的问题，全班学生分成正反双方开展辩论。此次比赛中，辩手们既能抓住小说中的情节，在主人公对故乡的眷恋、平凡人的民族气节等方面去分析，也能联系时代背景，举出典型事例，论述返乡救乡乃至救国的重大意义。通过辩论，学生感受到了语言博弈的乐趣，也领悟到了深入挖掘作品内涵虽然十分艰辛却又是不可缺少的。

（三）有效的评价方式

教师要制定有效的评价方法，在查阅学生的阅读心得或观看学生阅读展示成果时，要及时给予恰当的评价，以增强学生们参与的积极性和有效性。教师要肯定学生的独立性，注意不要用自身的阅读体验代替学生的个性化解读。

在小组合作式的阅读探究活动中，教师对学生评价要以小组为单位，进行整体评价，而不是单一地对展示成果的学生进行评价。同时，教师要注意评价的内容不仅有小组展示和分享的阅读成果，还应该包括小组内部的任务分配、交流情况、积极性以及纪律等方面。

教师要引导学生自我评价和相互评价。学生进行自评和互评，能强化学生的主人公意识，增强其阅读的主动性，同时促使学生在评价中不断反思和改进。评价的方式有很多种，可以让学生总结优缺点以及提出改进方向，也可以制定表格让学生细化评分（见表2）。

表2 学生小组阅读成果展示活动评价表

（组别：　　　　　）

评价项目	评价标准	自我评价	学生评价
展示内容	主题鲜明（15分）		
	材料丰富（15分）		
	层次分明（10分）		
	富有创新性（10分）		

（续上表）

评价项目	评价标准	自我评价	学生评价
展示形式	形式丰富（5分） 表现力强（5分）		
语言表达	声音响亮，表达清晰（15分） 富有情感，感染力强（10分）		
小组合作	准备充分，配合默契（15分）		
总分			
亮点			
建议			

三、反思与改进

在具体的实践过程中，以上讨论的阅读探究活动形式存在一些问题和不足：

（1）增加学生负担。开展多种形式的阅读探究活动课堂，除了已安排的语文阅读课，还需要学生利用课外时间完成一些小组任务、做好展示准备等。这在一定程度上给面临升学压力的高中生增加了学业负担。同时，阅读对学生的教益是相对隐性的、缓慢的，一些处在功利性学习状态的高中生会将这类阅读活动视作额外负担。

（2）阅读低效、缺乏合作。部分学生学习的自主性和阅读的积极性不高，抱有排斥心理，甚至敷衍对待，导致阅读任务无法按时按量完成，阻碍了一些小组合作任务的顺利进行，降低了合作学习的效益，也削弱了阅读的效果。

对于以上问题，教师可以在语文课堂中挑战课程重构。语文教学具有开放性，因此可以调整原有的常规教学活动，提供更多自由阅读的时间，并把名著阅读活动的一些环节纳入常规课堂中，这样能够促进教师与学生的交流互动，加强师生交流和生生合作，能够有机会引导学生思考，保障阅读任务的有效执行，同时可以减轻学生的课外阅读任务。

综上，高中语文阅读探究活动课堂有多种开展形式，包括自主阅读、分享心得、个性创作、展开辩论等，这些都是有效的阅读探究活动课的开展形式，具有现实意义。但这些不是当下仅有的可行途径，现实中也不存在一种万能的模式来改革高中语文课堂和提升学生的阅读水平。教师要继续探索高效自主学习活动的途径，高中语文阅读探究活动课堂需要在以后的具体实践中继续研究和改善，使之更贴近实际，更合理有效。

参考文献：

[1] 钱理群. 语文教育门外谈 ［M］. 桂林：广西师范大学出版社，2003.

[2] 葛娴. 高中名著阅读现状及教学策略研究 ［D］. 苏州：苏州大学，2011.

[3] 咸颖. 小组合作学习在中学语文中的应用研究 ［D］. 上海：华东师范大学，2006.

[4] 赵鑫. 小组合作式的语文阅读教学方式探究 ［D］. 天津：天津师范大学，2013.

[5] 潘红. 适应高中新课改的语文课外阅读活动探索 ［J］. 贵州师范学院学报，2011，27（4）：79－84.

基于核心素养的高中语文阅读
思维能力的有效培养

庄丽玲

核心素养指学生应具备的适应终身发展和社会发展需要的必备品质。思维发展与提升是语文学科核心素养之一。把此概念放到高中语文阅读教学视角下审视，就是要求高中生在语文阅读学习过程中，通过语言文字的使用，培养其发展直觉思维、形象思维、逻辑思维、辩证思维等。高中时期是学生形成思辨思维的重要时期，广泛而高质量的阅读，是中学生培养思维能力的关键。由于思维本身具有概括性和间接性等特殊属性，发展提升思维的深刻性、批判性与创新性就成为语文教学中的难点。本文从教学实际出发，谈谈核心素养下如何有效培养高中生语文阅读思维能力。

一、核心素养背景下高中语文阅读教学存在的问题

1. 对教材使用不充分

语文阅读课的有效性离不开优秀教师的指导。在现阶段的高中语文教学课堂上，很多教师为了应对考试，只向学生讲授重点篇章的考点，对于选读篇目，则让学生们课下自己阅读，即便讲述也是几句话概括，并没有合理有效地利用语文教材。单方面灌输语文知识，难以调动学生对语文的学习兴趣，有的学生甚至不需要语文教材，平时只顾着埋头做题，这样会降低高中语文教材的使用率，不利于对高中阅读思维能力的培养。

2. 教学理念与模式过于僵化

高中教师队伍中大多是有着丰富教学经验、年纪较大的教师。有些

教师虽然有着充足的教学经验，但在应试教育的指挥下，他们的教学模式往往一成不变，教学理念也未必能跟上时代的步伐，只重视学生所学知识在试卷上的体现，对于高中语文的阅读篇章，只侧重讲授阅读的考点和难点，忽视了阅读本身的文字魅力和艺术性，不利于学生语文学科核心素养的提高。学生在课堂上的积极性不高，学习效率自然也不会有所提高。

3. 语文教学内容缺少多样性

对于国内外的小说阅读，教师可采取小话剧或者情景对话的方法进行教学，也可以引入写作背景、阅读中的人物形象对比等内容，让课程内容更加丰富，引发学生们的思考。但是，对于文言文教学而言，采用的教学方式过于单一。文言文教学过程中，教师较多采用传统的讲授模式，知识的学习量较大，再加上内容枯燥乏味，导致学生对文言文学习兴趣不高，难以提升课堂质量。

二、提升高中语文阅读思维能力的几点建议

1. 提高学生对语文课程的学习意愿

在现代社会，无论做什么事情，具备宽广的视野和知识储备，都会让你在人生的赛道上跑得更远。阅读课堂上，语文教师就是学生阅读的掌舵者。我在孩提时代受书香家庭的熏陶，很早就爱上了阅读，小学四年级开始阅读《羊城晚报》《家庭杂志》，高考时凭借优异的语文成绩考上华南师范大学，青年时代在华南师范大学深入研读各类书籍，对于阅读的有效性有自己的见解与心得。在课堂中，如果学生能亲身感受到教师扎实的阅读和写作能力，那么教师就能得到学生的高度认可，并且愿意以教师为榜样。同时，在课堂中，教师作为率先在读书、写作中受益的人，凭借着丰富的经验，如果能根据学生的个性特点精准地为他们提供阅读的内容，帮学生通过阅读提升思维能力，那么学生的写作能力也就得以提升。我在阅读课上与学生分享了《穆斯林的葬礼》和《追风筝的人》，也探讨了对宗教多样性的尊重和理解，课后很多学生也满怀兴趣地去借阅了这两本书，并把读书笔记拿到课堂上跟同学们分享。

这样的阅读体现了学生阅读质量的提升，而且要做到人人展示，互助启发，让学生构建出全新的阅读策略和经验。因此，我们要打破传统的高中语文阅读的教学模式，以提高学生语文核心素养为目标，来制订教学计划。

丰富高中语文阅读板块的教学内容，可以让学生不再是单纯地记忆，也让学生对所学的阅读篇章主动进行思考，提高语文课堂上学术探讨气氛，更好地激发学生在学习语文知识过程中的乐趣。教师可以采取小组式学习、学生当教师等方法，更好地提高学生的学习兴趣。在学术氛围高涨的语文课堂上，学生可以拿出更好的状态听课学习，对提高学习质量将大有裨益。在因材施教的高中语文阅读板块教学中，学生们可以找到自己专属的学习方式，将原本枯燥的学习过程变得更有趣味性。在提高学习效率的同时，也锻炼了学生的思维能力。高中语文教材中有多篇苏轼的诗词，教师可利用苏洵的《名二子说》激发学生对苏轼个人命运的好奇心，再引导学生阅读林语堂的《苏东坡传》，在阅读总结会上让学生畅谈对"人生缘何不快乐，只因未读苏东坡"这句话的理解。这样，学生的阅读思维能力将得到大大的提升。

2. 充盈语文的教学内容，转变教学理念

在核心素养背景下进行高中语文阅读教学，教师应该将学生语文学科的培养方案的重心转移到对学生综合素养的培养上，让学生真切认识到语言的魅力、国学经久不衰的鲜活感以及文化的底蕴。通过培养学生的阅读思维能力，可以提高学生阅读板块的学习效率和学习质量。因为有思考，才会有对知识接受程度的反馈，才会真正掌握所学的知识。对此，教师应该与时俱进，丰富语文教学的教学内容，内容素材新颖，让学生觉得有新鲜感。比如，在进行《琵琶行》的学习时，教师可以把文言文叙述的故事，采用小组话剧的形式进行演绎，让学生自主翻译文言文章节、主动学习语法知识、自主执笔编写剧本等，在引起学生兴趣的同时，让学生对所学内容进行更深层次的思考，既产生了自己的阅读感受，又起到了提高核心素养的效果。

这样的课堂让许多学生相信：写作能力的提升不只是文字水平的提

高，它还需要拥有独特的视角、开阔的视野和不断拓展的知识。而这些思维能力，在阅读写作课中都能得到提升。通过系统的学习与训练，让学生融会贯通，热爱阅读与写作，提高语文学习能力，增强学生情感体验，使每一位学生都成为一名小作家！

3. 碎片时间阅读法可集腋成裘

碎片时间阅读法是来自古人的经验智慧。宋朝的欧阳修就有"三上"读书法，即枕上、厕上和马上，利用上床睡觉前、上厕所时和出行骑马的零碎时间来读书。古人的这些阅读方法都是因时制宜，处于当代社会的我们也有符合当今时代特点的碎片时间阅读法。

碎片时间阅读不同于碎片化阅读，阅读的深浅也并非取决于阅读时间的长短，它体现在阅读内容的选择与过程的有效串联上。当今的时代特点决定了我们有足够广泛与多元的渠道去有针对性地获取知识，微信、微博、抖音、喜马拉雅 FM 等各种平台内裹藏着大量的信息，稍加规划利用就能完成一次个人的深度阅读。如果是在封闭式教学的学校里，学生则可以利用课间操时间或前往就餐途中，到教学楼的阅报栏阅读新闻。如何在繁多的信息里进行有效阅读？我则是让学生快速浏览新闻标题，根据自己的兴趣选择性地阅读，通过这个办法，让学生提高了筛选信息的能力，从而提高思维能力。毕竟，在信息大爆炸的时代，拥有强大的思维能力，学会筛选对自己有用的信息，才不至于被铺天盖地的信息淹没。

当前的新课程改革中，已经明确提出了提高学生的核心素养，从而进一步提高学生的综合能力，成为社会发展需要的综合型人才。高中阶段，人的思维方式正在走向理性、逻辑与思辨，是理性精神和思维能力养成的关键阶段。高中学到的学科知识可能被忘记，但思维方式却是相对稳定的。交流、合作、审辨、思维、创造力，这是 21 世纪培养人才五个最核心的技能。我们可以考虑的就是如何将这最核心的五个技能，融入我们日常的教学中。

参考文献：

［1］田海洋. 语文核心素养内涵及其课堂教学策略［J］. 黑龙江科学，2017（23）：178－180.

［2］郭丽明. 高中语文阅读教学中学生思维能力的培养［J］. 当代教研论丛，2018（3）：20.

［3］何苏武. 高中语文阅读训练如何提升学生思维能力［J］. 语文教学之友，2013（8）：14.

如何在语文阅读中培养学生的生命意识

张晓辉

健康生活是中学生发展核心素养的重要组成部分，而珍爱生命则是健康生活这个核心素养的基础。如何挖掘中学语文教学中的美，尤其是人性的美，让学生在语文阅读漫溯中得到情感的滋润，在阅读中得到心灵的启迪，在阅读中使生命意识得到升华？本文将从"让情感浸透课堂，让心灵受到启迪；重视情感目标的设置，提升阅读与生命感悟的结合；深挖教材内涵，让文本滋润学生心灵；拓宽阅读的途径，多渠道唤醒学生生命意识"几点来阐述在中学语文阅读教学中培养学生的生命意识的策略。

生命意识是每一个生命个体对生命的自觉认识，对生命的意义和人生价值的理解，不仅包括珍爱自己的生命，也包括珍爱他人的生命。尊重和关爱生命的意识，不仅是人类生存所必需，更体现了人类对自身的觉醒和追求公正和谐生活的愿望，是人类文明的终极意义所在。近年来，学生轻易结束自己生命的悲剧频现，校园暴力的新闻屡见不鲜，交通事故时有发生。一幕幕惨剧让人痛心不已，同时引人深思，为什么学生的感情变得越来越脆弱？为什么经受一点点挫折就选择轻生？当代学生生命意识的培养已经成为学校教育一个刻不容缓的课题，也成为全社会关注的话题。语文学科，在对学生进行祖国语言文字教育的同时，应责无旁贷地承担起对学生进行生命教育的重任。作为一名中学语文教师，在语文学科中渗透生命教育是一种责任。因此，在语文学科的阅读教学中，教师要讲究策略，把握生命教育的正确时机，对学生进行生命教育，让他们在关注生命的存在中学会尊重生命、热爱生命、珍惜生命，关注生存危机，提高生存技能和生命质量，使学生身心能够得到充分自由、和谐的发展。

那么如何在语文阅读教学中培养学生的生命意识？

一、让情感浸透课堂，让心灵受到启迪

语文学科是人文色彩最强的学科，具有以情感人、形象生动的优势，贴近生活，具有较强的现实意义，语文教材选文纵横古今，涵盖中外，在深度与广度上有极大的优势，能够激活学生思辨与想象的潜质，可将学生的情感引向心灵的深处，让他们不自觉地将自身与作品中的人物联系起来，使他们得到启迪、受到震撼。语文阅读教学中，我们要将生命意识渗透到相关的课文教学中，不要刻意地说教，要在探究中熏陶。我在教《斑羚飞渡》一课时，要求同学们闭上眼睛，用耳朵，更用心来聆听我的朗读，感受老斑羚是怎样用生命为下一代开通生存道路的。"一老一少走到伤心崖""老斑羚凭着娴熟的跳跃技巧，在半大斑羚从最高点往下降落的瞬间，身体出现在半大斑羚的蹄下""半大斑羚的四只蹄子在老斑羚宽阔结实的背上猛蹬了下，下坠的身体奇迹般地再度升高""而老斑羚则像只突然断翅的鸟笔直坠落下去"。学生感悟到老斑羚用悲壮慷慨的死亡升华了生命，诠释了何谓母爱，何谓崇高。我在教史铁生的《秋天的怀念》一文时，采用分角色朗读的方式，通过人物的对话，把"我"的暴怒与母亲的体贴，"我"对生活的绝望与母亲坚定的鼓励，"我"对母亲病情的浑然不知与母亲的宽容等形象地呈现出来，既让学生感悟到生活是多么不易，生命是多么宝贵，又让学生感悟到母爱是那么神圣，那么高洁。我在教海伦·凯勒的《再塑生命》一文时，坚信这篇文章一定会激荡学生的心灵，便让学生阅读后交上读后感。一位学生写道：海伦是个聋哑瞎的小女孩，但她以辉煌的成就告诉了世界，她的一生是成功的！然而，上天给了我健全的四肢，正常的生理，那么，我的成功与否就取决于我是否有一种可贵的品质——海伦的精神食粮——坚强！看到这样的语言，我已知道，我的学生面对困难时不再只有懦弱，面对失败时不再只有沮丧……

语文阅读教学处处洋溢着人文的光辉和理性的阳光，在教学过程中必须加强文本与生活的联系，在教学过程中自然地渗透生活故事和人文情怀，就能达到培养学生语文素养以及情感熏陶的目的，我们才能从语文阅读中感受到生命的优雅与飞扬，品味出人性的丰富和灿烂，语文才能进入我们的生命，我们的生命才因此更有力量，更有意义。

二、重视情感目标的设置，提升阅读与生命感悟的结合

新课标将课程目标分为知识与技能、过程与方法、情感态度价值观三个维度。我在每一节课的教学设计中都会分为三个目标：知识目标、能力目标、情感目标，其中情感目标也就是我们所说的生命体验。语文阅读教学要重视情感目标设置，将教学过程与生命感悟的提升结合起来，在对学生进行生命意识培育的过程中，在教什么、怎么教的问题上进行充分思考。比如，在指导学生阅读《秋天的怀念》时，我设计的情感目标是理解"好好活"的含义，感受无尽的追悔；在指导学生阅读《散步》时设计的情感目标是培养学生珍惜亲情、珍爱生命的人文情怀；在指导学生阅读《春》《济南的冬天》时我设计的情感目标是热爱生活、热爱大自然等；在讲授毕淑敏的《我很重要》时设计的情感目标是培养学生认识自我的价值，自尊、自信，教育他们热爱生命、实现生命的价值；在讲授《扼住命运的咽喉》时设计的情感目标是引导学生感悟和学习贝多芬那种敢于"扼住命运咽喉"的大无畏精神，培养学生树立在艰难困苦的环境中面对挫折决不低头，为实现美好理想勇往直前生活下去的坚定信念。在文言文教学中同样可以设计情感目标，培育学生生命意识。在《与妻书》的教学中我设计的情感目标是学习革命前辈牺牲一己，"为天下谋永福"的光辉思想和高尚情操；在《报任安书》的教学中我设计的情感目标是认识不幸对人生的意义，认识正确的人生观、价值观对人一生的重要影响；在《邹忌讽齐王纳谏》的教学中我设计的情感目标是说话要有技巧，说话方式要委婉等。这样一来，学生每学完一篇课文，得到的不仅仅是知识点的积累，同时也学会了做人的道理，懂得了如何尊重生命，珍惜生命，热爱生命。

三、深挖教材内涵，让文本滋润学生心灵

新课标的三个目标应是一个整体，知识与技能、过程与方法、情感态度与价值观三个方面互相联系，融为一体。在教学中，既没有离开情感态度与价值观、过程与方法的知识与技能的学习，也没有离开知识与技能的情感态度与价值观、过程与方法的学习。这意味着被选进教材中的作品必然是文质兼美的优秀篇章，它们是经过历史长河的淘洗沉淀下来的精华。在中学语文课本中，一种以"人"为核心的素质，对人的尊严、人的价值、对人类的终极关怀，积淀为人类的精神财富，蕴藏在那些经过时间的筛选、历史的检验而闪烁着人文光彩的经典著作中，构成了一幅幅色彩斑斓的人生图景，陶冶、丰富、滋润着学生单纯稚嫩的心灵世界。敬畏生命，尊重生命，才会爱惜自己，爱惜他人；尊重生命，热爱生命，才会产生发自灵魂的爱，才会尊重个性，如新教材中选入的《秋天的怀念》《紫藤萝瀑布》《纪念白求恩》《桃花源记》《陋室铭》等。以"立德"为中心，为"树人"打基础，如毕淑敏的《提醒幸福》、冰心的《小橘灯》、陈毅的《梅岭三章》、鲁迅的《社戏》、刘成章的《安塞腰鼓》以及高中课本中的《与妻书》《报任安书》等，无不是弥足珍贵的精神食粮。提倡培养生命意识，是现在素质教育的一个迫切要求，很多时候，作家的用意并不仅仅在于讲述故事，更是借此表达自己悲天悯人的情怀以及对人和其命运的关注与思考。深挖教材内涵，让文本滋润学生心灵，才能让学生的生命意识得到升华。

四、拓宽阅读的途径，多渠道唤醒学生生命意识

如何唤醒学生的生命意识，显然仅靠课堂的阅读是远远不够的，也不能将阅读仅仅定位在读书这一种形式上，还可以带领学生接触音视频等方面的生命教育资料，丰富生命教育内容。可在学生课外读书活动中有意识地指导他们阅读经典作品，例如《钢铁是怎样炼成的》是八年级推荐的课外阅读名著，学生对主人公保尔·柯察金的形象记忆深刻。保尔的一生都在和病魔抗争，少年时被迫辍学，生活在最底层。后来他眼

睛失明了并且只有右手是正常的，但是他没有放弃自己的梦想，他对生活充满信心，对生命充满期待，他努力地完成了《暴风雨所诞生的》一书，获得空前的成功，作品问世后大受欢迎，他又拿起了武器，走进军队，开始了新的生活。他的一生是战斗的一生，也是值得人们尊重的一生，这样的经历难道还怕学生读后没有强烈的"生命意识"吗？课外阅读中还可以用一种学生喜闻乐见的形式拓展学生的知识面，比如为学生精挑一些富有教育意义的视频。例如我在教毕淑敏的《我很重要》一文时，播放了毕淑敏在《开讲啦》中的演讲，让学生了解毕淑敏的心路历程和成长历程，了解到她曾经是如何渴望投入死神的怀抱，又如何慢慢成长为一名救死扶伤的医生，后来又如何成为一名文学工作者、思想的引领者，让学生了解到她的文章不是凭空说教，而是一位历经沧桑的长者对生命的深刻思考，是对年轻人的谆谆教诲。我还尝试向学生推荐一些时效性较强、富有教育意义的视频作为学生的阅读素材，收到了很好的教育效果。比如，我播放了"2020年感动中国十大人物"张桂梅校长的视频，很多学生看了之后热泪盈眶。张桂梅校长扎根于边疆贫困地区，全身心地投入教书育人的崇高事业中，把1 600多名学生送出大山。她身患多种疾病，却常常超负荷地工作，以惊人的毅力克服病痛的折磨，始终坚守在三尺讲台上。她没有子女，生活节俭，把自己工资的绝大部分拿出来接济困难学生，给贫穷的学生垫交学费，带患病的学生去看病，天冷了给他们添置衣被，把母亲般的慈爱全部献给了学生和孤儿。当她深夜给手脚关节处涂完治疗风湿的药酒，躺在办公室冰冷坚硬的条椅上时，她面对镜头，说出唯一的愿望"我想要再多活两年，把这些孩子送入大学"，很多学生的内心受到了极大的震撼。张桂梅校长这样大公无私的奉献精神对学生的触动很大，学生也理解了身边教师的苦衷。虽然绝大多数的教师无法做到跟张桂梅校长一样，但他们同样也为学生呕心沥血，希望学生"一个都不能少"，希望他们能茁壮成长。很多学生会叩问自己的内心：同为学生，自己的生活环境、生活条件、学习条件比大山里的孩子好上百倍、千倍，又有什么理由放弃自己的学业，甚至放弃自己的生命呢？

　　总之，我认为，阅读教学要培养学生的生命意识就必须启迪学生在阅读中进行生命体验，激发学生对作品的感悟，让作品中的语言所蕴含的思想的火花、智慧的光芒，把学生生命中的精气神激荡起来，形成一种综合的分辨力、审美力和判断力，从而增强他们的生命意识。

新课改下高中语文个性化阅读教学策略

赖颖芝

本文针对新课改下高中语文个性化阅读教学存在的误区及其产生的原因进行了深入的分析，从尊重文本的内容和思想、开发个性化的教学方案、采用个性化的阅读教学评价三个方面提出了构建新课改下高中语文个性化阅读教学课堂的策略，以更好地为高中语文阅读教学服务。

《普通高中语文课程标准（2017年版）》指出："注重个性化的阅读，充分调动自己的生活经验和知识积累，在主动积极的思维和情感活动中，获得独特的感受和体验。"这揭示了阅读教学的本质，即以学生为中心，鼓励学生对文本进行自我理解，给学生思考的权利，让阅读成为学生感受生命的过程，获得个性化的感悟。个性化阅读是指在一定情境中，因个性发展需要而根据教学实际，培养学生逐步形成适合自身发展的阅读兴趣、阅读风格、阅读品质，以及养成良好的、富有个性的、健康的阅读习惯，从而在一定阶段内形成适合自身发展的阅读理解能力和鉴赏水平。个性化阅读教学作为语文教学改革的一部分，已经登上历史舞台，它突破了传统的阅读教学方式，尊重学生的个性化体验，重新定义了师生关系，重新树立了阅读理念，充分体现了语文学科应重实践、重人文精神培养的特点和尊重学生主体地位、尊重个体差异等新课程改革理念，倡导结合学生个体情感体验，多元化、多角度地理解文本，这对打破传统语文课堂教学教师唱"独角戏"的格局，摆脱"时代背景—作者介绍—段落大意—中心思想—写作特点"等程序的禁锢无疑起到了巨大的作用。但是，任何改革的进程都不平坦，当前的语文个性化阅读教学也存在一些误区，这些误区甚至阻碍了阅读教学改革的深入，这些误区亟待解决。

一、高中语文个性化阅读教学的误区

（1）过分追求"热烈"的课堂氛围而轻视对文本的阅读。比起过去模式固定、思维局限的语文课堂教学，现在的语文课堂教学已经有了很大的改观。但是，由于种种原因，也出现了不少本来不乏科学性却在"语文教改"的包装下逐渐成为语文课堂教学新的公式化程序的教学形式。为了迎合新课改的要求，有的教师在研究课堂教学形式上花了很多心思，以新奇的形式来"包装"并不生动的课堂内容。这样一来，学生发言的机会多了，课堂变得热闹起来了，甚至有人对文本提出了"无厘头"的看法。但是，这种热闹是表面的，既掩饰不了学生思想的贫乏，也遮蔽不住学生精神的苍白，非但达不到预期的教学效果，反而使教学效果大打折扣。

（2）过分注重"民主化"而忽视教师的主导作用。学生与文本对话时，因其人生阅历、生活体验、心理特征以及阅读经验的差异，对文本会有不同的解读，这种对文本的不同反应正是学生个性化阅读的结果，因而不少学生因这种"独特体验"而片面理解了"个性化"，由"独特"引申出"与众不同""独一无二"，于是便挖空心思去找这种"独特"，提出一些肤浅甚至不可理喻的观点，或哗众取宠，或游离主题，或断章取义。而教师则误以为倡导个性化阅读就是倡导"民主化"的课堂教学。于是在阅读实践中，他们几乎放弃了教师对文本的预设与引导，放手让学生"自主学习"，把课堂完全交给学生，学生取代了教师的主导地位。但实际上，学生在课堂上对文本的阅读初感还有许多不合理的成分，其阅读的认识水平还处于较低层次，因此需要通过对话，尤其是与教师的对话，推动这种阅读初感向文本更深处发展，与文本更深处的内容展开对话，从而创造出更深厚、更丰富的对话成果。显然，教师对学生的个性化阅读起着至关重要的引导作用，失去了教师的指导，学生的阅读将会在低水平上徘徊，而无法向更深处推进和发展。

二、产生误区的原因

高中语文个性化阅读教学误区的产生主要有以下两个原因：

（1）教师对阅读理论和相关哲学理论一知半解或片面理解，过分强调读者在文本阅读中的地位，认为读者对文本拥有绝对自由的解读权。这其实是对相关理论的曲解。接受美学强调与文本对话和读者参与作品的创造，但读者对作品意义的发现和创造是以对话为前提的；哲学诠释学强调阅读过程是一个文本与读者共同构建意义的过程，在这个过程中，读者与文本共同发挥作用，而不是某一单方面发挥作用；建构主义则认为，读者要支配文本，首先要弄清文本是什么，然后再来支配它。可见，文本是阅读活动得以进行的物质基础，离开文本阅读活动就不复存在。阅读是读者与文本的平等对话，是一个主体与另一个主体之间的心灵交流，对文本意义的肆意曲解和不着边际的衍生不是真正意义上的阅读。而课堂教学中的"对话"，其实是一种多重关系的对话，学生、教师、文本（作者）及编书者在对话中都具有主体性，任何一个都不能被人为地忽视。

（2）教师对课程标准缺乏全面的、本质的理解。这就导致引导、参与、纠正不力，民主有余、集中不够，放得有余、收得不够，讨论有余、总结不够，改革有余、继承不够。教师有时甚至沦为看热闹的旁观者，这个观点也赞成，那个观点也表扬，全盘"捧"、一味"夸"。这样一来，课堂是活跃了，但剑走偏锋，在鼓励学生张扬个性的同时，久而久之，也可能培养出一些刁钻古怪、个性乖张的学生来，这与课程改革之"正确的情感态度与价值观"的培养目标是背道而驰的，与尊重学生主体地位、尊重学生独特体验的观点也是相左的。实际上，新课程标准提出的"个性化阅读"是以尊重和理解文本的意义为前提的，并非要对文本任意曲解和进行无中生有的制造；新课程标准强调阅读文学作品要知人论世，不是要远离作品写作背景孤立地进行解读；新课程标准认为语文教师既是与学生平等的对话者，又是课堂阅读活动的组织者、学生阅读活动的促进者。

针对当前阅读教学中出现的误区，语文教育界的许多有识之士进行了反思，并从不同角度提出了相应策略，笔者仅就文中语文个性化阅读的相关问题谈几点个人之见。

三、构建高中语文个性化阅读教学课堂的策略

1. 尊重文本的内容和思想

新课标指出："发展独立阅读的能力。从整体上把握文本内容，理清思路，概括要点，理解文本所表达的思想、观点和感情……根据语境揣摩语句含义，运用所学的语文知识，帮助理解结构复杂、含义丰富的语句，体会精彩语句的表现力。"从教学论层面来说，尊重文本，指导学生正确地理解文本的思想内容和语言表达形式，教学生学会阅读，是阅读教学的根本宗旨和基本要求。因此，要凭借课文阅读来培养和提高学生的语文能力与语文素养，教师首先要成为一个合格的阅读者。一方面，教师可以根据文本意义空白点，融入自身特定的文化背景、生活体验、阅读经验进行个性化的文本阅读；另一方面，教师要树立平等对话的阅读观，把个性化的解读建立在尊重和理解作者赋予作品意义的基础上，凭借文本所提供的信息解读作品，尽可能正确地理解作者赋予作品的意义，才有可能引导学生进行个性化的阅读。

个性化阅读教学，不能让学生无所顾忌地曲解文本的意义，也不能让学生对文本进行漫无边际的任意衍生，导致阅读训练价值的跌落。例如学习李密的《陈情表》时，有些学生对李密冒死违背圣旨不出仕的行为不理解，认为正当盛年的李密白白丢失了大好的机遇，无法实现自己的人生价值。教师要引导学生抓住文本的关键词句体会李密经历了年幼父亡母改嫁、孤苦伶仃的不幸遭遇，后由祖母抚养长大，因而对祖母有非常深厚的感情。而这种恳切之情，正是中国孝道文化的体现。教师还要引导学生结合历史背景了解李密婉拒晋武帝征召的深层原因：一是念及蜀汉旧情，李密对刘禅的知遇之恩仍心存感激；二是担忧自己的前途，对新朝暂存观望之心。由此，理解了作者要表达的思想感情，就理解了文本的审美价值，在不知不觉中提升了审美境界，涵养了文化气

度。语文课堂实现了"润物无声"的教育作用。

2. 开发个性化的教学方案

首先要设计个性化的教学目标。语文的教学目标就是教学活动追求的预期效果，是主观上的超前反映。在高中语文个性化阅读教学中，教师应遵循基础性和发展性相结合的原则，制定有效的阅读教学目标，即根据学生知识和能力的差异，采用目标分层的教学方式，既保证每个学生都达到教学计划、教学大纲、教材所规定和要求的基本目标，又能够因人而异，让多数学生的个性得到发展，使每个学生在不同程度上得到提高。例如，在讲授《雷雨》一课时，教师可以针对能力不同的学生设定不同的阅读教学目标。首先，对喜欢阅读并且有能力的学生，让他们精读《雷雨》节选，再阅读全剧，了解全剧的内容、结构和人物性格，掌握剧本最终的落脚点及其意味；其次，对兴趣和能力一般的学生，让他们精读剧本节选，再选读剧本其他主要片段，了解剧本主要内容和主要人物性格，了解剧本的写作背景及作者表达的主要思想；最后，对没有兴趣或能力较弱的学生，不做课外阅读的要求。

其次要优化主体性的教学过程。教学过程是特殊的认识和实践辩证统一的活动过程，是教师主导作用的发挥与学生主体能力生成和发展的过程。一方面，教师既是与学生平等的对话者，又是课堂阅读活动的组织者，学生阅读的促进者。这就说明，在阅读教学中，学生是教师主导下的主体，教师是以学生为主体的主导。脱离这一主导位置，教学对话就不复存在；忽视这一主导位置，教学对话就会偏离方向。另一方面，因为学生水平的差异性和教学过程的开放性，阅读教学课堂也呈现出多变性和复杂性，这就要求教师在具体的教学过程中，在提出问题后，尽量给予学生充足的课堂品读时间，让学生充分发挥其主体性，在充裕的阅读时间里，独立思考，诵读品味，质疑问难和深层探究。只有使阅读课堂形成一种良性互动、对话的氛围，才能使学生在良好的课堂环境中进行富有个性化的阅读实践。

个性化阅读教学过程，是教师、学生、文本在对话过程中的交接、冲突、介入与融合。在这个过程中教师要引导学生深入思考，大胆质疑，从而使结论更正确、更全面，知识学得更牢固，并且能够激起学生浓厚的学习兴趣。例如在讲授《项链》一课时，在分析玛蒂尔德这个人物形象的环节中，笔者设问："女主人公的性格在情节发展中有没有变化？"同时留给学生充分的品读时间。在教学过程中，学生们并没有拘泥于教材的引导和传统的看法，而是根据文本的阅读提出了不同的见解，思维活动敏捷而有深度，显示出积极而强烈的参与意识。学生 A 认为，玛蒂尔德性格自始至终没变，因为到最后她还梦想着能再有一次这样的舞会来展现自己的高贵与美丽，她在还债的过程中成了一个粗壮耐劳的妇女，完全是为遭遇所迫，而不是性格改变。学生 B 认为，玛蒂尔德的性格变了，十年的艰辛让她变得踏实、耐劳，抛却了虚浮的幻想，懂得了生活的意义。学生 C 则认为，小说并不注重人物性格的变与不变，它只是讲述了一个悲惨的故事，借此揭示社会的丑陋现象而已。这些看法都是学生经过自己的思考得出来的结论，并不一味服从教参的理解，可见，在阅读教学中教师要适时、适度地设置问题，让学生通过讨论加深对课文的理解，引发学生自主学习、主动探索的兴趣，激发学生的独见、新见、创见，从而训练学生思维的敏捷性，培养学生认识事物的全面性、深刻性的能力。当然，在教学过程中，教师要专心倾听，并对学生的看法作出公正的评价，既不能扼杀学生的见解，更不能把学生的思维引向自己圈定的所谓标准答案。教师要密切关注学生的想法，对理解是否切题和思考的事实基础等适时地予以分析和评价。同时，教师还要做到适时地介入，帮助学生理清思路，从而使理解更深入。

3. 采用个性化的阅读教学评价

新课标指出，"阅读是学生的个性化行为""要珍视学生独特的体验和发现"。我们知道，阅读会受个体的禀赋素养、时代文化差异的影响，正所谓"一千个人就有一千个哈姆雷特"。而教师作为阅读课的结论、反馈的中介和评价者，所传达出的信号必须是负责任的、真诚的和激励人的，不能固守"参考答案"，而忽略甚至藐视学生阅读的体验和发现。在个性化阅读教学活动中，教师的评价可以多角度进行，注重对学生综合素质的评价，做到"三重三轻"。一是重过程轻结论。在阅读

过程中，教师不能因为结论的对错而"捧杀"或"棒杀"，因为只要学生认真阅读研习过文本，那么其思维自然会得到历练和激活，创新的火光也会时有闪现，阅读个体的收益远比单纯的某一个结论重要。二是要重肯定轻否定。有一种说法叫"好学生是鼓励出来的"，确实有道理。一个生理和心理尚未完全成熟的青少年，十分企盼对自身个体阅读价值的肯定，在肯定中体验到成功的快乐，在快乐中不断地努力向上成长。而轻易否定，会适得其反。三是要重发展轻静止。个性化阅读体验是个体的、独特的、无法复制的一种体验，因而很珍贵。虽然学生看问题或许有些片面，不够成熟，但也不能因此就断定他从此无法得出真理性的结论。正如韩愈所说"弟子不必不如师，师不必贤于弟子，闻道有先后，术业有专攻，如是而已"，那么，教师就不能静止地来评价学生的阅读结论。即使有时学生的看法有点偏激，教师也应以发展的眼光来对其做出更好的引导。

个性化阅读教学的评价通过把握学生在知识能力方面的掌握程度，来反映教师的教学方法和策略是否有效，帮助教师进行决策，以更好地促进学生的发展，从而使他们保持良好的心态和学习的自信心。

综上所述，在新课改的大环境下，高中语文个性化阅读，是一种必然的发展趋势，但也存在着一些实际问题。所以广大语文教师应在尊重文本、尊重作者的前提下，重视学生的主体地位与人格，同时还要充分发挥教师的指导作用，不断探索有利于学生个性化阅读的教学策略，从而激发学生的求知欲，提高学生的阅读能力，进而更好地为高中语文阅读教学服务。

参考文献：

[1] 张显东. 高中语文个性化阅读教学策略探究 [J]. 中学语文（大语文论坛），2008（6）：56－57.

[2] 冼戈. 高中语文个性化阅读教学研究 [J]. 教育艺术，2009（10）：49.

［3］余彤辉. 也谈创造性阅读［J］. 中学语文教学，2005（5）：10，14，28.

［4］李海林. 创造性阅读的理性思考与实践分析［J］. 中学语文教学，2005（4）：10 - 15.

［5］姚建宏. 个性化阅读教学的策略［J］. 中学语文教学参考，2003（6）：24 - 25.

［6］倪文锦. 高中语文新课程教学法［M］. 北京：高等教育出版社，2004.

语文核心素养背景下如何构建
文言文教学高效课堂

赖颖芝

教育改革对语文教学的要求，不仅仅体现在知识教学，同时也是对语文核心素养发展、提升的途径的要求，也是新课程改革与发展的重难点。文言文体现了古代文人对当时环境和世界的感受，传播了中华文化的精髓和正确的价值观、人生观等，因此高中文言文教学高效课堂是提升、发展学生语文核心素养的最为有效的途径之一。语文核心素养下的文言文教学的内容包括文言、文章、文学、文化四个方面。要构建文言文教学的高效课堂，就要求教师在教学中把握"言"与"文"的内在联系，立足文言文的语言特点，从字词句入手，把文言文中蕴含的文言、文章、文学、文化四个方面有机地结合起来，避免"言""文"割裂。

新课程标准对高中生文言文阅读的基本要求是："阅读浅易文言文，能借助注释和工具书，理解词句含义，读懂文章内容。了解并梳理常见的文言实词、文言虚词、文言句式的意义或用法，注重在阅读中举一反三。诵读古代诗词和文言文，背诵一定数量的名篇。""学习中国古代优秀作品，体会其中蕴含的中华民族精神，为形成一定的传统文化底蕴奠定基础。学习从历史发展的角度理解古代作品的内容价值，从中汲取民族智慧；用现代观念审视作品，评价其积极意义与历史局限。"细读新课标，我们不难发现，新课标下的文言文教学重视的不仅仅是文言知识，更注重对学生迁移能力的培养，"注重在阅读中举一反三"；注重以诵读为基点，提高学生的语文素养，要求"形成一定的传统文化底蕴"，能够"从历史发展的角度理解古代作品的内容价值"，并且"用现代观念审视作品,评价其积极意义与历史局限"。新课标的实施是全面推进素质教育的必然要求,是为了学生的终身学习和终身发展;在新课标的要求下,我们不得不深思如何提高文言文课堂教学的有效性。

传统的文言文课堂教学受应试教育和功利主义的影响,大都重"言"轻"文",教师上课以串讲为主,通篇翻译,最后归纳知识点,学生则不停地记笔记。这种传统教法固然有它的优点,但是教师填鸭式地讲,学生机械性地记,承载了古代灿烂文明、具有丰富内涵的文言文被生硬地"肢解",成了获取分数的工具,根本起不到让学生了解古代文化,提高文化底蕴和审美情趣的作用。为了走出这一误区,不少人在文言文教学模式上进行了探索和改革,有一段时间,又兴起了一股重"文"轻"言"风。有些教师把文言文上成了纯粹的文学欣赏课,表演说唱拓展等方法在课堂上泛滥,这似乎增加了文言文课堂的活力,但问题也随之而来,学生没有掌握相应的古汉语知识,连最浅显的文言文都无法读懂,更谈不上深入领会和感悟文学作品的意象特征、艺术手法和思想价值等文化内涵,从而让形成学生文化底蕴、提高学生鉴赏水平成为空谈。

我们知道,工具性与人文性的统一,是语文课程的基本特点。语文既是交际工具,又是文化本身,两者密不可分。把文言课上成单纯的工具训练课或人文教育课,都割裂了这一属性,违背了语文教学的规律。对于文言文教学高效课堂的构建需要做到教学以学生为主体,以提高语文文言文教学课堂的高效性为目的,进而让学生的语文核心素养得到提高。教师在课堂上进行快速简单的讲解不是达到课堂高效的标准,课堂的讲解、课堂信息量的增加,只能让学生缺乏思考地吸收,难以将语文核心素养融合到课堂上来。文言文课堂的正途,是既要有"言",其中包含文言字词、语法和语感等语言层面的要素,又要有"文",其中包含文章、文学和文化等人文层面的要素;既要培养学生阅读浅显文言文的能力,又要培养他们鉴赏评价文学作品的能力,进而形成一定的传统文化底蕴。因此,文言文教学的内容应该包括文言、文章、文学、文化四个方面。要构建文言文教学的高效课堂,就要求教师在教学中把握

"言"与"文"的内在联系，立足文言文的语言特点，从字词句入手，把文言文中蕴含的文言、文章、文学、文化四个方面有机地结合起来，避免"言""文"割裂。具体可以从诵读、古汉语知识的积累，因"言"品"文"和以"文"辨"言"等几方面追求"四文"统一与融合的效果。

一、注重诵读，强化积累

语言的构建与应用要求学生通过丰富的实践，主动地积累、梳理进而整合，最终达到对汉语言文字特点和运用规律有所掌握，针对自己形成独特的言语经验，在实际语言情境中能够正确有效地运用汉语言进行交流沟通。因此，构建文言文教学高效课堂要注重文章诵读和知识积累。

1. 注重诵读，培养良好语感

诵读是学生理解文言文的首要条件，是提高文言文阅读能力的一把金钥匙。俗话说，读书百遍，其义自见。学生在反复诵读中自然能领会文章大意，加深对文本的理解。由于文言文中多生僻字，又间有通假字，所以诵读首先要读准字音，字音读准了，才能正确辨析词义；其次要读准句读，句读读准了，才能弄清语句的层次和大意；再次要读出语气，不仅要读出陈述、疑问、祈使、感叹等语气，还要读出不同句式的强弱缓急，这就要求较好地了解虚词在表达语气上的作用；最后要读出语势，这关系到文章的层次和思路。正如叶圣陶先生所言："吟诵的时候，对于讨究所得的，不仅理智地了解，而且亲切地体会，不知不觉间，内容与理法化为读者自己的东西了，这是最可贵的一种境界。"诵读的形式可以多种多样，但决不能流于形式，要"心到、眼到、口到"，读出轻重，读出抑扬，读出舒缓，读出雅俗，读出情感，读出境界。这样，学生在反复诵读的过程中，积累了语言建构与运用的经验，不仅培养了良好的语感，能准确理解文本的内容，也得到了审美和情感的熏陶。

学生在诵读的基础上对文本的语言、形象及作者情感有了大致了解后，再来解决一些涉及语言的细致问题，就驾轻就熟了。

2. 强化积累，做到举一反三

古人云"积土成山，积水成渊"，知识积累是能力提高的基础，没有一定量的基础知识的储备，学生学习能力的培养与形成就无从谈起。特级教师黄厚江先生认为：重视积累的确是文言文学习的基本规律，但文言文学习应该是一个整体提高的过程，一定的阅读量是文言文积累的基础，应该在阅读中积累，才符合文言文学习的规律，孤立的知识积累只能是死记硬背，并不能提高学生的文言文阅读能力。因此，我认为文言知识的积累首先要引导学生在整体阅读中对所学知识进行联系、比较、归纳。比如在一次复习课中，我归纳了意思同为"到"的几个字："之、至、致、如、造、诣"，让学生进行比较，同时要求他们整理出意思为"走"的一系列字，学生通过联系、比较、归纳，整理出了"步、趋、行、走、奔"等字。还有学生自主归纳出了表示官吏升降职的一系列词语："除、拜、拔、擢、迁、左迁、罢、黜"。这种方法还可以用在总结虚词的意义和用法上，通过反复联系、比较，然后归纳，强化对知识点的理解，从而指导实际的阅读。其次是针对文言文中大量的特殊现象，要通过现代汉语语法知识来帮助理解。钱梦龙先生在《文言文教学改革刍议》中谈道："现代汉语是古代汉语的继承和发展，现代汉语的词汇、句法和修辞手段都不可割裂地和古代文学语言有着血缘关系。"例如要弄懂倒装句、词类活用等文言现象，前提是必须懂得现代汉语的语法。学生如果分不清名词、动词、形容词等词性，弄不懂主谓宾、定状补等句子成分，就根本无法理解文言特殊现象。例如宾语前置句，现代汉语中动词或介词跟宾语的关系一般是动宾结构或介宾结构，但古人的表达习惯是把宾语放在动词或介词前面，在否定句、疑问句、以"之"或"是"为提宾标志的句子中常有这样的现象，如"古之人不余欺""而今安在哉"，现代汉语的语序就应该是"古之人不欺余""而今在安哉"；又如"句读之不知，惑之不解""无乃尔是过与"，现代汉语的语序就应该是"不知句读，不解惑""无乃过尔与"，其中"之"和"是"分别是宾语提前的标志。同样，根据现代汉语与古代汉语表达习

惯的不同，还可以判断主谓倒装、状语后置、定语后置等文言特殊句式。学生只有准确地掌握文言文一些常用字词、特殊句式的用法和规律，通过反复地强化，在实践中举一反三，才有可能在读懂文言文的基础上更深入地品味其形象、手法和思想内涵。正如黄厚江先生所言："学习古汉语知识是为提高文言文阅读能力服务的，而不是学习文言文为掌握古汉语知识服务。"

有了一定量的文言知识的积累，便可用这些知识来品评文章，提高鉴赏水平，获得审美熏陶，坚定文化自信。

二、因"言"品"文"，以"文"辨"言"

新课标要求在语文教学中要让学生的思维能力有所提高、思维品质有所提升。这也是思维发展与提升的概念，学生的思维是跟随教师的提问运转的，所以教师的有效提问是非常关键的。教师的有效提问能够让学生自觉进行不同言语经验的分析，进而进行准确、完整、有逻辑性的解答，对思维的深刻性、判断性、独创性和灵活性都可有所提升。因此，教师要引导学生学会因"言"品"文"，以"文"辨"言"，以此构建文言文教学高效课堂。

1. 因"言"品"文"，领悟思想内容

文言文中有些字词很值得玩味，教师可引导学生联系上下文进行推敲，以便在整体感知的基础上进一步领悟思想内容。例如在上《鸿门宴》一课的时候，我提出这样的问题：同样意思的一句话，从刘邦和樊哙的口中说出来却不一样。刘邦向项伯这样解释自己先入关之事："所以遣将守关者，备他盗之出入与非常也。"在宴会上樊哙却说："故遣将守关者，备他盗出入与非常也。"作者这么写是无意还是有意？同学们就此展开了热烈的讨论。一部分同学认为两句话意思没有不同，作者这么写是无意的；另一部分同学认为樊哙明显是在为刘邦说话，作者这么写是有意的。争论的焦点集中在了"故"字上。我再进一步设置问题：译文把"故"翻译成"特意"而不是"所以"，为什么？同时趁机引导学生重新细读宴会上的这一情节，重点品读关于樊哙的肖像和语言描

写。同学们发现，樊哙在陈词中把怀王之前的约定作为依据，又用秦王因暴政而亡国的教训作为反面例子，目的是责备项羽。一个"故"字就体现了樊哙粗犷外表之下的细心和护刘邦责项羽之意。从这两句话中，我们甚至还可以感受到一个刚愎自用、优柔寡断的项羽形象和一个善于纳谏、机智多谋的刘邦形象。可见司马迁用语之精准。这样的解读，既培养了学生对语言文字的辨识能力，又提高了他们分析人物形象、领悟思想内容的能力。正如叶圣陶先生在《语文教学十二韵》中所言："一字未宜忽，语语悟其神。"

除了联系上下文来推敲字词的意思，从而领悟思想内容外，教师还可以指导学生通过对比品读，品析不同的文字，加深对文本内容的理解。例如《滕王阁序》中的"飞阁流丹"，有的版本作"飞阁翔丹"，用"流"字好还是用"翔"字好？《念奴娇·赤壁怀古》中"强虏灰飞烟灭"，有的版本作"樯橹灰飞烟灭"，"强虏"与"樯橹"的用法有何区别？提出这样有争议性的话题，既可以活跃课堂气氛，又可以提升学生的语言鉴赏能力。这种比较，还可以从个别字词延伸到全文的对比阅读中。例如《前赤壁赋》和《后赤壁赋》，作者相同，背景相同，文字和感受却不尽相同。让学生进行"同中求异"的比较，目的是让他们通过文字的不同来理解作者思想内容的不同，进而发掘其意蕴。

这样，通过字词乃至篇章的比较阅读，因"言"品"文"，引导学生关注文言的文学技巧，在比较的过程中，用新知启发旧知，用已知启发未知，实现知识的迁移和能力的提高。

2. 以"文"辨"言"，深化理解文本

以"文"辨"言"，是指在因"言"品"文"后，回过头来，用"文"去辨析作者之"言"。这样可让学生加深对文本的理解，进而能够自主释疑解惑。

比如在上《项脊轩志》一课的时候，有的学生把"庭有枇杷树，吾妻死之年所手植也"翻译成"庭院里有棵枇杷树，是我妻子去世那年我亲手种的"，有的却翻译成"是我妻子去世那年亲手种的"，当然，这句话本身并没有明确主语是谁，枇杷树既可能是"我"种的，也可能

是"妻"种的。在多次诵读的基础上，我引导学生把握全文的内容和情感，归有光借项脊轩的兴废，写与之有关的家庭琐事，表达人亡物在，三世变迁的感慨，只是作者没有直抒胸臆，而是借物抒情，这是古人常用的含蓄的抒情手法。这样，学生一下子就明白"手植"的主语就应该是"吾妻"，作者是借枇杷树来抒发对亡妻的无限怀念之情。

又如"借书满架"，学生刚开始简单地翻译成"借来了满架子的书"，有人立即提出了疑问：怎么可能所有的书都是借来的呢？再说，借了书不还，那不是人品有问题吗？我趁势引导，有着"明文第一"赞誉的归有光，自幼酷爱读书，这句话别的版本写作"积书满架"，"积"是积累、堆积的意思。学生马上议论纷纷起来，有学生大胆地说：出身书香门第的归有光藏书不少，"借"可能是"藉"的通假字，比如《赤壁赋》中"狼藉"就有"多而散乱堆积"的意思。我马上给予了充分的肯定。

这样，教师引导学生以"文"辨"言"，讨论了一个值得商榷的词义，既深化了对文意的解读，加强了对情感的把握，又巩固了对文言字词的理解，两者相得益彰。

因"言"品"文"，以"文"辨"言"，使文言、文章、文学、文化融为一体，和谐共生。激发学生深入探究文本的兴趣，离不开"言"和"文"的交融，因为对文本的探究也是从语言文字出发，不管以何种方式作为切入点，这一探究的过程就是咬文嚼字的过程。学生带着极大的探究的兴趣，通过比较分析，语感点点汇聚，认识层层积淀，从而深刻地领会到作家们的精神情怀，为形成一定的传统文化底蕴奠定了基础。

综上所述，文言文教学高效课堂的构建需要做到"言""文"并重，关注四个层面：文言、文章、文学、文化，进而让学生的语文核心素养得到提升。在文言文教学中，既要重视传授古汉语字词句的知识，为学生打好扎实的文言基本功，这是教学的基础；又要注重赏析文章的篇章结构和写作技法，提高学生鉴赏文言文的能力，这是教学的关键；还要强调古文化的传承和熏陶，培养学生的审美能力，这是教学的宗旨。当然，教师凭借一篇文言文，既要讲清字词句等文言基础知识，又要传授文学文化常识，还要让学生掌握一定的阅读技巧、写作手法，提高审美能力等，实在很难。而课堂教学是提高教学质量的主要环节，课堂教学的优劣程度将直接影响学生语文核心素养的提升。因此，在文言文教学中，并非每篇课文、每一堂课都要落实文言和关注文章、文学、文化，"言""文"并重的理念应着眼于整个文言文教学，教师应根据不同层次的学生，采用灵活的手段和方法来优化课堂教学，从而提高课堂效率。正所谓"教无定法，贵在得法"，否则，有限的课堂是难以承载如此繁重的教学任务的。

参考文献：

[1] 黄厚江. 文言文该怎么教 ［J］. 语文学习，2006（5）：14 - 16.

[2] 王冬云. 在整合中打造 在探究中提升——文言文总体教学的构想及实践 ［J］. 语文教学通讯（高中版），2005（12）：22 - 23.

[3] 钱梦龙. 文言文教学改革刍议 ［J］. 中学语文教学，1997（4）：25 - 28.

[4] 王松泉. 语文教学探步 ［M］. 沈阳：辽宁大学出版社，1991.

[5] 孙亚玲. 课堂教学有效性标准研究 ［M］. 北京：教育科学出版社，2008.

[6] 袁东升. 新课标背景下文言文教学要有新思路 ［J］. 语文教学通讯，2011（4）：25 - 26.

[7] 陈宝祥. 望闻问切，提高文言文教学有效性：以苏轼的《赤壁赋》教学为例 ［J］. 语文教学通讯，2011（4）：23 - 24.

浅谈语文课堂教学中学生阅读能力的培养

吕志斌

《普通高中语文课程标准（2017 年版）》对高中生的阅读能力提出了更高的要求，阅读成为提高学生语文学科核心素养的重要途径和方式。针对高中生，重在培养他们自主阅读的习惯，才有可能提高他们的阅读能力。本文阐述了如何通过在课堂教学中培养学生的阅读兴趣，进而培养学生的阅读习惯，促使学生掌握更多的阅读方式，提升学生的阅读技能，进而激发更强的阅读兴趣，形成一个良性的循环。

《普通高中语文课程标准（2017 年版）》关于课程目标的表述为："学生通过阅读与鉴赏、表达与交流、梳理与探究等语文学习活动，在语言建构与运用、思维发展与提升、审美鉴赏与创造、文化传承与理解几个方面都获得进一步的发展；坚定文化自信，自觉弘扬社会主义核心价值观，树立积极向上的人生理想，为全面发展和终身发展奠定基础。"该课程标准设计的普通高中语文课程结构及学分如表 1 所示：

表 1　普通高中语文课程结构及学分

必修（8 学分）	选择性必修（6 学分）	选修（任选）
整本书阅读与研讨（1 学分）	整本书阅读与研讨、当代文化参与、跨媒介阅读与交流在选择性必修和选修阶段不设学分，穿插在其他学习任务群中	
当代文化参与（0.5 学分）		
跨媒介阅读与交流（0.5 学分）		

（续上表）

必修（8学分）	选择性必修（6学分）	选修（任选）
语言积累、梳理与探究（1学分）	语言积累、梳理与探究（1学分）	汉字汉语专题研讨（2学分）
文学阅读与写作（2.5学分）	中华传统文化经典研习（2学分）	中华传统文化专题研讨（2学分）
	中国革命传统作品研习（0.5学分）	中国革命传统作品专题研讨（2学分）
思辨性阅读与表达（1.5学分）	中国现当代作家作品研习（0.5学分）	中国现当代作家作品专题研讨（2学分）
	外国作家作品研习（1学分）	跨文化专题研讨（2学分）
实用类阅读与交流（1学分）	科学与文化论著研习（1学分）	学术论著专题研讨（2学分）

可以看出，阅读是提升学生的语文学科核心素养和实现课程目标的重要手段和途径，高中的语文教学抓住了阅读这个环节就等于抓住了语文教学的主干，学生的阅读能力提高了，其在语言建构与运用、思维发展与提升、审美鉴赏与创造、文化传承与理解几个方面就很容易获得进一步的发展。阅读能力的培养有多种多样的途径和方法，课堂教学是学校教学的主阵地，教师对学生的引导主要在课堂之上，我就课堂教学中如何提高学生的阅读能力谈谈自己的几点认识。

一、培养兴趣，注重诵读，突出学生在阅读中的主体地位

"兴趣是最好的老师"，在教学过程中我发现，对课文的阅读不感兴趣，是造成相当一部分学生阅读能力无法得到提升的一个重要原因。

高中生的认知特点已经不同于小学生、初中生。他们正处于感知能力的体验期，已不满足于对优美语言的掌握，也不满足于对具体知识的了解，而要体验语言的内涵，挖掘隐藏在文字表面之下的深层次的韵

味，理解文章的基本特点和精神实质。他们对语言的感知，不仅有思想，而且有感情。如果课堂上我们采用灌输式的教学方法，就会让他们感觉语文阅读单调乏味，从而使之失去学习语文的兴趣和乐趣。例如，在讲陆游的《书愤》时，不仅要让学生理解诗中"塞上长城""诸葛亮"是作者在自喻，借古讽今以抒发作者当年的抱负和今日的感慨，更要引导学生体会作者含蓄、委婉的语言表达背后那种荡气回肠的悲愤与不满的情绪，引导学生体会诗人情感的起伏跌宕，可以让学生自由发言，发表自己对作者这种感情的理解以及体验，对每一种发言我们都应该给予表扬和鼓励，激发学生对诗歌感悟的兴趣和积极性。

二、培养学生良好的阅读习惯，掌握多种阅读方式

要培养学生朗读、诵读、唱读等习惯，让学生多读，有感情地高声朗读可以让学生体验到作品中所蕴含的思想感情或者作者情绪的变化。除了多读，还要让学生多听，让学生多听一些名家的配乐朗读或朗诵，可以让学生体验到自己读的时候没有体验到的感受、感情，从而可以加深他们对课文的理解。"书读百遍，其义自见。"读就是感受的过程，是一种切身的体会。中国语言韵律优美，节奏有序和谐，我们要引导学生在阅读与听的过程中积极参与，切身感受，自我感知，自我发现。比如，在学《蜀道难》这一课时，读和听就能显示出不可替代的作用。在这篇文章中，作者三次咏叹"蜀道之难，难于上青天"，一方面写出了蜀道确实特别险峻，另一方面，这三次咏叹的意义和作用是不一样的，体现出来的诗人的感情也是不一样的，如果只凭教师的讲解和学生自己发现是比较困难的，那么我们可以引导学生大声地朗读，多读，慢慢地体悟，然后再听一听名家的配乐朗诵，从他们的朗诵语气以及音乐的旋律中可以感悟出蜀道的艰险和作者三次咏叹的变化和作用。比如白居易的《琵琶行》中，对描写琵琶女弹奏曲子时作者的情感变化的把握和感悟；在柳永的《雨霖铃》中，对通过景物描写表现出来的离别绪的把握；在苏轼的《念奴娇·赤壁怀古》中，对作者那种视野开阔、境界宏大、气势磅礴、格调雄浑豪迈的词风以及伤感和矛盾的心情的体会，等

等。采用多读多听的方法，可以让学生收到很多意想不到的效果，提起他们鉴赏古典诗歌的兴趣。

对高中语文的诗歌和散文，重在体会作者的情感及文章所表达的意境，所以我们要引导学生自己投入到文本阅读中去感知品味。例如读《荷塘月色》，可以让学生自己去体会美词佳句，让学生自己去感受"朦胧的月色""幽幽的荷香""斑驳的树影""渺茫的歌声"，让学生自己去感受"颇不宁静"的心思，去感受"独处的妙处"。要达到这样的效果，就要求学生一要认真读，讲究心定；二要仔细领会，讲究慧悟；三要寻根问底，讲究毅力。这也是引导学生自我感知的一个思路。

我们在强调学生在阅读中感知的主体地位的同时，并不排斥教师的引导作用。学生能读懂课文，并不意味着他们就能领悟到其深刻含义。在这种情况下，我们应激励学生仔细揣摩，激发学生深入思考，获得更加深刻的领悟。孔子云"导而弗牵"，说的就是这个道理。我们应该在学生阅读感知的基础上，引发他们的联想。比如让学生读王之涣的《登鹳雀楼》诗："白日依山尽，黄河入海流。欲穷千里目，更上一层楼。"以此又联想到杜甫诗中的名句"星垂平野阔，月涌大江流"。以及王维诗中的名句"大漠孤烟直，长河落日圆"。学生可以从中感悟其深远壮大、崇高的美感。然后再让学生把感觉到的意境用自己的话表达出来，使学生真正地做到自主感悟和表述，有自己的主见。

三、让学生在阅读中分析，培养科学的阅读方法，提升阅读技能

孔子曰："学而不思则罔，思而不学则殆。"在感知的基础上，我们还要注重培养学生对文章的分析能力，鼓励他们在阅读过程中会思考，敢于质疑，从而加深对文章的理解。顾颉刚先生说过："因怀疑而思索，因思索而辨别是非；经过'怀疑''思索''辨别'三步以后，那本书是自己的书，那种学问才是自己的学问。"对文章的分析，我认为可以从以下几个方面着手：

1. 结构分析

主要是让学生学会把握文章的组织结构，进而理清作者的思路，从而掌握文章的内容。叶圣陶先生曾说：作者思有路，道路识其真。理清思路有助于把握文章内容。比如朱自清的散文《荷塘月色》，文章从表面上看是很零散的，作者的思路好像难以琢磨，各种景物描写也显得很随意，但是只要引导学生抓住作者由于"这几天心里颇不宁静"而独自一人出去散步，为了摆脱这种不宁静的心情，作者是有意地把自己的注意力集中在"朦胧"的景色和美好的回忆当中，所以作者在思绪暂时回到现实中以后很快地又沉浸于美好的景色和回忆当中，抓住了这一点就相当于抓住了文章的组织结构和作者的写作思路，那么整篇文章也就很容易理解了。

2. 内容要素分析

比如小说中的人物形象、故事情节，说明文中的事理，议论文中的论点、论据，诗歌中的意象、意境，戏剧中的矛盾冲突等。可以说，内容要素分析是阅读理解中最基础的东西，但也是不可或缺的一部分，而且是通过平时的练习和讲解，大部分同学能够掌握的一部分内容。因此，在平时的学习中学生要加强内容要素分析的练习，这对提高学生的阅读兴趣和能力有很大帮助。

3. 语言分析

主要是指要体会语言的规范性和艺术性，即修辞分析和语言风格分析以及语言表达的逻辑严密。特别是要注意那些对表现思想内容有重要作用的关键性语句。这些语句往往是表现力强、准确鲜明的。比如李清照的《声声慢》中"寻寻觅觅，冷冷清清，凄凄惨惨戚戚"一句，开篇就用了七组叠字，由浅入深，层层递进，把词人国破家亡、漂泊他乡、晚景凄凉的愁苦之情，淋漓尽致地刻画出来，奠定了"其情哀，其词苦"的基调，而最后一句的"这次第，怎一个愁字了得"又和开篇相呼应，突出了一个"愁"字，只要抓住了开头和结尾的两句话也就抓住了整首词的关键。

鲁迅语言风格的一个重要特点就是警句特别多。许多警句是智慧的闪光，浓烈热情的爆发，具有震撼人心、永不磨灭的魅力，并使整篇文章熠熠生辉。对于这些语句，要根据文章的思想内容，联系作者和时代背景，进行分析、讲解、吟诵、品味。

4. 重点分析

包括对文章疑难点的分析理解。文章的难点部分，即有关文章主旨，而以学生的能力难以做到深刻理解的，就是需要我们分析精讲的部分。例如，对于文言文阅读中的难以理解的句式和词语的分析讲解，这是学生仅靠感知无法领悟的，这就需要教师深入地讲解。文章的疑点部分也需要教师对学生加以引导辨析。比如《马说》中，韩愈强调发现人才的重要性是可取的，但其方法带有主观主义的色彩，容易产生各种弊端，不如"公开赛马"更容易发现人才，只要练就了学生的"眼力"——鉴赏能力和评价能力，疑点是随处可见的。而答疑解惑的过程，也正是加深学生对课文理解和提高学生阅读质量的最佳途径。

四、拓展深化应用

这一过程重在引导学生把知识转化为能力，特别是学习新知识和解决新问题的迁移能力。它包括对学生思维的拓展和认识的深化。这也是从语文的感知能力即感性认识上升至理性认识的重要步骤。对于学生在阅读中的发现，哪怕一点一滴的进步和创新，我们都要予以肯定和鼓励。例如在讲授《荷塘月色》的经典名句"微风过处，送来缕缕清香，仿佛远处高楼上渺茫的歌声似的"时，有学生质疑：把"荷香"比作歌声似乎并不最好，若改为"笛声"可能更符合文中所描绘的宁谧的意境。教师便鼓励大家充分发挥各自的聪明才智，来改写这个经典名句。学生的创作热情被大大激发，造出了一个个鲜活的句子，像"微风过处，送来缕缕清香，仿佛天外飘来的悠远的钟声似的""仿佛摇篮边母亲轻轻地抚拍似的"等。学生们文思如泉涌，沉浸在创造的兴奋中。

综上所述，只要学生对阅读产生了兴趣，对所阅读的文章会分析、能理解，有自己的主见，又敢于把这种主见表达出来，而且能够做到言之有理，那么课堂教学的目的就达到了，学生在这个过程中又能得到阅

读能力的提升，进而促进其阅读兴趣的进一步加强，形成一个良性循环。这样的教学方式既符合新课程标准"积极倡导合作、探究、自主的学习方式"，也为学生提升语文学科核心素养奠定了基础。

课堂教学的主要任务是，教会学生一种方法，培养学生阅读的兴趣，使其养成良好的阅读习惯，掌握科学的阅读技能，进而树立阅读的自信心。

当然，阅读教学的各个环节都有其不可替代的地位和作用，它们互相影响，层层递进，步步深入，构成了语文教学的整体构架。由于经验所限，教师在运用这些环节的过程中可能会出现一些问题，所以这就有待于进一步的探索，从而更好地提高语文的教学效率。

参考文献：

［1］韩文良．高中语文探究性阅读教学初探［J］．新课程导学，2016（15）：93.

［2］张艳玲．高中语文教学中主体性阅读调控策略的思考［J］．课外语文，2014（11）：127.

［3］熊红梅．自主学习课堂教学目标调控策略［J］．语文教学与研究，2015（6）：91.

核心素养下高中语文阅读思维能力的探究

周婉珊

随着教育改革的不断深入，高中语文教学开始注重学生的语文阅读，语文阅读对高中生语文核心素养有着强大的塑造作用。目前，高中语文阅读教学主要是帮助学生在阅读实践中体会、总结阅读的基本方法、了解文章结构和习得写作技巧，养成良好的阅读习惯。语文阅读教学不同于教学中的其他部分，它更加注重正确思维方式的引导。如今，在教学观念和教学方法上有了不少突破，但还存在许多不足。本文针对高中语文阅读思维能力的培养途径进行分析探讨。

高中语文教育在高中阶段一直占有相当重要的地位，也是核心素养培育的重要一环。而高中的阅读教学是语文教学的重点，是培养高中生语言综合素质能力的关键，阅读同时塑造着高中生的品德和能力。因此，在高中语文阅读教学中培养学生的思维能力有着十分重要的作用。

一、培养高中语文阅读思维能力的重要性

受过去传统教学模式和应试教育的影响，高中语文阅读教学为了提高学生的考试分数，通常会将重点放在应试技巧的训练上，而忽视对学生思维能力的培养，学生对阅读提不起兴趣，导致他们觉得课堂枯燥无趣。培养学生的思维能力可以实现学生的自主探究学习，从而有效提升学生的阅读能力。

随着我国教育改革的推进，对学生思维能力的培养也被提上了日程。高中阅读教学模式发生了改变，在核心素养背景下，在高中语文阅读教学过程中要注重培养学生的思维能力。它不仅可以帮助学生加深对

素材的理解，还会让学生的语言表达能力有所提升。与此同时，写作能力随之增强，进而使学生对语文学科的学习兴趣也越来越浓。

二、高中语文阅读教学存在的问题

1. 阅读教学以阅读知识传授为主

大部分教师认为语文阅读教学就是向学生传授语文阅读知识的过程。一篇篇凝聚着作者独特感悟的文章，被教师科学解剖、理性分析。根据高考阅读的要求，教师把其中涉及的知识点一一"肢解"，传授给学生。在这种情况下，教师是知识的权威，学生是被动地接受知识，加之课堂上需要考虑"课堂效益"，从而压缩了学生独立思考探究的时间，导致学生获得知识的过程是机械的、被动的，得到的知识往往是枯燥无趣的，没有生命力的。照本宣科的方式，在一定程度上影响了学生的阅读积极性，不利于学生创造性思维的构建。

2. 课程目标设置不合理

高中语文阅读的内容种类都比较多，除了常见的议论文、记叙文、说明义等现代文阅读之外，还有文言文和古诗词的阅读，这需要教师在把握课程目标时把握好重难点，使学生能够熟练掌握相关字词的应用，了解作者在文章中的思想情感变化。但实际教学中，教师往往只关注字词的意思及重点句子的含义，根据高考对阅读的要求进行教学，引导学生进行学习，这给学生的阅读思维能力提升设置了阻碍。

3. 学生课程参与度不高

当前学生课程任务繁重，学生扎入题海，阅读时间不多，阅读范围也相对狭隘。可以说，学生的基本阅读情况不容乐观。

在平常的阅读过程中，学生的主体意识不强，课堂的参与度也不够。在思考阅读的过程中遇到难题时，大多数同学思路较模糊，不会想着怎么解决，也不擅长寻求帮助。学生大多数时候还会凭个人喜好去阅读，没有考虑通过阅读去拓宽视野，对阅读的重要性认识不够全面。课堂上的阅读教学中师生互动频率低，阅读教学难以开展。

三、阅读思维能力培养的途径

1. 改变传统教学模式，丰富课堂

在核心素养视角下，高中语文教师要将教学的重点从文章结构和写作技巧的讲解转变为对学生阅读思维能力的培养。受应试教育的影响，当前教师授课相对比较呆板，为改变这一现状，教师要改变传统的教学模式，丰富课堂教学形式。如今大部分学校已配备多媒体设备，教师教学的时候就可以借助多媒体教学设备进行辅助，播放视频、音频或图片等，让学生更加直观地获取信息，更好地理解文章内容。通过讨论、辩论等形式，让学生进行思想的碰撞，可以有效激发学生学习积极性，有效培养学生的思维能力。

2. 合理设置教学目标，实现思维开拓

在高中语文阅读教学过程中，除了要培养学生的知识技能外，还要将情感方面的技能和价值目标作为重要的内容，提高学生的阅读兴趣，使他们在阅读中得到情感的熏陶，并将所学的知识运用到实际生活中。高中阅读不再局限于课内，很多教材和参考书籍中都有很多与课文主题相符或有一定联系的文章。教师可以设计相关的题目，培养学生的阅读思维能力。

3. 提高学生课堂积极性，激发阅读兴趣

在高中语文阅读教学过程中，可以通过小组讨论的方法来培养学生的思维能力。可以将学生分成若干小组，由小组内成员自由选择阅读篇目并组织学生讨论。小组内部通过讨论的方式掌握文章的中心思想和结构脉络，然后由小组成员代表发言，对文章的内容、中心思想等方面进行讲解。教师可以给予学生多一些自由，积极引导，改变传统的灌输式教育方式，培养学生良好的阅读习惯及阅读思维，激发学生阅读兴趣。

四、结语

总的来说，核心素养背景下，高中语文阅读教学中培养学生的思维能力有着十分重要的意义，这可以激发学生学习积极性和自主探究能

力。同时，教师在阅读教学中要改变传统的教学模式，丰富课堂教学模式，突破传统教学模式的限制，合理设置教学目标，调动学生的自主性与积极性，激发学生的阅读兴趣，从而促进学生阅读思维的发展，提高学生的阅读思维能力。

参考文献：

［1］陈玉水．基于核心素养的高中语文阅读思维能力的培养［J］．黑河教育，2017（12）：19－20.

［2］方亮．基于核心素养的高中阅读教学探究［J］．语文天地，2018（22）：75－76.

［3］刘宇新．专题教学：改变从教师开始［M］．北京：北京师范大学出版社，2012.

［4］程欣．基于语文核心素养的高中阅读教学策略研究［D］．扬州：扬州大学，2017.

基于核心素养的高中生语文阅读力提升策略

张芳鹏

随着大语文时代的到来，阅读的重要性越发明显。随着统编版高中语文教材的全面推行，语文学科核心素养的培养全面落地，因此提升高中生语文阅读力也越发显得迫切。作为高中语文一线教师，我通过教学实践，在激活阅读兴趣、凸显阅读体验、跟进阅读反馈、建构阅读经验等方面，积极探索，扎实有效地推动新课程改革的实施，切实提升高中生语文阅读力。

《普通高中语文课程标准（2017 年版)》认为，语文学科核心素养包含四个层面：语言建构与运用、思维发展与提升、审美鉴赏与创造、文化传承与理解。显而易见，大语文时代已然来临。大语文时代，阅读是王道。而随着统编版高中语文教材进入课堂，语文课程改革的形势开始快速变化，阅读在语文学习中的地位也越来越重要。如何才能切实提升高中生语文阅读力，进而实现语文学科核心素养的有效落地，是语文教育者尤其是语文一线教师面临的关键问题。对此，我将结合教学实践来谈一谈具体策略。

一、倡导合作与交流，激活阅读兴趣

《基础教育课程改革纲要》中把培养学生的合作与交流能力作为新课程改革的重要目标。同时，新课程改革又十分重视学生在阅读教学中的主体地位。然而在阅读教学中，首先面临的是学生对阅读作品的不了解、无兴趣，如何理解阅读作品中的情感与思想，是学生语文阅读中面临的最头疼的问题。如何充分发挥学生的主体作用，变被动为主动？

心理学家皮亚杰说过："所有智力方面的工作都依赖于兴趣。"如果学生有了阅读兴趣，就能使阅读成为自觉行动。实施小组阅读模式，倡导合作与交流，从而把阅读的主动权交给学生，能够有效地挖掘学生的阅读潜力，激活学生的阅读兴趣，让学生主动参与到阅读教学活动中来。

在小组阅读模式中践行合作与交流，教师向学生交代清楚阅读任务，引导学生进行质疑阅读，即提出问题，让学生带着问题去阅读，并给学生提供一个合作与交流的模板。给学生布置阅读任务，再给学生提供参照模板，学生才能有效地开展小组阅读。首先，需要教师对小组成员进行分工。每个学生都清楚自己的职责，就会觉得自己是小组阅读不可或缺的一部分。其次，需要教师对问题的设置进行有目的的引导和深度的设计。学生带着具体问题和具体任务阅读，充分合作与交流，共同解决问题、完成任务。

比如，在小说《百合花》的阅读教学中，我针对作品篇幅较长、阅读量较大的特点，为激发学生的阅读兴趣，简要提出三个基本问题：①简要概括小说的情节发展，总结出你认为的小说的高潮。②细节呼应是本篇小说情节设计上的亮点，请在文本中找出：通讯员衣肩上的破洞出现四次；通讯员枪筒里插的树枝（野花）出现两次；通讯员给"我"的两个干硬的馒头出现两次；有百合花图案的被子出现三次。③通讯员和新媳妇是本篇小说的主要人物，请结合文本，说说你的认识。这样，学生在阅读中熟悉了文本的特点，也为接下来小说的人物分析提出个性化的见解做好了铺垫。在之后的合作与交流中，学生们踊跃发言，氛围浓烈。实践证明，当学生对阅读产生浓厚的兴趣时，就会在无意中形成内在的动力并积极参与，而当他们的阅读兴趣被点燃后，他们才能真正感受到自己是阅读的主人。

比如，在《以工匠精神雕琢时代品质》一文的阅读教学中，我针对新闻评论的体裁特点，由浅入深提出四个问题：①速读文本，概括每个段落的中心；②阅读文章第1段至第3段，概括工匠精神的提出有什么现实意义；③阅读课文第4段至第5段，归纳工匠精神的内涵有哪些；

④举例分析作者主要运用了什么方法来论述观点。要求小组成员就这些问题紧扣文本阅读，并现场进行讨论。接着，我提供了一小段原文评论："工匠精神是我们这个时代的气质，是我们这个时代的需要，更是我们这个时代的标签。每个人都可以是一名工匠，于工作中，于生活上，于做事做人的方方面面。"我让小组成员进行头脑风暴，以"工匠精神是时代的呼唤"为开头，写一段不少于200字的评论。我惊喜地发现，在学生的合作与交流中，他们不仅在认知的过程中产生了互动，在个人的核心价值观中也产生了互动，这就会使学生之间无意识地进行交流思想，在潜移默化的过程中受到影响，使得学生之间取长补短，最终得到共同发展。

二、鼓励个性与创意，凸显阅读体验

《普通高中语文课程标准（2017年版）》指出："阅读是学生的个性化行为，不应以教师的分析来代替学生的阅读实践"，要求"注重个性化的阅读，充分调动自己的生活经验和知识积累，在主动积极的思维和情感活动中，获得独特的感受和体验"，强调"提倡多角度的、有创意的阅读，利用阅读期待、阅读反思和批判等环节，拓展思维空间，提高阅读质量"。

基于上述指导思想，教师在阅读教学活动中，应该在充分发挥学生的主体作用的前提下，鼓励个性与创意，让学生有自由阅读的空间，使学生凭借语言文字对作品进行体会、思考，读出疑问，读出新意，得出前人或他人未曾有过的独特的感悟，从而凸显阅读的体验。

（1）鼓励个性与创意，需要教师尊重学生的主体地位与人格，营造自由、互动、对话的教学氛围。一方面让学生自己主动地去感知、去领悟和体会作品的内涵，体现学生阅读过程中的主动性和创造力；另一方面让学生之间互相交流自己不同的见解，在交流的过程中不断改进和完善自己的答案。只有学生在阅读中通过自己的发现、理解而获得感悟和体验，才是有意义的。

比如，在散文《荷塘月色》的阅读教学中，一位学生对这篇名家散

文提出了自己关于词语鉴赏的看法："我认为《荷塘月色》的最后一句'这令我到底惦着江南了。——这样想着，猛一抬头，不觉已是自己的门前；轻轻地推门进去，什么声息也没有，妻已熟睡好久了'中的'好久'一词多余，因为在文章的第一段中，'我悄悄地披了大衫，带上门出去'时，'妻在屋里拍着闰儿，迷迷糊糊的哼着眠歌'，说明妻当时并未入睡。'我'离家出门后，一直在荷塘周围漫步、徘徊，赏景遣闷，未曾回家。妻何时入睡，熟睡多久，'我'不可能知道。所以'妻已睡熟好久了'一语前后矛盾。"这位学生的这番话赢得大家的阵阵掌声，大家都认为这位同学说得对，一致认为原句可去掉"好久"，改成"妻已睡熟了"才合情合理。其实学生的独特体验正是他们崇尚个性、追求个性的内心独白。每一个学生都有权利按自己的思路去寻找探究的直觉经验，按自己的思维方式去解读作品。对此，教师应该高度重视。

（2）鼓励个性与创意，需要教师充分发挥主导作用，巧妙地组织学生展开讨论、思辨、质疑。一方面要引领学生正确地理解作品的思想内容和语言表达形式，把个性化的解读建立在尊重和理解作者赋予作品意义的基础上；另一方面要引领学生大胆质疑，提出新解，注重倾听学生的发言，对理解是否切题和表达的事实基础等适时地予以介入和评价，帮助学生理清思路，培养学生富有创意的理解和表达。

比如，在林觉民《与妻书》的阅读教学中，有些同学对他"即此爱汝一念，使吾勇于就死也"的思想不甚理解，甚至有同学认为他这样做是违背了一个男人的责任感。我发现问题后，及时引导学生在作者及其所处的具体的语境中，努力感受作者要表达的思想感情。作者在信中洋溢着对妻子无尽的爱恋，以及对生活的热爱，但他并没停留在儿女私情之上，而是将儿女之情同革命事业相比，使二者很好地统一起来。作者时时做安慰，时时做解释，信中反复强调"吾至爱汝，即此爱汝一念，使吾勇于就死也"。此中豪情令人感动。作者回忆二人世界的柔情蜜意、回忆二人对生活的美好憧憬，谱写出了一曲爱情的颂歌。然而这封信的价值更在于作者舍小家、为大家的伟大的献身精神和革命豪情。理解了作者要表达的思想感情，就理解了作品语言作为这种思想感情载体的作用，并在此基础上发现作品本身的闪光点，进而从文字中欣赏美、传承美。

又如，在陶渊明《归园田居（其一）》的阅读教学中，围绕"你最喜欢景物描写诗句中的哪一句，说说为什么"这个问题展开，有学生认为："方宅十余亩，草屋八九间"，十多亩土地，八九间屋子，这证明陶渊明很富有，怪不得他不愿意为一点工资朝九晚五地上班。田园生活的"简朴淡雅"，到了学生眼里成了"富有奢靡"，根本原因在于时代截然不同，学生对诗句的理解无法还原到历史背景中去。面对学生的质疑，我介入解释：一来，东晋时期，与陶渊明身份相当的士大夫阶层的俸禄相比，陶渊明的"方宅""草屋"自然非常简朴；再者，陶渊明辞职也非全职务农，生活也不至于一贫如洗。只是后来陶渊明家遭遇火灾，需要靠友人接济，才变成真正的赤贫阶级，对此陶渊明有诗为证："正夏长风急，林室顿烧燔。一宅无遗宇，舫舟荫门前。"经过这番解释，学生对诗句有了新的认识，在此基础上又开始有了其他发言。有学生说他回到老家，走在乡间小路上，望见远处的炊烟，像极了"暧暧远人村，依依墟里烟"的感觉，当他说到"那种感觉，让我觉得它就是心灵深处的家，有说不出来的舒服"时，全班都不由自主地鼓掌喝彩起来。

三、注重方法与过程，跟进阅读反馈

阅读方法的掌握和运用是学生实现有效阅读的重要工具，也是教师引导阅读教学的重要内容。在引导阅读教学的过程中，教师既要正视学生个体差异，满足不同层次学生的要求，又要发展学生独立阅读的能力，使学生体现独立阅读的价值。只有把阅读的自主权交给学生，让学生主动地掌握和运用阅读分析的方法要领，才能调动起学生阅读的积极性，将阅读内容转化为自己的独特理解，从而在交流中对阅读作品全面理解和多角度解读。

（1）在学生独立阅读的过程中，教师应遵循基础性和发展性相结合的原则，引导学生从整体上把握内容，理清思路，概括要点，对作品的思想感情、段落层次、表现手法、语言特点、精彩片段、重点语句等方

面，在思考、分析、比较、归纳的基础上，通过圈点、勾画或作简洁批注加以标记。学生通过有感而发，有疑而注，有得而写，使其具有很强的阅读自主权，既满足了独立阅读的需要，也促进了个性品质的发展。教师也可适当点拨和引申，有时教师的点拨会让学生少走弯路，而引申则会带领学生更深入地理解。

比如，在《沁园春·长沙》的阅读教学中，我通过播放学生熟悉的流行歌曲《怒放的生命》导入。学生对其中的歌词了如指掌，甚至禁不住哼出："我想要怒放的生命，就像飞翔在辽阔天空，就像穿行在无边的旷野，拥有挣脱一切的力量；我想要怒放的生命，就像矗立在彩虹之巅，就像穿行在璀璨的星河，拥有超越平凡的力量。"课堂气氛一下子变得活跃起来，我适时地引导学生了解作品的写作背景，明白这首诗出自青年毛泽东之手，而青年有着旺盛的生机与蓬勃的活力，就像那怒放的生命。接着，让学生分别从时逢盛景（"看万山红遍，层林尽染；漫江碧透，百舸争流。鹰击长空，鱼翔浅底，万类霜天竞自由。"）和人值盛年（"恰同学少年，风华正茂；书生意气，挥斥方遒。指点江山，激扬文字，粪土当年万户侯。"）两个角度，结合《怒放的生命》展开对作品的阅读分析，从表达技巧、炼字作用、意境特点、人物风貌等角度引导学生进行深入交流讨论，并与流行歌曲的歌词作审美比较。学生们带着自己的独立思考畅所欲言，积极大胆地表达自己的观点和看法，作品的意义在学生独立阅读的过程中自行发现、自行建构起来。

（2）在学生独立阅读的过程中，教师还应关注学生对阅读内容的掌握程度，引导学生深入思考和探讨所阅读的作品，自觉地读写结合，写阅读日志，写读书笔记，写评论短文。可以让学生抄摘文本中的优美的或者让他们有所启发、有所感悟的句子，抄过之后进行仿写；可以让学生先对文章进行深入的阅读分析，然后在自己的理解下写一篇小短文，描述自己对文章的理解和感悟。这种阅读和创作相结合的方式，不仅可以提升学生对作品的理解能力，还能训练学生的深层思考能力。教师根据学生作品的具体情况进行简要点评，将学生推选出的优秀文章展示出来，供全班学生欣赏和借鉴，从而深化阅读。

比如在《子路、曾皙、冉有、公西华侍坐》的阅读教学中，我让学生评价"曾点之志"："莫春者，春服既成，冠者五六人，童子六七人，浴乎沂，风乎舞雩，咏而归。"以读书笔记的形式，思索并记录古圣先贤的精神追求，或是就其他弟子的人生价值观，抒写自己的认识。

又如，在《鸿门宴》的阅读教学中，我让学生品读刘邦的"鸿门说辞"："臣与将军戮力而攻秦，将军战河北，臣战河南，然不自意能先入关破秦，得复见将军于此。今者有小人之言，令将军与臣有郤。"从中感受刘邦的微妙心理，写成阅读日志。引导学生对比项羽的"此沛公左司马曹无伤言之。不然，籍何以至此？"与刘邦的"立诛杀曹无伤"，写下自己对人物言行的看法，或单纯地谈谈对课文中其他人物的理解。通过这样的读写结合，学生领悟到了深入挖掘作品内涵的乐趣。

四、推动开放与实践，建构阅读经验

统编版高中语文教材区别于过去其他教材的突出亮点之一，就是增加了整本书阅读的任务。整本书阅读意义重大，因为整本书思想系统丰富，情感起伏充沛，给人带来的启发是不可估量的，而且让学生有意识地去阅读稍微超出自己阅读能力的经典书籍，这也是提升语文核心素养的有效途径。

但整本书覆盖篇幅广、阅读时间长，不应仅仅局限于课堂整本书教学，更应贯穿于学生的整个日常学习过程。由于整本书的阅读过程具有开放性的特点，因此需要教师进行针对性的引导和持续性的监督，促使学生在阅读的过程中学会提取、整合，进而学会归纳、总结，最终建构阅读的经验。

《普通高中语文课程标准（2017年版）》指出："语文是实践性很强的课程，应着重培养学生的语文实践能力，而培养这种能力的主要途径也应是语文实践。"鉴于这样的理念，结合整本书阅读的特点，将语文课堂上掌握到的阅读技巧运用于整本书阅读实践中，形成属于学生自己独特的阅读经历。在实施整本书阅读的过程中，教师可以引导学生"猜读"，即带着猜测来阅读，在随后的分析中验证自己原先的猜测，会发

现有着全然不同的收获；可以引导学生"跳读"，挑选跟主题相关的或自己感兴趣的篇章看，阅读的疑惑与期待也随之产生；可以引导学生"说读"，将阅读的内容以朗读、背诵、讲述、对话等形式表现出来，加深对阅读内容的理解；可以引导学生"注读"，对比较重要的内容进行标注，或把阅读中个人感受、文句赏析、补充说明等写在空白处；也可以引导学生"质读"，对作品中的某些观点提出质疑，并结合自己的认识进行探究。多种阅读技巧的灵活运用，不仅能够提升学生整本书阅读的有效性，而且能够累积学生整本书阅读的收获感和成就感，阅读效果更好，

比如在《乡土中国》的整本书阅读中，其中《长老统治》一章里作者提到"我们这个社会里相互对待的态度是根据长幼之序"，"每一个年长的人都握有强制年幼的人的教化权力"。有学生首先认同在乡土社会中，长幼是很重要的秩序，比自己年长的人，必定先遇到过自己现在才遇到的问题，他就能教给我应付问题的方法，就有了教化的权力。但这位学生也联系学过的韩愈的《师说》中的句子"生乎吾前，其闻道也固先乎吾，吾从而师之；生乎吾后，其闻道也亦先乎吾，吾从而师之"，说明长幼之序还是有例外的情况，这个说法只能建立在一个变化很少的社会里，经验传承足以解决大多数问题的情况下。而现代社会长对幼的教化权力已经缩到很小的范围，在很多情况下，年幼的反而可以来引领年长的。这样，学生理性思考的能力和独立判断的习惯，在整本书阅读过程中就慢慢培养和形成起来。

教育的艺术是使学生喜欢你教的东西。如果语文教师在教学实践中真的能让学生喜欢你教的东西，学生学习语文就能够化被动为主动，并最终走向成功。通过倡导合作与交流、鼓励个性与创意、注重方法与过程、推动开放与实践，学生享受到了语文阅读的喜悦和乐趣，语文学科核心素养也在学生阅读的喜悦和乐趣中得以有效落地。

参考文献：

[1] 贡如云，冯为民．高中语文核心素养的实质内涵及培育路径

［J］. 教育理论与实践，2017（5）：52 – 54.

　　［2］万永翔. 高中语文核心素养与课堂教学［J］. 语文教学通讯，2017（16）：23 – 25.

　　［3］吴欣歆. 语文课程视野下的整本书阅读［J］. 课程·教材·教法，2017（5）：22 – 26.

核心素养架构下的高中语文
现代文阅读教学策略

李 莉

本文从高中语文现代文阅读教学的实践出发，运用核心素养架构层次要素分析方法，论述了核心素养与语文现代文阅读教学的关系；论证了当前高中语文现代文阅读教学在培养学生核心素养方面存在的问题；最后又从教学内容、教学过程、教学方式、文化层面四个方面，阐述了核心素养架构下提高高中语文现代文阅读教学效果的具体策略。

近年来，随着国家对实施素质教育战略的重视，核心素养的培养也越来越被教育界所提倡，特别是在语文教学体系中占有重要地位的现代文阅读领域，更是成为研究的热点，各种新理论层出不穷，但就实施效果而言，仍不尽如人意。

一、核心素养的内涵及其与语文现代文阅读教学的关系

核心素养，通常是指学生在受教育的过程中，个体为实现对外适应社会需要、对内促进终身发展，所表现出来的一种能力与品格。其架构一般包含下面三个层面、六个要素：①个体自主发展层面——学会学习、学会健康生活；②个体文化基础层面——具备人文底蕴、具有科学精神；③社会参与层面——拥有责任担当意识、具备实践创新能力。

核心素养是一个人满足时代要求、适应时代发展的一种能力与品质，而教育的本质，就在于为社会培养更多适合时代要求的人。因此，培养学生的核心素养，也就成了教育的重要内容。而作为教育范畴重要领域的语文教学，也顺理成章地成了这种培养体系中最基础的一环。

现代文阅读在高中语文教学中占有极其重要的地位，对学生而言，

更是终身需要的一种能力。因为一个人离开学校步入社会后，他也许很少从事写作，却需要每天阅读现代文章。故而在高中语文教学中，如果把核心素养理念渗透到现代文阅读教学中，对陶冶学生情操，拓宽学生的视野，乃至健全学生的人格，都将具有极高的价值。

因此，把核心素养的理念渗透到高中阶段的现代文日常教学中去，以达到培养并提高学生核心素养的目标，是势在必行的。然而，从教学实践的普遍情况来看，核心素养架构下的高中语文现代文阅读教学，仍然存在不少问题。

二、核心素养架构下高中语文现代文阅读教学存在的问题

纵观高中语文现代文阅读教学在培养学生核心素养方面存在的问题，主要表现在教学内容、教师认知以及当前应试教学模式的影响这三个方面。

1. 教学内容缺乏深化，缺乏创新

众所周知，语文教学活动的开展，是教师以课堂为主阵地而设计并实施的，要以实现既定的、合理的、科学的教学目标为前提。因此，语文教师要根据所教学生的学习能力情况，甄选、整理、加工教材，然后向学生进行传授。但实际上，时至今日，仍有不少教师在设计教学内容时，沿袭旧有的教学模式，执拗于自身以往的教学经验，因循守旧，致使教学内容得不到深化和创新。而深化和创新语文教学内容，则恰恰是培养学生核心素养、深化教学改革的重要目标。

2. 部分教师对培养学生核心素养存在认知偏差

尽管在国家颁布的各类教育与教学指引中，"核心素养"早已被纳入相关的规定或规划内。但在高中语文教师群体中，部分教师对核心素养不论是其内涵还是其培养方式，由于主客观层面的原因，都存在着一定的认识偏差：

一是片面地认为培养学生的核心素养，就是培养学生的自主学习能力。基于此，教师要做的就是给学生充足的自主学习空间。只要自主空间有了，学生自主学习的习惯便会养成。

二是主观强调核心素养三大架构中文化层面的重要地位，忽视甚至否认其社会层面、情感层面的属性在核心素养架构中的地位，导致学生只注重自身文化素养，而在交际、情感、态度，甚至于"三观"的养成方面无法获得充分的发展，因而无法达到"终身发展"与"适应社会"这两大核心素养的品质要求。

3. 应试教学模式的影响仍根深蒂固

虽然素质教育的理念现在已为多数教师所认可，但应试教育"以考试成绩作为对学生的评价"这一观念的影响还是根深蒂固的。在现实教学中，许多高中语文教师依然采用机械的、传统的，以强化记忆、题海练习为特征的填鸭式教学模式。固化呆板的教学模式，令学生只是单纯地跟随老师，完全被动地学习，无法充分激发他们学习的兴趣与自主学习的欲望，在情感体验与学习态度上，也带来了负面影响。核心素养里"终身学习"的发展目标，更是难以实现。

三、在核心素养架构下，高中语文进行现代文阅读教学的有效性实施策略

高中语文学科在现代文阅读教学方面实现学生核心素养的培养与全面提高，并非在核心素养架构下某一层面就能达到的。必须从教学内容、教学过程、教学方式、文化层面等多个方面综合进行，才能有所收效。

1. 教学内容上，要根据学生实际学情进行设计

一是要学会换位思考，站在学生而非教师的立场，遵循教育与心理规律，科学地设计好教学内容。对于学生在学习新知识点时其主观上的各种需求，要准确把握，并以之为切入点，首先确定每节新课的重难点和疑点，再在后续的深入挖掘中，深度揣测学生在学习过程中将会遇到的问题，从而设计好教学内容。

二是对学生暂时无法深刻获悉的内容，教师要引导学生深入到阅读文本的深层境界。如对文本中隐藏的道理、内涵、作者写作时的情感因素等，教师要从引导学生与文本有机融合方面设计内容，以达到既理解

文本知识，又品味文本意蕴的目标，进而确保阅读教学在内容上总体质量的提高。

2. 教学过程中，要巧设疑问，引导学生领悟文本

在高中语文现代文阅读教学的课堂上，教师应始终坚持"以学生为主体核心"的教学原则。注意巧设问题以及情境的创设，用一系列的疑难问题串联课堂的始终。因为有效问题科学合理的设置，一方面可以增强学生积极自主学习的心理；另一方面，又为学生"学习的主体性地位"创造条件，从而在最大程度上调动他们学习的积极性与自主性，进而达到培养核心素养的第一个层面——学会学习的效果。

3. 教学方式上，通过情感的体验去沉淀学生人生的信念

基于核心素养架构中的现代文阅读教学，教师要始终坚持的一个教学出发点，就是"学生个体对文本的感悟、解读"。教师要以学生自己的"独特文本体验"为核心，经常性地采用情感体验式或过程实践性的教学方式组织教学活动。特别是文本作者所处的人生阶段、时代背景等信息，要设计好相关教学环节，让学生获得真切的体验，并引导学生在思想上与作者产生共鸣，进而让学生升华出对人生善恶黑白、社会事物正邪美丑的正确认知，从而唤醒学生积极的人生态度，沉淀出正确的人生信念。

4. 在文化层面上，要注重结合德育，实现语文教学的文化传承功能

高中语文教材中的每一篇课文，都是精挑细选、意蕴深厚、极具深远存在价值的人类文化瑰宝。教师在教学时，一定要把握以下几点：

一是引导学生掌握好文本的阅读技巧与文本理解要领，通过对文本表层语言的层层解读与理解，去认知、体会甚至升华每一篇文章隐藏于文字之下的普世价值观，以及人类之间的共情。

二是引导学生透彻感知、领悟我们中国古代汉语与现代汉语，特别是包裹在现代汉语文字背后所蕴含的传统与现代两种文明的异同，进而体会中华民族文化的博大精深。

三是引导学生通过语言鉴赏、交流活动、文本解读等语文实践环节，自主发现文本价值。在文化与德育的高度融合中，传承民族文化，

提升高中生的核心素养水平。

总之，随着教育改革的深入与素质教育的推广，教师应该重视对学生核心素养的培养工作。而在高中语文现代文的教学实践中，作为语文教师的我们更应在教学内容、教学过程、教学方式、文化层面等方面积极主动地探索、改革，以期提升学生的核心素养，为国家培养出更多终身发展、适应社会、具备多种核心素养的人才。

参考文献：

［1］周永庚．高中语文阅读教学如何培养学生的核心素养［J］．高考，2017（6）：197.

［2］唐胜天．高中语文阅读教学中发展学生核心素养的途径和方法［J］．新课程，2018（6）：24.

［3］杨通知，田海洋．语文核心素养内涵及其课堂教学策略［J］．黑龙江科学，2017（23）：178－180.

［4］赖积华．语文教学中的提问设计之我见［J］．语文天地，2018（23）：81－82.

［5］张卫国．如何构建初中语文高效课堂［J］．学周刊，2015（33）：163.

［6］嵇云霞．基于学生核心素养培养的高中语文阅读教学策略研究［J］．语文知识，2017（21）：4.

［7］杨若男．语文学科核心素养研究［D］．石家庄：河北师范大学，2017.

高中生如何阅读学术著作

——以《乡土中国》整本书阅读为例

庄绿涵

中学生以前很少甚至没有阅读过学术著作，对于学术著作存在畏难情绪，这是可以理解的，因为学术著作比较抽象，不像小说等文学作品那么生动有趣。《乡土中国》作为一本社会学的经典论著，阅读起来是有一定难度的，即使是这方面的专家也需要花费一番心思，那么为什么要在高中阶段就让学生读这样一本书呢？我认为有以下几个原因：

首先，这能拓展学生的阅读视野，建构阅读经验，形成适合自己的读书方法，养成良好的阅读习惯。很多人读书都习惯在自己熟悉的圈子里打转，仅仅停留在喜欢、流行、浅易、快捷的低层次阅读，而让自己有意识地去读一些深刻的、稍微超出自身阅读能力范围的经典书籍，是一种挑战，也是一种锻炼。通过阅读《乡土中国》这类学术著作，学生可以感受书中思想观念的结构性、系统性、完整性，文本逻辑的丰富性、多样性和协调性，同时将语文课堂上学习到的阅读方法进行实践，形成属于自己的、有效科学的读书方法，为将来进入大学阅读更多更精深的专业学术论著打好基础。

其次，它能拓展学生的知识面，了解中国文化，提升精神境界。《乡土中国》是一部研究中国乡土社会面貌、中国乡土文化特性的经典著作，阅读《乡土中国》，可以全面具体地了解中国乡土社会的现实和其中的文化传统、文化精神。比如说潮汕人大多数都在自家祠堂里祭拜先祖，所以当我们身处祠堂的时候，有没有想过这背后的宗祠文化的由来是什么？春节时我们走亲访友，会发现家里的亲戚非常多，称谓还非常复杂，为什么不像西方人的亲戚称谓那么简单呢？学生如果毕业后到

外地上大学，便会发现很多大学里都有大大小小的同乡会，例如普宁同乡会、揭阳同乡会、潮汕同乡会，为什么大家热衷于认老乡，潮汕人有事就找"胶己人"？这些问题我们都能从《乡土中国》中找到答案。现代社会早已日新月异，但那些让中国人成为"中国人"的"魂"并没有消散，我们只有了解了中国文化的过去，才能更好地看清我们的未来。

此外，《乡土中国》虽然是一部学术论著，但写得很有文采，充满人文关怀，从语文的角度看，也是一部可圈可点的美文和范文，我们可以从中获得很多语言方面的营养，这对提高学生的写作能力也有很大帮助。

了解阅读《乡土中国》的意义之后，我们应该如何去读这本书？怎样读才能更有效率呢？统编版高中语文教材的主编温儒敏先生说过，阅读《乡土中国》这样的社会科学论著，宜"粗读"与"细读"结合，先"粗"后"细"。

1 有系统地"粗读"

粗读的目的是让我们在较短的时间内对本书有整体的认识。

首先，我们可以先看看序言、后记、出版社介绍等，了解作者的写作意图和本书的主旨。从《乡土中国》的序言我们可以了解到这本书是作者于20世纪40年代在西南联大和云南大学讲授"乡村社会学"一课时授课内容的汇总，是对中国基层传统社会的具体的研究。北京大学出版社介绍此书时，说这是从社区研究转入社会结构分析的一种尝试，对中国的社会学研究领域而言，极具示范性和开创性。通过这一步阅读我们可以对接下来展开的旅程有初步的认识。

其次，我们还应当看看目录。学术著作的目录一般都比较清晰，书中的主要观点往往会呈现在章节标题或目录中。看《乡土中国》的目录，我们就能对这本书的主旨和一些主要概念有粗略的印象，同时我们可能会对其中一些词感到陌生并产生兴趣，比如说"差序格局""男女有别""长老统治"等，可以先大胆猜读，在后面的细读中再去进行验证，阅读效果更好。

然后，我们可以进行跳读，可以挑几个看起来跟主题相关的或自己感兴趣的篇章看，比如第一篇"乡土本色"，直接就出现了"乡土"两个字，既扣了题又是第一篇，是本书的总括性的篇章。有些同学对"男女有别"这个篇章感兴趣，猜测本篇是讲重男轻女或者性别歧视的内容，就带着猜想先读了这一章，发现有全然不同的收获。或者翻着看几段，试读几页，或者先读一读各篇的篇首篇尾，因为那里往往有作者的观点。这样跳读一遍，我们对本书的"第一印象"就形成了，阅读的疑惑与期待也随之产生，也就为整个阅读做好了准备。

2. 有重点地"细读"

完成了"粗读"的准备工作，接下来就是"细读"，主要就是分析性阅读，会花费我们最多的精力。但"细读"并不是事无巨细，我们要理清《乡土中国》这类社科类学术著作的阅读重点。主要是以下几个方面：

第一是抓重要概念和观点主旨句。阅读学术著作时，我们常常会遇到很多专业术语，有的术语是该专业领域内通用的，比如《乡土中国》中的"血缘""地缘""团体格局"等；有的是作者在研究中为说明或解决问题而自行创设提炼的，比如《乡土中国》中最核心的概念"差序格局"，还有诸如"长老统治""无讼"等；另有一些是被作者重新定义的概念，比如"男女有别"。大家会觉得学术著作不好读的原因往往就是不理解这些概念术语，所以我们要努力弄清楚这些概念的内涵。同时，阅读中要注意找出重点句子，明确作者的观点或主旨。

那么我们怎么抓概念和观点呢？首先要留意像《乡土中国》这类著作的后记、目录、各篇章的内容摘要和关键词，其中会标示出核心概念。在阅读正文时，要特别留意论著的绪论、每一章的开头、结尾，这些地方往往会提出观点。同时，要注意留意文中的信号词，或者叫过渡词，因为这些词能给我们信号，告诉我们作者将要改变概念或者改变讲述内容了，会提示我们重要的信息、观点或内在关系，包括时间信号词——当……时、之后、之前、事先、接下来、此刻等；顺序信号词——首先、其次、最后等；总结信号词——总之、因此、总而言之

等。另外，我们要了解，文章中同一个概念经常会变换为不同的术语，比如"差序格局"中"格局""社会结构""社会关系"这些术语在文本中指的是同样的概念，我们在定义"差序格局"这个概念时就应该涵盖这些术语涉及的内容。

第二是抓论述思路。每读完一章，我们都应该停下来思考一下刚才的阅读内容，想想作者讲了什么，那些概念与概念、观点与观点之间有什么关系，作者的结论是如何一步一步得出的，最好能用书中的话或自己的话小结一下。而读完整本书后，每一章的中心论点就是这本书的分论点，这些分论点是如何建立关系，最后汇总成全书主旨的。这样把书化繁为简，厚书薄读，有利于养成我们的逻辑思维能力。比如《差序格局》这一章中，作者先提出"私"的概念，认为"私"是"群己、人我界限"划分不清的问题；接着说明"西洋"是"团体格局"，界限分明；然后论述"我们"是"差序格局"，界限不清楚；对比分析差序格局和团体格局中公与私的关系，进而得出中国乡土社会道德只在私人联系中发生作用的结论。而读完全书，我们可以从整体上建立起全书的结构，《乡土本色》是全书总论，《文字下乡》《再论文字下乡》是具体讨论乡土社会本质——"乡土性"及经验积累与传承，《差序格局》《系维着私人的道德》《家族》《男女有别》四篇是在讨论中国乡土社会组织结构，《礼治秩序》《无讼》《无为政治》《长老统治》主要谈中国乡土社会的治理，最后三篇《血缘和地缘》《名实的分离》《从欲望到需要》重点论述社会变革问题。这些篇章内容之间有所连贯，前后照应，如果能够把这些概念观点间的论证思路打通，我们对这本书的了解就会更加全面。

带着这样的重点，在"细读"过程中，为了让自己保持清醒，保证阅读的效率，我们还需要进行批注式阅读。批注的形式有几种，第一种是圈画，横线、波浪线、圆形框、方形框……根据批注内容进行区分并圈画；第二种是标记特殊符号，三角符号、星型符号、着重号等，应形成自己的符号体系，对比较重要的内容进行标记；第三种是编制序号，可对同一文章的论点或同一论点的论据等进行顺序编号；第四种是页码索引，可以此强调作者在书中其他部分也有同样的论点，或相关的要点，或与此处不同的东西，这样能让散布全书的想法统一集中起来；第五种是做简要笔记，把阅读中个人感受、文句赏析、个人质疑、补充说明、读书小结、概念的定义或本章的论述思路等写在空白处。通过批注，我们能及时记下自己的感受、疑问、收获，阅读效率能大大提升。

对于高中生来说，能够通过上面的方法读完、读懂《乡土中国》这样的学术著作中的主要内容，已经不错了。但如果对阅读有更高要求，则可以对某些问题进行批判性思考与探究，这里给大家介绍思维专家们在面对一个材料时总结的三个常见问题，叫作"黄金三问"。它们分别是：第一问：这个说法能成立吗？第二问：有没有相反或例外的情况？第三问：如果成立，需要什么条件？举个例子，在《乡土中国》的《长老统治》一章中作者提到："我们这个社会里相互对待的态度是根据长幼之序。""每一个年长的人都握有强制年幼的人的教化权力。"这句话仅仅只是读过，并不能对我们产生任何影响，这时候我们可以停下来问第一个问题："这个说法能成立吗？"答案是：能。在我们的文化里亲属称谓分得非常细，分出兄和弟、姐和妹、伯和叔，西方人就不这么分，这其中长幼就是很重要的原则，在乡土社会中，文化是稳定的，生活是传统的，比自己年长的人，必定先遇到过自己现在才遇到的问题，他就能教给我自己应对问题的方法，就有了教化的权力。那么有没有相反或例外的情况呢？这是第二问。答案是：有的。韩愈在《师说》中说道："生乎吾前，其闻道也固先乎吾，吾从而师之；生乎吾后，其闻道也亦先乎吾答，吾从而师之。"说明还是有例外情况的。最后问自己"这个说法成立需要什么条件？"可以得出的答案是：这个说法只能建立在一个变化很少的社会里，经验传承足以解决大多数问题的情况。在城市化进程迅猛的现代社会，长对幼的教化权力已经缩到很小的范围，在很多情况下，年幼的反而可以来引领年长的，但长对幼的教化权力又没有完全消失，因此不同世代间的矛盾时有发生，我们也就听到了"年轻人不讲武德"的抱怨。记住这三个问题，反复练习，不仅是在阅读时，在平时的学习和生活中都可以不断用"黄金三问"去追问、去思考，这

样或许能够养成理性思考、独立判断的习惯。

　　总之，阅读是一个循序渐进的过程，找到并掌握阅读不同类型书籍的方法能让我们的阅读变得更有效率，整本书阅读《乡土中国》是非常重要的阅读体验和学习机会，以此作为通往书山学海的重要途径，能拓宽学生的阅读视界。

古代诗歌鉴赏之阅读能力的培养

朱彩娜

诗歌是中国古代文学皇冠上最光辉夺目的一颗宝珠，是我们民族文化的精髓，也是中华民族的骄傲。学会鉴赏古代诗歌，不仅可以让当代学子了解古代人的生活环境和思想，还可以让我国的民族传统文化发扬光大。另外，培养学生诗歌鉴赏的阅读能力也是中学语文教学的一项重要内容，不仅有助于学生丰富文化生活，还能陶冶性情、涵养心灵，提高学生的文化素养。

诗歌鉴赏是高中语文教学中的重点之一，诗歌虽然篇幅短小，但其中蕴含的情感极为丰富。王国维曾说："凡一代有一代之文学：楚之骚，汉之赋，六代之骈语，唐之诗，宋之词，元之曲，皆所谓一代之文学，而后世莫能继焉者也。"诗歌是文学的最高形式，是反映生活、歌唱生活的一门艺术。所以对于诗歌的鉴赏和阅读，需要我们深入其中、细细品味。

那么如何提高学生古代诗歌鉴赏的阅读能力呢？我认为要做到如下几点：

一、增强学生阅读的主体意识，激发创造性阅读

新课标指出："阅读教学是学生、教师、教科书编者、文本之间的多重对话，是思想碰撞和心灵交流的动态过程，阅读中的对话和交流，应指向每一个学生的个体阅读。"英国剧作家威廉·莎士比亚也有一句名言：一千个读者就有一千个哈姆雷特。而古代诗歌阅读也是一种审美再创造活动，也会出现"仁者见仁，智者见智"的现象。所以，教师在

课堂教学中应改变传统的"满堂灌"教学方式，不断增强学生阅读的主体意识，激发学生的创造性阅读，鼓励学生发表自己独特的见解。可以说，对同一个文本，每一个人的理解都是有差异的，不同的理解本身就是一种思想上的碰撞，教师所做的工作就是适当地引导，将学生的感性认识上升到理性认识的层面。例如李商隐无题诗中的《锦瑟》，不同的人对《锦瑟》有不同的解读，有人觉得是悼亡诗，有人觉得是恋情诗，也有人觉得是诗人在自伤身世，总之众说纷纭，莫衷一是。因此，教师可以让学生阅读相关资料，鼓励学生走进文本，发表自己独特的见解。

二、阅读相关资料，知人论世

"诗言志""诗缘情"，诗歌的内容往往跟诗人的人生经历密切相关。

如讲到东晋时期的"五柳先生"陶渊明，可以让学生扩展阅读陶渊明"不为五斗米折腰"的故事，他非常鄙视那些依仗权势、盛气凌人的官僚，所以身为彭泽县令，他只能叹息着对小吏们说："我怎么能够为了五斗米的俸禄，就弓着腰向那些人打躬作揖，曲意逢迎呢？"（"吾不能为五斗米折腰，拳拳事乡里小人邪"）。说完后，他交出大印和官服，轻轻松松回家种地去了。那么，在读到陶渊明《归园田居》中"少无适俗韵，性本爱丘山""羁鸟恋旧林，池鱼思故渊"等诗句时，就能深切感受到其对官场的厌恶和对田园生活的向往之情。

再如唐代大诗人杜甫，因经历了安史之乱，目睹了国破家亡，妻离子散，民不聊生的景象，他的诗作大多数都反映了战乱中人民的深重苦难，揭露了封建社会腐朽的本质，充分体现了他忧国忧民的情怀。比如《茅屋为秋风所破歌》中："安得广厦千万间，大庇天下寒士俱欢颜。风雨不动安如山。呜呼！何时眼前突兀见此屋，吾庐独破受冻死亦足！"

所以，了解诗人的生平、思想、创作的时代背景等，有助于我们对其作品内容进行理解和把握。

三、重视诗歌鉴赏中的比较阅读

大部分教师在诗歌鉴赏教学中，往往是就诗论诗，就人论人，学生往往觉得已经掌握了，但当换另一首诗时就一头雾水，不知所云。所以，很有必要重视诗歌中的比较阅读，提高学生的阅读能力和理解能力。

"比较不过是人们用来鉴别事物的优劣真伪，更好地掌握事物本质的一种普遍的方法，是任何严肃的科学研究都离不开的方法。"诗歌鉴赏中比较阅读的方法可以是多样的，比如将同一诗人不同时期的作品进行比较，或者将同一时期不同作者在同一题材上的作品进行比较等。

例如南唐后主李煜，后人对他的评价是"作个才人真绝代，可怜薄命作君王"，作为一代帝王，他无疑是失败的、耻辱的，国家在他手里灭亡，自己也沦为阶下囚、亡国奴。然而，作为一个词人，他又是辉煌的，他的词作有着自己独特的艺术风格，亡国之前十分绮丽，亡国后十分哀怨。千古名句"问君能有几多愁，恰似一江春水向东流"，用比喻和夸张的手法，把抽象的"愁"具体化，写出自己的愁思就像春水一样汪洋恣肆，一泻千里，又像春水之昼夜不停，无穷无尽。

陆游生在金人入侵、国势衰微的年代，少年时的他就立下了"上马击狂胡，下马草军书"的志向。他一贯坚持抗金主张，怀着"铁马横戈""气吞胡虏"的英雄气概和"一身报国有万死"的牺牲精神，决心"扫胡尘""靖国难"。从他的绝笔作《示儿》中"王师北定中原日，家祭无忘告乃翁"，可见他临死前还不忘祖国的统一大业。虽然在政治斗争中，陆游屡遭朝廷投降派的排挤、打击，但他始终不渝地坚持自己的理想。同时代的南宋词人辛弃疾与陆游的经历非常相似，同样出生在金兵入侵时期，同样有抗金主张，同样无奈地壮志难酬。辛弃疾在诗作《永遇乐·京口北固亭怀古》中"想当年，金戈铁马，气吞万里如虎"，辛弃疾借英雄刘裕两次统晋兵北伐，收复失地的壮举来表达自己力主抗金和收复失地的宏大抱负；"廉颇老矣，尚能饭否"一句借廉颇的典故，抒发了词人老而弥坚、抗敌之志不衰的报国之情和老大无成、壮志难酬的愤慨。爱国之情，忠义之气，溢于言表！

四、积累典故相关知识

古代诗歌的语言以凝练含蓄取胜，因此，擅长用典是古人写诗的独特之处。无论是化用前人诗句，还是引用历史人物、故事，都是作者表情达意的途径。因此，可以通过了解相关的典故来帮助我们理解诗歌，分析诗人运用典故的目的和用途。比如曹操的《短歌行》中"周公吐哺，天下归心"，引用"周公吐哺"的典故，以周公自比，倾诉自己求贤若渴的迫切心情。李商隐《锦瑟》中"沧海月明珠有泪"，用南海鲛人流下的眼泪化为珠子的故事，来喻指回首美好往事的伤感之情。陆游《书愤》中"塞上长城空自许"，南朝名将檀道济曾自称为"万里长城"。皇帝要杀他，他说："自毁汝万里长城。"词人以檀道济自喻，"空自许"既是对自己壮志难酬的感叹，又是对投降派的愤怒指责。辛弃疾《永遇乐·京口北固亭怀古》中"元嘉草草，封狼居胥，赢得仓皇北顾"，运用刘义隆草率北伐、惨遭大败的典故，旨在借古讽今，警告韩侂胄切勿草率出兵，伐金必须做好准备。

中国是一个诗的国度，从《诗经》到唐诗、宋词，直至现当代诗，有许多流传千古的诗篇。提高诗歌赏析的阅读能力，在诗意流淌的境界里自由地感受赏读诗歌的乐趣，岂不快哉？

参考文献：

[1] 上海辞书版社文学鉴赏辞典编纂中心. 唐诗鉴赏辞典 [M]. 上海：上海辞书出版社，1983.

[2] 张利华. 浅析古代诗歌的鉴赏 [J]. 科学咨询，2012 (7)：114.

[3] 陈惇. 比较文学 [M]. 北京：高等教育出版社，1997.

浅谈阅读教学的有效性

薛树龙

培养什么人，是教育的首要问题。教育是民族振兴、社会进步的重要基石，是功在当代、利在千秋的德政工程，对提高人民综合素质、促进人的全面发展、增强中华民族创新创造活力、实现中华民族伟大复兴具有重大意义。基于此，教师必须挖掘教材资源，搭建语言建构与运用的平台，培养学生高尚道德情操和健康心理。同时，教师也要注重阅读空间的拓展，培养学生健康的阅读习惯。培养德智体美劳全面发展的社会主义建设者和接班人是教育工作的根本任务，也是教育现代化的方向目标；培养具有核心素养的接班人是教育事业发展必须始终牢牢抓住的灵魂。

一、有效教学的界定

有效教学（effective teaching）的理念源于 20 世纪上半叶，西方教学科学化运动，在美国实用主义哲学和行为主义心理学影响下发生的教学效能核定运动后，引起了世界各国教育学者的关注，人们开始关注教学的哲学、心理学、社会学的理论基础，以及如何用观察、实验等科学的方法来研究教学问题。有效教学就是在这一背景下提出来的。有效教学的核心就是教学的效益，所谓"有效"，主要是指通过教师在一段时间的教学后，学生能获得具体的进步或发展。

二、新课标下阅读教学的意义

苏霍姆林斯基十分重视阅读的教育意义，他认为阅读是"丰富精神

世界的源泉"。作者通过作品向读者倾诉他对人生、自然、社会的认识，读者通过阅读结合自身经验便能能动地对此加以评析或再创作。学生把存在于作品中的外在语言、情感因素内化为他们的内在语言和情感，从而提升学生的语文素养，只有这样才能真正完成新课标中规定的教目的："在教学的过程中，要进一步养成学生热爱祖国语言文字、热爱中华民族优秀文化的感情，培养社会主义思想道德和爱国主义精神，培养高尚的审美情趣和一定的审美能力，发展健康个性，形成健康人格。"

时代的发展要求阅读教学与时俱进。跨进 21 世纪，社会经济已由农业经济、工业经济阶段发展到后工业经济阶段，即信息知识经济阶段。现在，我们已处于一个飞速发展的新时代。知识总量迅速扩大，更新周期越来越短。如果我们的语文教学不与时俱进，学生不能具备必要的阅读总量和阅读能力，新一代必将不能适应 21 世纪快节奏、高效率的潮流。

三、充分发挥教师的主导作用

日常课堂教学中教师的作用是主导；在阅读教学中教师的作用仍是主导。这是因为，浩如烟海的文化典籍使学生容易迷津；"阳春白雪"的作品使学生无所适从；低劣庸俗的文章使学生容易迷途。因此，阅读教学要有效，作为教师，就应以教材为基础，充分挖掘教材资源，培养学生的核心素养，同时也必须拓展学生的阅读空间。因为，选入教材的文本，大多为古今中外的名家名作，涵盖了诗歌、散文、小说、戏剧、杂文、评论等诸多体裁，这些名家相关的作品，也值得一看。

1. 挖掘教材资源，搭建语言建构与运用的平台

建造大厦，必须有砖石物资，否则，再宏伟的宏图也无法落实；"巧妇难为无米之炊"，巧妇做饭，必须有米，否则，再能干的妇人也难做饭。同理，学生要想文采飞扬，拥有语文核心素养，也必须依靠字词句。

入选教材的作品，皆为典范之作，因而，教师必须切实做好授业解惑工作，运用听说读写的方式，让学生掌握教材内容。比如文体知识、

诗歌知识、文言文知识、古代文化常识、写作常识，以及各类文体的写作特点。比如，讲授朱自清的《荷塘月色》时，教师应将相关的散文知识传授给学生；讲授《报任安书》时，教师就应将有关的文言常识、文化常识传授给学生；讲授《登高》时，教师就必须传授相关的诗歌知识，以此类推，通过课堂教学，让学生掌握相关的知识，并帮助学生梳理，形成知识体系。有了这些材料，学生要构建语言也就容易了。

2. 挖掘教材资源，培养学生高尚道德情操

刘勰在《文心雕龙》中说："好书奇文可以疏瀹五藏，澡雪精神。"所谓"腹有诗书气自华"，讲的也是同样的道理。所以我们要引导学生重视阅读，认真阅读。只有如此，我们才能不断从字里行间窥见大千世界，用薄薄纸张沉淀生命厚度。孔子的"君子忧道"，范仲淹的"先天下之忧而忧，后天下之乐而乐"，文天祥的"人生自古谁无死，留取丹心照汗青"，顾炎武的"天下兴亡，匹夫有责"等，皆是此理。

例如解读杜甫，则应启发学生体会他"穷年忧黎元，肠内叹息热"的忧国忧民情怀；学习《沁园春·长沙》则要启发学生体会革命领袖不畏艰险、披荆斩棘，振兴中华的豪情壮志。通过阅读此类文章，让学生真正懂得爱国主义是中华民族的光荣传统，是屹立于世界民族之林的根基，我们任何时候都要高举爱国主义的旗帜，树立崇高理想，时刻准备报效祖国，为人类的美好未来而奋斗。作为祖国的建设者，作为共产主义接班人，作为民族复兴大计的实施者，当积极进取，即使是普通百姓，也要"知其不可为而为之"，因为天下兴亡，匹夫有责！全体学生通过阅读书籍感受到了文章的思想美，既拓宽了他们的创新视野，增长了知识，又陶冶了高尚的道德情操，还培养了学生正确的人生价值观。

3. 挖掘教材的资源，培养学生健康心理

当代中学生面临的学习压力很大，他们的心理压力也很大，这就导致了中学生普遍心理较为脆弱，因此教师必须因势利导，帮助他们克服心理障碍，健康成长。比如用孟子的"故天将降大任于是人也，必先苦其心志，劳其筋骨，饿其体肤，空乏其身"，激励学生百折不挠，以顽强的斗志面对生活；用范仲淹的"不以物喜，不以己悲"教育学生坦然

面对成功，面对失败；用王安石的"不畏浮云遮望眼，只缘身在最高层"激励学生锐意进取；用李白的"安能摧眉折腰事权贵，使我不得开心颜"教育学生保持人格的独立。

4. 注重阅读空间的拓展

通过阅读，学生的视野变得开阔起来，多读书、读好书能让他们见识高远、思想深邃、胸怀博大……走出狭小的自我、狭小的地界，融入国家、民族，融入世界与宇宙。阿基米德说："给我一个支点，我就能撬起整个地球。"因此，教师应根据教学大纲的要求，科学安排教材，给学生一个支点，拓展学生知识视野，有效提升学生语文能力，提高学生的语文核心素养，可以参考以下几点办法：

（1）以教材的某一类文章为支点，向同类文章扩展。可以选择同类的题材，可以选择同类的文体，也可以选择同类的写法。比如贺知章的《咏柳》与王安石的《咏柳》虽题目相同，但两人表达的主题完全不同；讲授韩愈的《师说》、苏轼的《赤壁赋》则可以扩展到唐宋八大家的散文；讲授中国现代诗歌，可以延伸到外国的诗歌。像这样顺理成章、水到渠成，既扩大了学生的阅读面，拓展了学生的阅读空间，又提高了学生的阅读鉴赏水平，提高了学生的语文素养，一箭双雕。

（2）以某一篇课文为支点，自组单元教材体系。粤教版教材在设置教材体系方面做得较好，比如粤教版必修一的诗歌单元中的《静女》《氓》可以看成同类主题，由此扩展到《孔雀东南飞》《致橡树》。同是描写男女爱情，静女是一个可爱的女孩，氓之妻是一位坚强的女性，刘兰芝则是封建家长制的牺牲品，舒婷笔下的橡树，则体现了当今女性的爱情观。音乐也是美学教育的一部分。如粤教版必修二的第八课展示了四首歌词，教师可以结合教材，向学生推荐中外的一些经典歌曲，如民歌《茉莉花》，淳朴的旋律会将学生引领到一个芳香恬静的意境中来；《大刀进行曲》雄壮激昂的旋律会激发学生的报国之情；《走进新时代》欢快而坚定的旋律会激发学生的满怀激情，建设新时代。教师也可鼓励学生对自己喜欢的歌曲、歌词进行分析、鉴赏，自己撰写相关的歌词或评论，学生在听、读中深受感染，把感悟写下来，就创作出了一篇文章，将这个办法持之以恒地实施下去，学生"写"的水平就会提高。

（3）以节选的课文为支点，向整部作品扩展。比如，学习了屈原的《离骚》之后，学生会被屈原的爱国之心所折服，此时，再引导学生阅读《离骚》全篇，使学生更深刻地认识到屈原所遭遇不公的根本原因。通过扩展阅读，学生可以学习屈原作品优美而明快的语言，提高了学生的语言的感悟力及表现力，同时使学生在阅读中受到爱国主义精神的熏陶。再如，学习了史铁生的《我与地坛》，学生会对史铁生的遭遇深表同情，更为他自强不息的顽强意志所折服，我就趁机把全文内容向学生推荐，并指导学生如何进行课外扩展阅读，提高学生的阅读能力、表达能力及个人修养，发展健康个性，形成健全人格，提高学生的素质，丰富他们的文化内涵。

（4）以某一作家的作品为支点，向介绍这位作家的传记性文字或评述性文字扩展。比如在学生学习了王维的诗歌后，向学生介绍王维进学参加科举考试之事，学生觉得才华横溢如王维者，也得走玄宗弟弟岐王的后门，因而王维选择了寄情山水，成为著名的山水诗人，这未尝不是看破世情的彻悟。我借此机会向学生推荐唐代薛用弱的《集异记》，以及王维的山水诗及《唐诗鉴赏辞典》中对王维山水诗的赏析文章，最后鼓励学生自己写出王维山水诗特点的介绍性文字或赏析笔记，通过这样几个层面的扩展阅读，学生的能力就得到多方面的发展。

5. 注重各类文学名著

新课标实施之后，高二上学期开设了选修课，其内容涉及古今中外各类文学名著的选读选讲。我认为应该在选修开设之前，就将各类名著有重点、有选择、有层次地纳入高中生课外阅读的范畴，这与选修课既不矛盾也不重复，这样还可以为选修课程的开设做好铺垫。教师可以充分利用多媒体设备，把名篇名著的影视版本展示给学生，带给学生一场美的视听盛宴。教师也可以根据高中语文课程标准，把各类文学名著有选择地编成目录，印发给学生，鼓励学生多读，多感悟。

根据新课标所提倡的发展独立阅读能力、注重个性化阅读、能用普通话流畅的朗读、具有广泛的阅读兴趣、努力扩大阅读视野、注重合作

学习、养成互相切磋的习惯等目标任务来看，我们可以确信，阅读教学是学生终身学习的重要环节，也是学生终身学习的风向标。

提高学生的语文核心素养，就是培养学生学会借助语言文字，体会中华文化的博大精深、源远流长，继承中华优秀传统文化，理解并认同中华文化，形成热爱中华文化的感情，提高道德修养，增强文化自信；并能借助语言文字的学习，初步理解、包容和借鉴不同民族、不同区域不同国家的文化，尊重多样文化，吸收人类文化的精华，能关注并积极参与当代文化传播与交流。在运用祖国语言文字的过程中，提高自己的文化自信，初步形成对个人与国家，个人与社会，个人与自然关系的思考，认识树立积极向上的人生理想，增强振兴民族的使命感和社会责任感。这样的阅读教学，才是有效果的。

信息技术时代下的高中语文阅读教学

黄孝玉

高考语文全国卷的阅读量比起广东卷，其所占比例有明显的上升趋势，这对广东省的高考生来说是一项巨大的挑战。学生阅读速度慢，不能理解文章中作者表达的深层含义，这不仅不利于学生完成阅读题和作文题，更不利于学生的精神滋养。在信息时代下，采用一些学生喜闻乐见的方法来提高阅读效率，迫在眉睫。

一、现代高中学生的阅读现状分析

1. 学生对待阅读的功利态度

现代的高中学生，课业繁重，又深受网络娱乐信息的冲击，很少有人能够静下心来阅读。而课外阅读给人带来的精神财富是任何方式都难以企及的。著名作家毕淑敏也曾说："读书不是万能的，但读书却能使人千变万化。"现代的高中学生，对待阅读常常抱有强烈的功利心态，认为花时间去读一本可有可无的书，还不如去做几道题目有用和实际。学生对于教材中的课内阅读，也常常浅尝辄止，停留在教师提出的几个简单题目上，不曾有另类和新意的探究。

2. 教师对待阅读的随意态度

任何一位语文教师都知道阅读对于语文学习的重要性，都知道要培养学生的阅读兴趣和提高学生的阅读量。但这是一个长期、烦琐又耗费心力的过程，教师也在考试的压力下，趋"利"避"害"地选择了更能提高试卷分数的方式来进行阅读教学，将原本具有丰富内涵的文章进行标准化和唯一化解读；对于课内阅读，将文章进行肢解分析，概括主

题思想，分析人物形象等，采用千篇一律的教学模式；而对于课外阅读，也只是简单地推荐几本课外书，让学生自行阅读。这样既不能从学生那里获得阅读反馈，又让课外阅读流于形式。由此可见，教师们对待阅读也只是重在心而轻在外。

二、信息技术时代下阅读教学的几点原则

1. 课内与课外相补充的原则

古人云："读书破万卷，下笔如有神。"高中语文教材课内阅读是语文学习的基础，也是教师进行阅读教学的主阵地，应当予以重视。但如果仅是针对课内的文本阅读，那么学生的阅读范围会受到严重限制，不利于拓宽学生的眼界，提高思维能力。《普通高中语文课程标准（2017年版）》指出："学生应具有广泛多样的阅读兴趣，努力扩大自己的阅读视野。学会正确、自主地选择阅读材料，读好书，读整本书，丰富自己的精神世界，提高文化品位。"因此在日常的阅读教学中，应当根据相应的作家，给学生推荐一些阅读书目。在学习粤教版语文必修一第一课《我很重要》时，教师可以根据学生的需求，推荐该文作者毕淑敏的相关作品；对心理学有兴趣的同学则可以向其推荐《女心理师》；对处于青春期困惑迷茫的同学推荐《女生：我悄悄对你说》《男生：我大声对你说》；向缺乏原则的同学推荐《红处方》。教师也可以推荐自己喜欢的书目给学生，让他们不至于在茫茫书海中找不到方向。

2. 生读与师读相分享的原则

《普通高中语文课程标准（2017年版）》指出："阅读是搜集处理信息、认识世界、发展思维、获得审美体验的重要途径。阅读教学是学生、教师、教材编者、文本（作者）之间的多重对话，是思维碰撞和心灵交流的动态过程。阅读中的对话和交流，应指向每一个学生的个体阅读。教师既是与学生平等的对话者之一，又是课堂阅读活动的组织者、学生阅读的促进者。"学生对语文教师的阅读感受充满兴趣，在分享阅读时，教师们不妨大大方方地公开自己的阅读书单，并且适时地把在自己的阅读心得与学生分享。阅读本就是学生与学生之间，学生与教师之间，

作者与读者之间思想的交流与碰撞。教师的示范和带动，更能激起学生参与讨论的热情。我有时候会在上正课前几分钟，跟学生分享自己最近的阅读内容，有时是一篇美文，有时是一段社会新闻，鼓励学生大胆鉴赏美文和评论社会事件，这是一个课前预热的好方法。

3. 个读与共读相结合的原则

新课标提出："对文学作品的阅读鉴赏，带有更大的个人色彩。教师应该鼓励学生用自己的情感、经验、眼光、角度去体验作品，对作品作出有个性的反应，对作品中自己特别喜爱的部分作出反应，作出富有想象力的反应，在阅读鉴赏过程中，培养学生创造性思维能力。对文学作品的解读，不宜强求同一的标准答案。"由于每位同学的阅读兴趣和性格特点千差万别，他们的阅读倾向也有所不同。阅读应该是体现学生个性的渠道，学生当然可以自己选择喜欢的篇目。但为了方便讨论，教师偶尔也可以为学生提供同一篇目，让他们在共同阅读的基础上阐述自己不同的见解。陶渊明的"奇文共欣赏，疑义相与析"，指的是遇到非常优秀的文章大家可以共同阅读思考，品味其中的奇妙与含义，遇到不同的观点大家共同讨论分析。通过集体的共读活动，学生在讨论中求同存异，碰撞出智慧的火花。

4. 传统文化与现代文化相融合的原则

传统文化是中华民族的精髓，新课标要求学生"学习中国古代优秀作品，体会其中蕴涵的中华民族精神，为形成一定的传统文化底蕴奠定基础。学习从历史发展的角度理解古代作品的内容价值，从中汲取民族智慧；用现代观念审视作品，评价其积极意义与历史局限"。在进行阅读教学时，不应该只局限于现代文学作品，可以推荐优秀的古代文学作品，比如《唐诗宋词》《四书集注》《世说新语》《论语今读》《新编高中文言文助读》等，了解古代文人的思想和风骨。教师应当鼓励学生为古代优秀文化作品注入新的时代内涵。

5. 活动与阅读相适应的原则

新课标针对阅读分享活动指出："提倡分享与合作，鼓励开展多种活动进行阅读成果的交流，如写书评、读后感、角色扮演，举办读书报

告会、作品讨论会等，在交流、碰撞中，激发思想火花，提高阅读能力。"在我执教的班级中，每周会有一节阅读分享课，学生分享近期阅读的文章，说明推荐理由和阐述阅读感受。学生还能利用多媒体，把自己感触最深的片段展示出来，其他有兴趣的同学还能举手向分享者发问，这样既避免了一个同学上台发言的尴尬，又形成一种全班参与互动讨论的氛围。例如，在近期的阅读公开课上，我班的小琪同学分享了《简·爱》，她认为女主角简的爱情观和婚姻观给了她很大的影响，这本书为她建立了初步的现代婚恋观；小欣同学分享了一篇关于教养的文章，还举了她自己生活中的实例，认为一个人最基本的教养就是不让别人觉得不舒服；小豪同学则偏爱科幻小说《基地三部曲》，为我们展示了神奇的宇宙世界，打开了科幻世界的大门；小博同学对人的性格分类有强烈的兴趣，分享了一本《性格改变命运》，认为成功有赖于良好的人际关系，而人际关系又和性格息息相关……通过阅读分享，教师可以了解学生的阅读倾向和思想动态，不仅有利于教学，更有利于教育。

6. 课前课中课后相整合的原则

教师要在课前充分预热，在班级里尽可能多地宣传读书对心灵的滋养作用，激发学生的阅读热情，鼓励更多的同学参与到阅读活动中来。教师还可以对阅读有困难的同学进行阅读指导，督促其写下阅读笔记。课中开展形式多样的阅读展示活动，如读书报告会、朗诵会、辩论会、戏剧表演会、主题探讨会等。课后教师还可以收集学生的优秀阅读笔记，作为制作班刊的资料。学生的优秀文章还可以推荐其向校报和青年杂志投稿。班级板报也可以开辟出一块专栏，作为每期阅读分享宣传的主阵地。教师带头建立微信公众号，轮流安排学生小组分工合作，把每次阅读活动的风采拍下来，挑选学生的阅读心得或者分享之后的收获，编辑好后推送到班级微信公众号上……总之，利用一切可以利用的现代化资源来整合学生的阅读成果，让他们感受到收获的喜悦。

在这个信息爆炸的时代，我们的生活中充斥着各种诱惑和负面消息，我们需要运用智慧来辨明有利的消息，而智慧往往来源于生活和阅读。静下心来，充分利用身边的可用资源，进行一场心灵的洗涤，在繁杂的信息时代中开辟出一方阅读的天空。读万卷书，行千里路，既然我们没办法行千里路，且和学生一起读万卷书吧。

参考文献：

［1］王伟. 浅谈高中诵读教学［J］. 作文教学研究，2016（4）：123－124.

以经典阅读教学推动高中语文阅读
有效性的实现

方　彤

经典阅读教学，是让学生在阅读活动中培养其语言能力、思维能力、审美能力和文化接受力，培养学生形成深厚的人文底蕴和文化素养，丰富学生的精神世界，拓宽学生对世界的认知，使得学生在各项具体能力的习得之外，获得精神的滋养与精神的成长。本文将从具体的经典阅读教学实践出发，从内容选择、深度挖掘、读后反馈三个方面探讨以经典阅读教学提升语文阅读的有效性的生成路径。

《普通高中语文课程标准（2017年版）》指出："学科核心素养是学科育人价值的集中体现，是学生通过学科学习而逐步形成的正确价值观、必备品格和关键能力。语文学科核心素养是学生在积极的语言实践活动中积累与建构起来，并在真实的语言运用情境中表现出来的语言能力及其品质；是学生在语文学习中获得的语言知识与语言能力，思维方法与思维品质，情感、态度与价值观的综合体现。"而经典阅读教学是培养学生的语文核心素养、提升高中语文阅读的有效性的重要途径，是传统语文课堂的拓展与延伸，是高中语文教学的重点与难点。

经典阅读教学，是让学生在阅读活动中培养其语言能力、思维能力、审美能力和文化接受力，培养学生形成深厚的人文底蕴和文化素养，丰富学生的精神世界，拓宽学生对世界的认知，使得学生在各项具体能力的习得之外，获得精神的滋养与成长的教学。因此打开经典阅读之门，挖掘并诠释经典的魅力，让经典的语言之美、智慧之美走进学生的心灵，才能真正促进高中语文阅读的有效性生成。本文将从笔者具体的经典阅读教学实践出发，从内容选择、深度挖掘、读后反馈三个方面探讨以经典阅读教学提升语文阅读的有效性的生成路径。

一、以经典名人为基点，激发阅读兴趣

在语文阅读的语境下，所谓经典名人，主要指的是在人文学科中有杰出建树和做出了贡献，为后人留下经典传世之作以及宝贵的精神财富的人物。这些留下过经典之作的名人，或有着坎坷波折的人生，或有着不同寻常的经历，或有着独树一帜的思想，或有着高贵不凡的人格……经典阅读教学的第一步，就是从经典作家的生平入手，让学生走进每一个作者的人生，知其世，才能论其人，才能激发学生去深入阅读经典作品，才能透过作家笔下的文字，与经典作家产生精神上的共鸣。

因此，在经典名人、经典作家的选择上，首先要有针对性，要避免选择学生早已烂熟于心的人物，而要选择在高中学习阶段学生已有的认知范围内，与学生有着一定的距离感、能够挖掘出新鲜内涵、深层意蕴，让学生或眼前一亮或受到永久启迪的经典人物。比如，在学生比较陌生的哲学领域，留下过经典著作的哲学家苏格拉底、柏拉图、卢梭、叔本华、尼采、加缪等；在美学领域，美学家朱光潜、宗白华、李泽厚等；古代诗词大家屈原、杜甫、苏轼、辛弃疾等；近现代作家如鲁迅、萧红、张爱玲、林清玄、三毛、村上春树、米兰·昆德拉等；近现代学术大师王国维、陈寅恪、叶嘉莹等；媒体焦点人物乔布斯、丘成桐等。古今中外，包罗万象，以期不断拓宽学生的视野。

其次，在对经典人物进行介绍的过程中，教师要有清晰的思路，围绕人物生平，整理并形成独立而完整的知识板块，如生平简介、作品简介、片段赏析、名言积累，四个板块环环相扣，层层推进，推动教学环节的有序进行。教师还可以结合人物的特点，侧重对某些板块的讲解，以达到主线清晰、重点突出的效果。例如笔者在向学生讲授叶嘉莹时，就重点突出了叶嘉莹"一世多艰"的人生经历，并以"少女时代——国破母丧""成家之后——丈夫入狱，寄人篱下""中年时代——远走他乡，获得转机""晚年——归国教书，传承绝学"四个小标题串联起叶嘉莹命途多舛的人生经历，让学生在其坎坷的人生中感受其坚韧不屈

的精神品格；在介绍鲁迅时，结合学生对鲁迅的生平较为熟知的客观事实，重点对鲁迅的名篇名言进行品读与梳理，让学生充分体会鲁迅文学语言的精警与睿智。

在这个过程中，教师借助丰富充实的资料，采取灵活多样的形式，让经典名人的形象在学生的心目当中逐渐丰满起来，学生与作家之间的精神距离在不断地拉近，从而促使学生以更加饱满的热情主动投入经典名作的阅读与探索之中。唤起学生对经典之作的阅读兴趣和阅读热情，是实现语文阅读有效性的前提。

二、以深度挖掘为重点，推动深度阅读

找准人物之后，就要抓住人物的关键之处进行深度挖掘，促进学生对经典名人进行深度理解，培养学生进行深度阅读的思维能力和阅读习惯。叶圣陶先生曾说："阅读是写作的基础"，"打基础的方法，也就是不要让学生只是被动地听讲，而要想方设法引导他们在听讲的时候自觉地动脑筋"。为此，教师在经典阅读教学的过程中，要善于设计问题，引导学生思考经典名人在特殊的环境下所做出的人生选择，从而让素材充满情感内涵，闪现智慧的火花。比如，在介绍叶嘉莹人生经历的过程中，教师可适时抛出问题：为什么叶嘉莹在经历人生的诸般痛苦与无奈之后，依然拥有"不死的心灵"？如若是你置身其中，你又会以怎样的姿态面对人生的困境？在讲解鲁迅时，把《故乡》最后三个段落、《呐喊》自序、《野草》、《影子的告别》和《过客》的资料发给学生，让他们在阅读中思考三个问题：鲁迅所处的环境是怎样的？鲁迅所选择的道路是一条什么样的道路？鲁迅做了哪些努力？这些问题虽然提法不同，但出发点都是一样的，那就是叩问事件背后的本质、直击学生的心灵，它们推动着学生思索名人及其作品的深层意蕴，同时以同样的问题反问自己，感受自我与名人的精神世界之间所存在的差距，从而在提升学生深度研究的思维能力的同时，拓宽学生的精神疆域，丰富学生的精神世界。

在充分启发学生进行深层的思考之后，教师可以适当做出自己的解

读，提出几个供学生参考的解读角度及关键词，目的在于引发学生做出更多的解读和思考。比如可以针对叶嘉莹的人生经历，教师提出的关键词是"人生之无常""诗词之力量"和"事业之可贵"。叶嘉莹常说，"天以百凶成就一词人"，人生的忧患困顿往往无法避免，正是她深刻认识到"无常才是人生之常"，才能在面对人生的困顿之时，以坦荡的心态泰然处之；而诗词，是叶嘉莹最重要的精神世界，诗词阅读、诗词研究和诗词写作给了困境中的叶嘉莹心灵的慰藉，让她从困厄的现实世界中得以解脱；同时，诗词涵养了叶嘉莹温柔敦厚的性情，那就是悲天悯人、哀而不伤。最后，诗词研究和诗词讲授这份事业，让叶嘉莹获得了人生的尊严与自由，精神的丰盈让她到达了超然的境界。随着教师的解读步步深入，学生也借由教师的启迪逐渐深入人物的内心。再比如针对鲁迅的人生，教师可以借助文本进行深层诠释：只要了解了鲁迅的生卒年份，便可以了解到他所生活的时代有多么的黑暗与纷乱；鲁迅选择的路，对于一个生于黑暗中的人来说，尽管尚未看到光明，但他还希望水生"他们应该有新的生活，为我们所未经生活过的"；把光明留给下一代，而他自己正如在《影子的告别》中说，"只有我被黑暗吞没，那世界才全属于我自己"。三个层次的诠释，突出了鲁迅"绝望的反抗"的战士形象。此时，学生对鲁迅的理解，便不再仅仅停留在"弃医从文""医治国民的心灵"等人云亦云、表层粗浅的认知之上，鲁迅也不再是学生心目当中那个最晦涩难懂的作家，距离感、陌生感与神秘感全都化成亲近感、崇拜感与追随感。因此，教师的解读提示，无疑是学生读懂经典的一把珍贵的钥匙，推动着学生深度阅读的实现。

三、以读写结合为终点，巩固阅读效果

学生在经历阅读、思考、听讲的经典品读旅程后，要将自己心中的所思所想诉诸笔端，只有写出心中的感动，写出心中的思考，才能将片刻间激荡的情感化为永恒的文字，才能将他人的智慧内化成自我成长的精神力量。"用语言思考是语文工具性的高级阶段"；"语言不仅是实用工具，还是思维工具。即学习语文是为了学会'用语言表达自己的思

想'——这种思维工具所指向的多为'思考性''研究性''创新性'的深层思维"。对此，无论从培养学生的人文精神层面，还是从培养学生思维能力的层面，教师都应鼓励学生多动笔，布置写作任务时也应从易到难，提出渐进式的写作要求，让学生克服写作的畏难情绪。比如，可以让学生先写出 300 字左右的素材，再逐渐完善成 800 字左右的文章；或先写成 300 字左右的随笔随感，再逐渐发展成 800 字左右的散文等。笔者的学生在读后随笔中写道：

　　享受当下需要端正心态，不沉溺在过去的遗憾中无法自拔，而要学会开辟另外一番天地，来安放自己的心灵。如果我们注定无法拥有斩破苍穹的力量，那么在平凡生活中，我们也要有灯火可亲，有梦可做。南开大学教授叶嘉莹先生如今已九十九岁高龄，在她的一生中，经历过许多常人无法想象和承受的痛苦。幼年母亲患病去世，中年时期丈夫银铛入狱，在加拿大教书期间，大女儿及女婿又因车祸双亡……但面对这么多的困境，叶嘉莹没有因此垮下，她用诗歌来抒发自己的悲伤，用平静的态度走过人生的困境。温柔敦厚的叶嘉莹先生又将自己的存款都捐予南开大学。淡然处事的心态使她经得起时间的反复雕琢，以长久盛开的姿态，迎接每一个春天的来临。所以我们在享受当下时应端正心态，直面人生。

　　通过习作，学生将经典阅读过程中的点滴心得沉淀成自己的文字，语言文字运用能力、思维能力、审美能力和文化接受能力等语文核心素养也在这个过程中逐步得到了培养与提升。

　　经典阅读教学的核心，在于以知人论世激发学生的阅读兴趣，通过对文本的深度挖掘、人物的深度解读让学生真正读懂经典，从而开展更有深度的读写实践活动，让学生出文本到生活，观照生活，体悟生命，助力推动高中语文阅读有效性的实现及语文核心素养的有效落实。

参考文献：

［1］叶圣陶.叶圣陶语文教育论集［M］.北京：教育科学出版社，2015.

［2］黄华伟.用语言思考是语文工具性的高级阶段［J］.七彩语文·中学语文论坛，2020（6）：76-77.

一棵树摇动另一棵树

——群文阅读教学初探

郑益君

　　群文阅读教学是以多篇文本组合为外在特征的阅读教学方式。与传统单篇课文教学不同的是，它将课内外阅读进行无缝链接，把传统课堂变成交流探讨、思考分享的自主课堂，扩大了学生的阅读视野，提升了学生的语文素养。本文主要从群文阅读教学的定义、策略和意义三个方面进行初步的分享探讨，旨在说明群文阅读教学是"一棵树摇动另一棵树"，促进教学相长的过程，以便让更多高中语文教师认识和了解群文阅读教学并学会开展群文阅读教学实践。

　　"教育就是一棵树摇动另一棵树，一朵云推动另一朵云，一个灵魂召唤另一个灵魂"，德国哲学家雅斯贝尔斯这番话引发了很多教育工作者的共鸣。而语文教学，尤其是阅读教学，更是一个观点碰撞观点、生命影响生命的过程。因此，为学生的阅读实践创设良好的环境就显得尤为重要。作为教师，应提供一切有利条件，充分关注学生阅读态度的主动性、阅读需求的多样性、阅读心理的独特性。教师应尊重学生的个人见解，鼓励学生批判质疑、发表不同意见，并尝试聆听、学会接受不同的观点。但在传统的阅读教学中，"单篇精度教学"模式使得学生处于阅读的被动地位，缺少自我建构的意识与过程。而群文阅读教学则是让学生真正地学会阅读。教师不能只教给学生阅读的方法，而要激发他们发现、探索与积极建构的源动力，让他们把阅读作为自己的终身习惯并主动在文章中发现探索，从而丰富自己的精神世界，达到"让学生回归到阅读本原"的目的。所以，群文阅读教学的研究具有重大意义。

一、群文阅读教学定义

所谓群文阅读教学，就是"围绕着一个或多个议题选择一组文章，而后教师和学生围绕议题展开阅读和集体建构，最终达成共识的过程"。

群文阅读教学，可以理解为教师围绕一个议题，将教材内外的多篇文章组合在一起，然后给予学生充分的自由阅读时间，让学生在熟知文本的基础上阐发自己的理解，最后由教师引导学生习得阅读策略、帮助学生提高阅读能力，在达成共识的基础上促进其多种思维能力发展的新型阅读教学方式。

（一）选择议题

在群文阅读中，议题就是一组选文中所蕴含的可以供师生展开议论和探究的话题，可分为单议题和多议题。从多篇文本中选择和学生语文学科能力相匹配的概念、原理、技能、方法和价值观就是群文阅读课程内容的建构。而文本组合是议题的存在形态和载体，文本之间的逻辑结构及冲突性的探讨过程本身都是阅读教学的内容和途径。选择文本时，不应局限于课内教材，可以延伸至课外读物。群文阅读的议题选择和文本组合应致力于提高学生的阅读能力，从而使群文阅读教学凸显其价值。所以，选择合适的议题以及合理组合文本是做好群文阅读教学的第一步。

（二）集体建构

所谓集体建构，即不事先确定议题的答案，师生一起阅读探究，在共享中逐步构建文本的意义，这实际上是阅读教学中的对话过程。教师、学生和文本相互融合，思想火花进行碰撞，最终达成共识。文本的可讨论性为师生进行有效的阅读对话提供了基础和条件，而有效的阅读对话则是文本意义建构的重要途径。

（三）达成共识

共识是集体建构的一种结果。共识并不等于所有同学就所有议题或大多数议题达成一致意见，而是以参与者的不同意见为基础，对他人意

见的倾听、认同和接纳，它凸显了群文阅读教学的开放性和对话性。

二、群文阅读教学策略

（一）教师根据议题组合文本

首先，教师要有预设的议题，并以之为导向组织文本，构建群文；而在师生阅读群文时产生的新的议题，则叫作"生成的议题"。就文本组织而言，教师应根据时间和空间的实际情况来选择合适的文本。选材可以由课内到课外，课内和课外相结合；数量由少到多，精读和泛读相结合。小到同一单元里不同课文的比对，甚至只是两首诗的比对，比如将柳永的《蝶恋花》与晏殊的《蝶恋花》进行比较鉴赏，或者是将同一诗人柳永的《望海潮》和《蝶恋花》进行比较鉴赏；大到在整个语文海洋里畅游，任何感兴趣有价值的议题都可以拿来探讨，不局限于课内教材。以议题"对小说叙事视角多样性的探讨"为例，在学习了小说选修课本里的《狂人日记》《一个文官之死》《家庭女教师》等小说文本之后，比较其中叙事视角的异同，继而联系其他课内外选文来探讨这个议题。组合文本时，要注意既选取必修课本的小说，又选取选修课本的小说；既选取中国小说，又选取外国小说；既选取课内小说，又选取课外小说。在议题确立的情况下，教师也可以让学生自主提供组合的文本，针对"叙事视角的多样性"，回忆学过的文本或者搜罗新的文本，才能在思考的同时扩充知识面。通过选文，学生从不同角度了解小说的叙事视角，比较小说不同叙事视角的表达效果，从而丰富阅读体验，并最终能够在写作中进行能力的迁移。

（二）学生自主阅读交流分享

教师要保证学生自主阅读的充分性。比如，在学生学完一组诗歌之后，可以让学生以小组的形式在组内交流阅读心得和阅读体验。此时，教师是学生阅读兴趣的激发者、引导者、组织者、参与者、聆听者，要善于引导和督促学生积极思考、热情参与讨论，从而保障学生交流分享的有效性。

又如，当学生在阅读"对小说叙事视角多样性的探讨"文本时，教师向学生介绍了"何为叙事视角、叙事视角的分类以及如何判断文本采用了何种叙事视角"等基本知识后，要将剩余的时间留给学生进行自由阅读，并且给予学生自主分配群文文本阅读时间的权利。

（三）师生总结课堂收获

群文阅读教学通过创设情境、参与阅读等各种活动，包括自读、互读、展读和评读，总结转化，使得学生在一个既定的场景中潜移默化地接受熏陶，并通过活动加深认识。在新高考的背景下，自主迁移能力很重要。通过群文阅读教学，教师评价学生，学生评价学生，最后达成共识，总结方法，学生才能构建符合自身的学习体系。

（四）学生自主展开阅读活动

在群文阅读过程中，学生如果形成了新的议题，可以留待下一次活动继续探究。比如在"对小说叙事视角多样性的探讨"过程中，激发了学生探究人物的欲望，可以由学生自主选择议题组合文本，并开展属于他们自己的阅读活动。

三、群文阅读教学意义

（一）改变教师的阅读教学观念，提升教师专业发展的主动性

将阅读课堂还给学生，允许学生在文本解读中存在个体差异，才能最大程度地激发学生的阅读兴趣，而这就要求改变教师传统的阅读教学观念。

在群文阅读教学的课堂上，教师起的是主导作用，主要对学生进行价值的引导和思维的点拨。而群文阅读课堂对教师本身的能力要求会更高，教师备课难度也会相应增加。教师要根据议题选择合适的文本，就必须喜爱阅读并且有着丰富的阅读量。比如在学习李清照的《声声慢》时，要全面把握李清照的人生历程和诗歌作品，才有可能在李清照众多的作品中选出有代表性的文本来探讨。而且在群文阅读的课堂上，学生对文本的理解也有可能千差万别，这就需要教师对文本有着全面的了解

和把握，才能对学生做出正确的引导。所以，群文阅读教学需要教师有提升自身专业发展的意识，主动去丰富完善相关的专业知识，提升自身的语文素养。

（二）培养学生良好的阅读习惯，增强阅读能力，提升语文素养

群文阅读的课堂，是讨论、思考和探究的课堂。探究式学习的核心是参与和理解，是学生在问题意识引导下对知识的渴望和获取。注重学生主体性的阅读探究，有助于学生自主学习意识的唤醒，从而激发他们的阅读和学习兴趣。而学生在经历一个怀疑、讨论、接受的过程后，对文本的整体印象会更加深刻，这比单纯地灌输和说教的效果要好得多。更为重要的是，群文阅读"议题逻辑""选文关联"的特点，会有效提升学生的系统化思维，帮助学生养成在阅读中乐于运用比较、迁移等能力的好习惯。比如在系统学习李清照的词作后，可以让学生自行探究其他词人的生平及作品。与此同时，给学生充足的时间在特定的语境中对语言材料进行领悟鉴赏，让学生在积累丰富的语言知识的同时，培养学生的语感，以此实现提高其阅读素养的目的。

（三）打造新型阅读教学课堂，实现师生教学相长

为了实现阅读由思想封闭到思想解放的转变，就要打破阅读教学过程中教师"唯一理解"的霸权，转而关注学生在阅读教学过程中主体性的真正发挥，让自主探究成为阅读的常态。进行群文阅读教学，迫使教师在备课时构思符合自身个性的教学设计，同时也会引导学生寻找与群文文本有关联的材料来补充或者例证自己对文本的评价和解读。而基于学生需求设计的群文阅读课，也可以引导学生在独立阅读时自行组合文本进行阅读来更好地理解文本。"一棵树摇动另一棵树"，是学生与学生之间的交流探讨，是教师对学生的阅读引导，也是学生给教师的阅读反馈与启示。

总而言之，群文阅读倡导的"整合""联结""比对"和"建构"等过程，为培养"会阅读"的学生提供了更大可能。群文阅读作为一种新型的阅读教学方式，其运用具有很强的现实意义。它既可以满足课程标准对学生阅读量、阅读能力的要求，又可以丰富教师的阅读教学形式。更重要的是，群文阅读教学可以强化学生的阅读主体地位，并且提升学生的阅读能力和思维品质。正如新课标所要求的那样，"教师要努力适应课程改革的需要，继续学习，更新观念，丰富知识，提高自身文化素养；要认真读书，精心钻研教科书，在与学生平等对话的合作互动中，加强对学生的点拨和指导，实现教学相长"。群文阅读教学，就是"一棵树摇动另一棵树"的过程。因此，教师要学会灵活运用多种教学策略，创造性地使用教科书和其他有关阅读资料，进而提升学生的阅读能力和语文素养。

参考文献：

[1] 李祖文．关于"群文阅读"教学的一些冷思考［J］．语文教学通讯，2015（1）：15－18.

[2] 崔勇．群文阅读的价值追求与实现策略［J］．教育科学论坛，2015（10）：4－8.

[3] 王朔，李爽．群文阅读实践概述［J］．上海教育科研，2015（4）：56－59.

[4] 蒋军晶．语文课上更重要的事——关于从单篇到"群文"的新思考［J］．人民教育，2012（12）：30－33.

[5] 刘晓军．关于群文阅读"十大策略"的再建构［J］．四川教育，2015（2）：28－30.

[6] 张萍．群文阅读教学：概念、范式与价值［J］．上海教育科研，2016（4）：75－78.

基于核心素养的有效语文阅读课堂研究

陈　淳

核心素养是当下教育领域一大热点词汇，对高中语文课程教与学提出了更高层次的要求，需要教师革新语文教学。基于学生的核心素养，创设高效语文阅读课堂，让学生在有效阅读中提升自主阅读学习能力与知识建构能力，并在提升思维发展能力的同时逐渐提升人文素养能力，从而深层次发展语文学科核心素养。

有效阅读教学是学生基础教育中的重要组成部分，对学生生活、做人、思想感情的表达等均起到积极的促进作用。在高中语文核心素养下进行有效阅读教学，不仅能提高学生的自主阅读能力和知识建构能力，还能培养学生的思维品质，提升人文素养能力。基于此，本文拟对高中语文核心素养下的有效语文阅读课堂进行一些探讨。

一、重视导学案，提升自主阅读能力

高中学生语文核心素养培养与自主学习能力的提升密切相关。教师要围绕核心素养，在语文教学阅读课堂构建中强调学生的自主阅读思考，在完成课文阅读任务和解决阅读问题中掌握知识点的同时，提升自主阅读学习能力。

导学案是学生自主学习的方案，也是教师指导学生学习的方案，既尊重了学生的主体地位，也发挥了教师的主导作用。教师应重视导学案的作用，以新课程标准为指导，以素质教育为目标，精心设计，通过集体研究来制定。

以部编版高一上册第七单元《荷塘月色》为例，教师要从核心素养角度出发设计导学案，引领学生在自主通读全文的基础上，勾画出课文段落中精彩的语句，且说说好在哪里，划分课文段落并概括各大段主要意思，包括课文主要内容、主题思想等，便于学生在完成《荷塘月色》阅读任务中强化学生自主阅读学习意识。教师讲解文本内容的同时要巧设阅读问题，比如：为什么作者将"荷塘月色"作为题目？文本中运用比喻的句子有哪些？作者采用何种写作手法呈现荷塘与月色的具体特征？等等。提出问题之后，教师可以适当进行提示，指导学生进行深层次自主阅读思考。在不断和文本对话以及作者情感交流中结合当时社会环境的写作背景，深入理解课文内容，有效解决课中分层次阅读文本的问题。教师还可以根据问题解决的情况，科学整合讲解的知识点，引导学生系统归纳、总结，从而提升自主阅读学习能力。

二、重视合作探究，提升知识建构能力

新课改倡导"学生主动参与、乐于探究、勤于动手，培养学生搜集和处理信息的能力、获取新知识的能力、分析和解决问题的能力以及交流与合作能力"。

教师要强化学生的主体地位，在落实因材施教原则中引领班级不同层次学生进行有效合作，在突破语文阅读教学重难点中，重视"知识建构"，实现有效阅读课堂。以高一必修下册第二单元第五课的《雷雨》（节选）教学为例，教师可以从作者与文本简介、课文题目内涵、人物关系等方面入手，科学设置课前阅读任务，让各小组学生在共同阅读与完成阅读预习任务中深入把握文本知识。在阅读教学中，教师可以为学生介绍精读、泛读、跳读等方法，引导班级各小组学生多层面阅读《雷雨》文本内容的同时，合作探究课前未解决的问题，比如引领小组学生合作阅读并探究戏剧中的不同人物形象，在感知剧情中把握资产阶级的本质——虚伪、冷酷、自私等，并掌握阅读方法与戏剧学习方法。围绕《雷雨》剧情，在合作阅读、探究中编排对话情境，在有情感的阅读中，诠释戏剧的不同人物角色，运用文本语言知识，深刻体会剧本的戏剧冲突以及具备个性化特征的人物语言，从而建构关于戏剧的语言知识。

三、重视阅读拓展，提升思维发展能力

增强思维品质是高中生语文核心素养培养乃至全面发展实现的必要条件。教师要立足核心素养视角，在把握教材中科学延伸拓展课内外阅读，在更加广阔的阅读实践平台中提升学生的思维发展能力。比如在讲鲁迅对待外来文化态度的《拿来主义》一文时，可介绍另外一篇同样关于对待文化遗产态度的《论"旧形式的采用"》，从而更加立体地了解鲁迅对于文化的态度。以部编版高一下册第一单元《子路、曾皙、冉有、公西华侍坐》教学为例，文本选自我国古代经典著作《论语》。教师可以围绕对学生核心素养培养，为进一步理解古代圣贤思想，科学延伸拓展至《季氏将伐颛臾》一课，让学生进一步了解孔子表达的"不患寡而患不均，不患贫而患不安""均无贫，和无寡，安无倾"的政治思想，以及用文教德政来使"远人"归服的主张。从《林教头风雪山神庙》一文扩展至阅读名著《水浒传》，使学生较全面地了解人物性格，进一步了解文章细节对整体思想的作用，促进学生对课本内容的理解。比如《鸿门宴》一课，一般的教学都会归纳"刘项"二人的形象特点，教师若能布置学生课外收集后人对项羽的评价，并为学生拓展至《项羽本纪》中的"巨鹿之战""垓下之围"，从而提出"你如何看待项羽这个人物"这个问题。由此学生的思维就会被激活，会较全面地看待项羽，分析讨论后得到了"项羽虽刚愎自用，但也有英雄气魄，虽优柔寡断但也讲义气"等观点，这样的阅读拓展，既培养了学生的思维品质，也引导学生学会辩证地、全面地看待问题。

另外，在部编版高一下册第七单元的整本书阅读《红楼梦》中，教师还可开展名著阅读分享实践活动。让各小组学生自由选择《红楼梦》中的相关章节，在自主阅读、合作阅读等过程中分享阅读名著的心得体会，在互动阅读、探究中强化语文思维品质。在此过程中，教师可以向班级学生介绍名著《红楼梦》中精彩章节片段，在阅读分享过程中结合影片赏析进行表演，同时评价贾宝玉、林黛玉、薛宝钗等人物形象及其性格特征，剖析所阅读章节的主题思想，把握名著的写作特色、谋篇布局等，在课内阅读延伸拓展中提升思维发展能力。

四、重视文化底蕴，提升人文素养能力

洪宗礼教授说："母语学习就是文化传承，是工具性和思想性的统一，思想道德教育和人文素养提升是语文'教学链'的终端目标。"教师要围绕核心素养，重视培养学生文化底蕴，创设出有效的高层次的语文阅读课堂。以部编版高中语文上册第二单元为例，本单元主要讲述优秀劳动者的杰出事迹，旨在培养学生崇尚劳动、尊重劳动、热爱劳动的习惯，树立新时代青年的劳动观念。比如《周南·芣苢》这首诗，它是中国古代第一部诗歌总集《诗经》中的一首诗。这是一曲劳动的欢歌，是当时人们采芣苢时所唱的歌谣，诗中写出了整个劳动的过程和场面，充满了劳动的欢欣，洋溢着劳动的热情。宋代朱熹《诗集传》评："化行俗美，家室和平，妇人无事，相与采此芣苢，而赋其事以相乐也。采之未详何用，或曰其子治难产。"诗中通过一系列动词的变换，让学生深刻感知《诗经》中所描绘的劳动过程。其重章叠唱的语言美、韵律美、情感美，让学生在体会其隽永底蕴中拓宽知识面，在增加文化底蕴的同时提升人文素养。

同时，结合"古代劳动人民热烈的劳动场面""普通劳动者的辛勤汗水"，专题研讨"劳动的崇高与美丽"，从而理解文本中体现的人文主题，让学生树立劳动观念，引领各层次学生在情感体验中提升人文素养，从而促进语文核心素养发展。

总而言之，语文教师要立足生本教育视角，在实际问题中科学创设高中语文教学的阅读课堂，在有效阅读课堂互动中不断夯实学生的语文知识基础，在发展学习、阅读、语言等能力中增强学生的语文思维品质，在培养语文核心素养中促进学生终身发展。俗话说："冰冻三尺非一日之寒。"高中学生语文阅读能力的提高并非一朝一夕就能实现，语文阅读能力的提高是一个循序渐进的过程。这就需要语文教师重视阅读教学的指导，实施有效的语文阅读策略以提高学生的阅读质量。与此同时，高中语文教师要结合高中生的学习特点，转变教学观念，创设良好的阅读氛围，激发学生的阅读兴趣，培养学生的阅读能力。

参考文献：

［1］朱熹．诗经集传［M］．上海：上海古籍出版社，1987.

［2］何炳林．高中语文阅读教学的新策略［J］．语文教学通讯，2019（4）：38－40.

核心素养下的高中语文阅读教学

何思欢

随着新课程改革的不断深入，核心素养应运而生并迅速流传，成为各个学科教学的指导理念。语文作为高中阶段备受关注的重要学科，对学生人文素养和综合素质的培养起着关键的作用。因此，在核心素养理念的指导下，语文教师需要摸清当今语文阅读教学的现状，发现阅读教学过程中的问题，并对症下药，探究出相应的解决策略，来实现语文核心素养的有效培养。

时代在变化，社会在进步，课程改革也针对新时代学生教育培养的目标提出了"核心素养"这一理念。"核心素养"的提出与推广具有重大意义和巨大影响，它指向青少年发展和成才所具备的素养和关键能力，反馈到各个学科教学中，其中又有不一样的地方。对高中语文而言，核心素养的内容主要有语言建构与运用、思维发展与提升、审美鉴赏与创造、文化传承与理解。要实现以上四个方面相互融合的综合培养目标，离不开语文的阅读教学。阅读教学是语文教学中不可或缺的组成部分，其教学效果往往影响着语文整体教学质量。因此，在新课改的背景下，为实现培养学生核心素养的核心要求，教师要与时俱进，更新教学理念，改进教学方法，从而引领学生在语文学习过程中，形成语文核心素养，为以后的发展奠定坚实基础。本文针对核心素养背景下高中语文的阅读教学进行了探索与分析。

一、核心素养视角下的高中语文阅读教学现状分析

（一）教学方法较单一传统，学生阅读兴趣不高

当前的高中教育，应试教育现象仍普遍存在，高中学生都有升学压力，在繁重的学习生活中，努力掌握考试所需的知识，拼命提高所学科目的分数。在这样的情况下，教师教学重点也常放在提高学生的学习成绩上。因此，高中语文教师在开展阅读教学中，会着重通过对阅读文本的内容分解、详细解析来帮助学生理解文章内容。与此同时，语文教师也会要求学生对阅读文本中所阐释的重要知识点进行记录和记忆，这种比较传统的灌输式教学方法虽然暂时提升了学生的语文阅读成绩，却忽视了学生主体的主动性和能动性，无法进一步提高学生的阅读能力。长期处在这种模式下的学生易产生思维惰性，一旦遇到生疏且难度较大的阅读文本，就容易放弃自我思考，转而寻求教师的帮助。由此可见，单一传统的教学方法、陈旧的教学模式有很大的局限性，不利于学生核心素养的长远发展。

（二）缺少核心素养的培养保障方法

核心素养的理念在国家的大力宣传与推广下，已经逐步被教师们接受，不过由于核心素养的开展工作仍处于初期探索阶段，与其相对应的培养方式、考核体系和评价体系都尚未形成。目前，在对养成学生核心素养的规章制度和指导方针的制定上，大部分学校只能摸着石头过河，在教学实践中摸索科学有效的解决方案。与此同时，当前的考核形式也体现不出学生的学科素养，只能检验学生对所学知识的掌握程度，无法获知学生对语文阅读的理解和运用水平。缺乏对学生核心素养的评价体系，导致教师很难对学生做出详细有效的素养评价，更难以帮助学生找出存在的问题并提出解决的建议。所以，以上的问题还需要教育工作者们在未来长时间地努力攻克。

二、核心素养视角下的高中语文阅读教学策略分析

（一）丰富教学方法，提升学生阅读兴趣

兴趣是最好的老师，有了兴趣，学生阅读的自觉性和积极性会增强不少。因此，语文教师必须抛弃只讲文章结构和语言知识的短视行为，抛弃令学生感到疲倦的单一教学方法，抛弃令学生感到厌恶的传统"满堂灌"的教学模式。在高中语文阅读教学中，教师要丰富教学方法，激发学生阅读的兴趣，进而引领学生学会积累和整合相关的知识内容，学会自主探究语言和文字的规律，学会利用自己的语言经验进行良好的语言建构。比如学习《宝玉挨打》时，教师可以通过多媒体为学生播放电视剧《红楼梦》中的片段，视觉和听觉的感官刺激吸引了学生的注意力，通过视频对宝玉的性格和贾府的富贵有了直观、立体的了解。由于这篇文章中涉及文言文，与学生的生活用语差距较大，学生理解起来会有一定难度。所以教师可以借助信息技术手段来辅助教学，不仅能够增强阅读教学的趣味性，而且能够降低阅读难度，使学生能够更加深刻地理解文章内容，同时让学生组织语言概括故事情节，抓住关键句子分析人物形象，从而锻炼学生的语言建构与运用能力。

（二）突出问题导向作用，加强学生思维深度

众所周知，高中生在这个年龄阶段的形象思维是相对成熟的，但其抽象思维以及思维深度仍有待发展与提高。余文森说："倡导深度教学，防止学科知识的浅层化和学生思维的表层化，是学科教学走向核心素养的一个突出表现。"要让学生思维有深度，教师设问首先要有深度。因此，在高中语文阅读教学中，教师要设计切实和深刻的问题，引导学生思考，调动和优化学生的思维。这就需要教师读懂吃透阅读文本，结合学生具体学情，设计出科学合理、有深度的问题。例如，统编版必修下册的《鸿门宴》一课，以文言文的形式记录了项羽和刘邦在秦朝都城咸阳郊外的鸿门举行的一次宴会。文章人物形象众多，情节曲折生动。对此文的鉴赏，有利于提高学生的思维能力。教师在引导学生理解全文大

意和掌握重要文言知识后，可延伸拓展，提问学生：楚汉之争刘邦打败项羽的原因是什么？若项羽在鸿门宴上杀了刘邦，你认为哪次战役会最受影响？学生在把握此文的基础上，需要结合《史记》中更多对项羽人物记载的内容，进行更深层次的赏析和汇总，就可以得出问题的答案。这样的话，学生除了对本篇文章内容有了更深刻、更全面的理解之外，还可以发展和提升自己的研究性思维能力，进一步提升语文核心素养。

（三）密切结合课内与课外，提高学生的审美能力

文学是一种美的艺术，语文教师在接触课内文本时，也会引导学生在阅读教学中寻找文章的艺术之美，可以是其语言之美，可以是其结构之美，还可以是其情感之美。培养学生的语文审美能力，是核心素养中强调的一个重要部分。因此在高中语文阅读教学中，教师要在课内引导学生通过聆听诵读，自主阅读或戏剧表演等多种形式，感受文学作品的文采之美和内容之美，从而丰富学生的审美体验。与此同时，还要落实课内阅读与课外阅读的有效衔接。例如，统编版必修上册的《荷塘月色》就是一篇充满着淡淡喜悦和淡淡忧伤的优美散文。学习前，可提问学生关于荷花、荷叶的诗词，学生们会想到"接天莲叶无穷碧，映日荷花别样红"以及"小荷才露尖尖角，早有蜻蜓立上头"等诗句。这一导入不仅激发了学生的阅读兴趣，也触动了学生的审美回忆。对于接下来的阅读教学，教师要引导学生从文学审美的视角，去深入领略文章的写景之美（如荷叶、荷花、荷香等），去品味文章独特的语言美（如修辞、叠词的运用等）。最后教师还要鼓励学生在鉴赏完这篇文章之后，再去拓展阅读朱自清的其他散文，形成对散文之美的感悟。如此一来，学生不仅拓展了阅读视野，也进一步获取了更多审美体验，提升了审美能力。

（四）延伸扩展阅读内容，传承发扬传统文化

高中语文教材中所选大部分文章皆文化底蕴深厚，尤其是古诗词、文言文以及从各文学名著中选出来的文章，无不彰显着优秀的传统文化和伟大的民族精神。因此，在核心素养理念下，教师应深入挖掘课本中

的传统文化要素，在课堂中引领学生领悟传统文化的内涵，吸收传统文化的精髓。与此同时，教师需注重对课堂内容的补充和延伸，多角度渗透传统文化的教学。这样学生在拓宽阅读广度的同时，能逐步树立文化自信，承担起传统文化传承与发展的重任。比如，在《荆轲刺秦王》的阅读教学中，教师除了介绍文章的写作背景之外，还可以引导学生找到相关的课外读物，更进一步了解历史人物的社会生活风貌。在这个过程中，启发学生对人物身上体现出的爱国主义精神的体会与感想，进而激励学生树立远大志向，将来成才报国，促进其核心素养的养成。再如在《陈情表》的学习过程中，教师可以引导学生在阅读中体会主人公以孝为先的真情流露，进而激励学生在日常生活中去践行孝敬父母的活动，这样也就达到了真正弘扬传统文化的目标。

综上所述，核心素养下的高中语文阅读教学，教师要树立正确的教材观，为学生提供良好的学习指导，让高中语文四个方面的核心素养在阅读教学中融会贯通，让学生在语言、思维、审美、文化四个方面协调发展，相互促进，为今后的学习打下良好的基础。让语文阅读教学课堂变成学生开阔视野、获取知识、提升能力的广阔天地，这应是我们语文教师终身追求的境界。

参考文献：

［1］中华人民共和国教育部．普通高中语文课程标准（2017 年版）［S］．北京：人民教育出版社，2018.

［2］陈彬．高中语文阅读教学的再思考［J］．兰州教育学院学报，2016（12）：172－174.

［3］余文森．核心素养导向的课堂教学［M］．上海：上海教育出版社，2017.

语文学科核心素养理念下的教学模式改变

——《归园田居》教学漫谈

蔡丽香

在中学语文教育中，课堂教学是培养语文学科核心素养的重要环节，在新的理论指导下，探讨并尝试新的课堂模式既必要又紧迫。以古诗歌阅读为例，从关注教材到关注课堂，进一步到关注学生和时代，是一个重要的转变。

我最近一次讲陶渊明的《归园田居》以及田园诗系列，距离上一次已经有五六年之久，时间的推移，时代的发展，学生的不同令我对这一课的教学有了不一般的感受和反思。

在新时代的背景下，我们强调培养学生的语文学科核心素养，即"语言建构与运用""思维发展与提升""审美鉴赏与创造""文化传承与理解"四个方面。具体到《归园田居》这一课，我则经历了三个不同的阶段，细思之下，实则是由传统的教学理念向新的教学理念转变的过程，这既是核心素养提出的要求，又是学生和时代不同带来的必然改变。

陶渊明以及他的归园田居系列诗在整个中学语文教学中占了相当大的比例，其对田园景物的描写以及表现出来的归隐精神，作为田园诗的核心内容，是整个教学的重点。下面我将结合教学的实际情况谈谈上课的思路变化。

第一种教学模式出现在我刚上讲台之时。当时我备课上课、克勤克精，翔实全面，唯恐不尽，具体到教材的处理、教学的起承转合，都要先在心中演练一遍。这样的教学固然也能完成教学任务，但课堂死板，学生只需静坐接收教师传授的知识即可，偶尔的反馈也不过让教师知其有无在听而已，无法反映出他们听讲的情绪和接受的程度，更不用说学习中遇到的难点和疑惑。这种田园诗教学，看起来细致全面，课堂却非常呆板机械，学生一点也不能感受到田园诗的意境，也就无法领略所谓田园诗冲淡自然的美。

这种教学模式中，教师的关注点在教材和自身，课堂和学生反倒成为辅助完成教学任务的陪衬，未免有些本末倒置。当时的我也深刻地感受到这一点：田园诗的教学中学生感受不到田园诗的美，他们对田园诗理解不难却没有形成自己深刻的体会。只是那时我将原因简单归结于教学流程处理不当以及学生预习程度不够，未能领悟真正的问题所在。

第二种教学模式中教师开始从教材走出来，花了较多心思去研究课堂上学生的反应以及学生对知识的接受程度。比如在鉴赏景物描写方面，注重给学生思考讨论的空间，鼓励学生应用鉴赏诗歌的方法与技巧对诗句进行分析。比如"狗吠深巷中，鸡鸣桑树颠"中的以动衬静的手法，"方宅十余亩，草屋八九间"的白描手法等都是课堂教学的重点。学生也能在教师的引导之下归纳出田园诗宁静清幽的特点以及作者闲适自在的心情。

较之第一种教学模式，第二种教学模式下的课堂氛围相对活跃，学生的主体性进一步凸显：语言表达得到锻炼，思维得到一定的提升。尤其是使教师对学生掌握知识的程度也有比较直观的把握，是大部分课堂都会采取的模式。

可以说，假若没有新的契机，我以后很可能还会沿用这种教学模式。恰逢学校提倡学科核心素养教学理念，推行实验小组合作学习智慧课堂教学新模式，我刚好被安排到相关的班级。这种模式对教学提出了更大的挑战，也把该课的教学推进到另一个阶段。

让学生分组讨论学习并自主提出阅读中遇到的疑问，这种模式迫使教师不得不把重心由关注课堂转移到关注学生，不仅关注学生的知识归纳能力，也关注到他们的语言表达以及背后的思维动态。教学课程的设想围绕"你最喜欢景物描写诗句中的哪一句？说说为什么"（为了鼓励学生开口，不拘限理由）展开。学生们讨论热切，氛围热闹，有些小组

争辩起来，有些小组则哈哈大笑，似乎有了什么新奇的见解。我给了这几个表现特别的小组发言的机会，下面选择一两个有代表性的谈一谈。

其一，"方宅十余亩，草屋八九间"，十多亩土地，八九间屋子，这证明陶渊明很富有，怪不得他不愿意为一点工资朝九晚五上班。

其二，"鸡鸣桑树颠，狗吠深巷中"，鸡为什么要跑到树上鸣叫，是因为狗叫吗？如果是，那不就是"鸡飞狗跳"吗？哪里来的田园宁静之美？

以上，是学生讨论中提出来的两大疑问，虽然他们也知道这似乎跟教师想要引导强调的田园诗的思想内容并不相符，但仍然代表了一部分学生对诗句的原始理解。最后让所有小组进行更充分的讨论，第二个问题由来自农村的学生给出了相对令人满意的解释，而第一个问题则由师生共同借助课外的资料找出相关的知识背景解答。

这的确是课堂中生成的难点，也是以前传统课堂几乎没有遇到过的问题。传统上将田园生活归纳为简朴、宁静，到了新一代学生眼里成了"富有、吵闹"，根本原因在于生活经历和时代的截然不同，对诗句的理解无法还原到历史背景和自然环境中去。东晋时期，与和陶渊明身份相当的士大夫阶层的俸禄相比，陶渊明的草屋"八九间"自然非常简朴。再者，陶渊明辞职也非全职务农，他也做乡学教导小孩子，生活也不至于像真正"面朝黄土背朝天"的农民那般一贫如洗。后来陶渊明家遭遇火灾，家当烧个精光，需要靠友人接济，才变成真正的赤贫阶级。（《戊申岁六月中遇火》中有："正夏长风急，林室顿烧燔，一宅无遗宇，舫舟荫门前。"）至于鸡为何要跑到树上鸣叫，学生解释道，传统乡村中的鸡大多是散养，长得精瘦，有一定的飞翔能力，要飞上并不太高的桑树并非难事。鸡是自由自在，飞上高处叫得更大声就可以传得更远，由此也可见田园生活的自在和无拘无束。经过这番解释，学生对诗句以及实际的田园生活有了新的认识，在此基础上又开始有了其他发言。一位学生谈到他放学回老家，走在乡间小路上，望见远处的炊烟，像极了"暖暖远人村，依依墟里烟"的感觉，当他说到"我以前都没回过老家，但那种感觉，让我觉得它就是心灵深处的家，说不出来的舒服和喜欢"

时，全班鼓掌起来，也令我十分欣喜，深受触动，"寻找心灵栖息处和宁静处"难道不就田园诗最大的魅力吗？那一刻确实令人恍然大悟，这不就是核心素养所强调的思维的提升和审美的创造吗？

我过去认为，学生们生活在城市的钢筋混凝土之间，阅历浅、积累薄，导致了他们阅读古诗时有障碍。这一课给了我新的感悟，传统的课堂模式只见教材和知识，不见学生和时代，强调他们的识记和归纳能力，忽视了他们的语言和背后的思维发展，就更谈不上审美的鉴赏和创造。传统的课堂模式不能充分地展现学生的思维以及他们背后的时代发展变化。"田园诗并不落后，落后的是我们的阅读态度"，课堂上我们以备受追捧的李子柒为例，现代人看李子柒的视频难道是为了学习如何耕作酿酒吗？当然不是。只不过是为了在工作忙到快喘不过气来时能够获得那几分钟的"心灵宁静"，这也许是田园诗给现代人最大的慰藉吧，师生颇有共鸣：优秀的传统文化在当下仍然有新的活力和广泛的市场，只是表达的方式需要重新调整。

最后该课还有一个值得讨论的话题——陶渊明对于今天学生的意义。学习他不为五斗米折腰的隐士精神吗？虽东晋政局复杂，但陶渊明入世未深，官位不高，他所见的"黑暗"未必真切，他愤而辞职的直接理由也不过是不愿意装束整齐等候上级的检查。有人说要学习他的幽默感和达观精神，这自然也不错，但终归不够。尤其在一次课余，听到一个学生跟班主任说，"我不愿意读书考试，我要学习陶渊明"，这的确令人吃惊，陶渊明什么时候变成了不读书的借口了？值得深思。我们在课堂讲解中似乎过分突出他"不求功名，淡泊明志"的隐逸精神，而忽视了陶渊明的时代背景以及他的才情品性。古代的读书人，可以选择的就业空间少，"学而优则仕"，而做官这个职业陶渊明天生不喜欢（就像今天公务员虽好，也未必每个同学都热衷），所以也只好回家种田并兼做乡村教师过日子了。再加上陶渊明也喜欢田园自由无拘束的生活，过得有诗意，内心也就安定愉悦。这跟我们现在的社会环境不同，今天读书不以"做官为唯一目的"，而从事其他行业也是需要相关的知识与能力，不读书学习，以后哪来的本领立足社会，又怎能以陶渊明"不求功

名"作为自己不用功读书的借口？

那么，回过头来看这个问题，陶渊明对于我们今天的学生意义究竟何在？我想，作为陶渊明的尊崇者，苏轼有一番话很值得借鉴，"欲仕则仕，不以求之为嫌；欲隐则隐，不以去之为高。饥则扣门而乞食；饱则鸡黍以迎客。古今贤之，贵其真也"（陶渊明想当官时就去做官，不因为求官觉得自己丢人；想归隐时便去归隐，不会觉得归隐就比人清高。陶渊明生活十分潦倒，饥饿难忍时他也会去别人家乞讨；而稍微吃饱富裕一点时，也不吝啬，来了客人他会杀鸡款待。古今觉得他贤良，看重的就是他的率真）。他的真性情无疑才是值得我们学习的地方。想做官，就好好做官，不要惰政，不要"居其位不谋其职"；想辞官种田便好好种田，干一行发现一行的乐趣。这种洒脱、率真，于任何环境都能对人生不改热爱之情，无疑才最难能可贵。

新时代的学生享有比以前充足得多的物质基础，精神生活也空前丰富，但大部分时候感到精神空虚，意志力和韧性差，遇到一点不顺心就无限放大，总是觉得眼前的学习生活只有无限的苦闷和压抑，情绪调节能力比较差。在这一课的结尾，我增设了一个问题："如果你也觉得眼前的生活是你想要逃离的，那么如果像陶渊明那样回归田园，你能够做到开开心心地去种地吗？或者换一个新的代入方式，如果现在不读书了，你能成为一个快乐的外卖小哥吗？"很多学生陷入沉思。遵从内心的选择是容易的，难的是为自己的选择负责，并在此基本上接纳自己选择以后付出的代价，活出开朗积极的快乐人生。也许，这才是陶渊明更值得我们学习的精神品格吧。

这一课，在经历了不同的教学模式后，我们深刻地体会到教学理念转变的重要性，培养学生的语文学科核心素养初看是一个容易被束之高阁难以落实的目标，实则不然。多倾听学生的发言和疑问，语言表达的背后便是思维的痕迹，而只有在打动心灵的理解基础上，才会产生审美的创造，最后才有对传统文化的欣赏和传承。具体到古诗文的教学中，由于时代的隔阂，还需要我们执教者有更深、更广泛的知识储备，方能同学生一道领略这随着时代不同而生发出来的别样风采的经典文化魅力。

参考文献：

［1］中华人民共和国教育部．普通高中语文课程标准（2017 年版）［S］．北京：人民教育出版社，2018.

［2］苏轼．苏东坡全集［M］．北京：北京燕山出版社，2009.

［3］陶渊明．陶渊明全集（国学典藏）［M］．上海：上海古籍出版社，2015.

高中语文有效阅读策略研究

陈　漫

　　高考语文卷阅读量增加、题量增加而考试时长不变是一个大的趋势，如何在有时间限制的阅读中做到有效阅读，提高阅读质量，拿下尽量高的分数，这成为所有高中一线语文教师不得不面临的一大问题。不积跬步，无以至千里，不积小流，无以成江海，如果说高考是我们的"千里江海"，那么高考前的语文有效阅读训练就是我们的"积跬步、积小流"。避免在紧张繁忙的学习生活中浪费时间，激发学生对作品产生创造性思考和独特性理解，从而增加阅读收获，提高写作能力以及语文素养，这是摆在语文教师面前的亟待解决的难题。本文以高二学生为研究对象，在分析学生不良阅读现状的基础上，提出了相应的解决策略，进一步论述了有效性阅读的重要性。

一、学生有效阅读的瓶颈和有效阅读的重要性

　　语文是一门学习语言文字运用的综合性、实践性课程。义务教育阶段的语文课程，使学生初步学会运用祖国语言文字进行交流沟通，吸收古今中外优秀文化，提高思想文化修养，促进自身精神成长。其工具性与人文性的统一，是语文课程的基本特点。近些年随着新高考改革方案的出台，很多学生和家长开始意识到语文是教育的一个必定科目，"失语文者将失天下"这一无情的现实。改革的压力促成了学生和家长重视语文的动力，这迟来的语文教学的春天，也从侧面反映了语文教学的无奈和尴尬之处。

　　如何学好语文这门学科已经成为摆在学生面前的一个棘手的问题。

记得几年前开家长会的时候，一位学生家长跟我畅谈他的语文学习观。他说，语文课堂不用听讲，多看书报就可以轻松拿高分了。这位家长的话虽然有极大的片面性，但也强调了阅读之于语文考试的重要性。而作为语文教学的接收者，很多学生懂得根据考试的需要转变对语文的认知，可是长期应试教育的熏陶早已让他们舍不得抽出时间静下心来阅读，又谈何打赢有效阅读这场持久战？即使有些学生保留着阅读的习惯，但也是普遍存在浮躁、不爱思考、不求甚解的低效阅读，更是有部分学生不知该"从何读起"？

苏联教育学者苏霍姆林斯基曾经说："让学生变聪明的方法不是补课，不是增加作业量，而是阅读、阅读、再阅读。"丰富有效的课外阅读可以巩固学生课内所学的读写知识，拓宽学生的知识面，增强学生的阅读理解能力，陶冶情操，提高学生的整体语文素养，使学生轻松应对包罗万千的高考。

阅读是一种吸收，而写作是一种倾吐，阅读是写作的前提，二者不可分割。要想提高写作水平，只有尽量提高阅读的有效性，尽量丰富阅读面，有了足够的有效阅读积累，才有源头活水，写作时才能文思泉涌。"读书破万卷，下笔如有神"说的就是阅读之于写作的重要性。

阅读犹如在知识的海洋里游泳，要想顺利地到达理想的彼岸，一定要有行之有效的方法。作为一名中学语文教师，通过有效可行的方式改变学生的错误心态和不良阅读习惯，激发学生的阅读兴趣，提高学生的课内外阅读效果并以此提升写作水平，达到高考时"得天下"的目标，已是迫在眉睫。

二、有效阅读策略

1. 让学生在阅读中"自问自答"，向语文课内阅读要质量

语文课内阅读文章是学生的必读文本，但教师在教学的过程中总会发现这样一个状况：很多学生对于课内文本的阅读程度仅仅停留在阅读的表面，重视情节，忽略内涵，缺乏全局的思考和深度的分析。精粹之选的课内文章在学生眼中都变得平平无奇，课堂阅读得不到质的收获。

　　为了提高阅读的有效性，针对高中生的阅读水平，教师可以引导学生进行质疑阅读，即带着"这个情节为什么要这么设置？这样的环境描写有什么作用？本文的主人公只有一个？为什么要出现那么多配角？"之类的问题，让学生在"自问"中展开阅读，在问题的驱动下，他们会边阅读边思考，有意识或无意识地认真细致感知文本，深入研读体察文意，探寻作品的主题与精神文化内涵，最终争取得到有效的"自答"。

　　教师也可以有目的地设计一些问题。比如在学生进行课内阅读之前，教师可以事先给学生准备几个难度由小到大的问题，让学生带着问题阅读文本，在文本中找出隐藏的信息。在语文选修五中，《一个文官之死》一文的内容浅显易懂，但是里面涉及不同人物的心理变化，所以教师可以让学生边读边找出主人公切尔维亚科夫和将军的心理变化，并且尝试着给小说补写一个结局；《杜十娘怒沉百宝箱》中，杜十娘为什么不事先让李甲知道百宝箱的存在？这样，学生的思考动力就来了，一旦思考，课文的深层趣味便会将学生牢牢地吸引住。兴趣是最好的动力，以兴趣为前提、以探索发现为目标的阅读能够给学生带来意想不到的阅读收获。

　　2. 让信息技术走进阅读课堂

　　随着信息化时代的到来，越来越多的领域被网络技术覆盖。多媒体教学已经被广泛应用到学校课堂教学活动中，图文并茂的多媒体教学为语文教学注入了新的活力，充分展示了教学方式的多样化，提升了中学语文教学的质量，也为有趣高效的课堂阅读提供了有效载体。比如，一提到诗词阅读，很多学生首先想到的便是枯燥、乏味、无趣。教学信息化恰恰是改变学生这种刻板印象的良方，我们可以借助央视的热播节目《经典咏流传》让学生感知诗词的韵律美、活力美和意境美。《中国诗词大会》里，主持人的连珠妙语，切合主题的舞台效果，不同领域不同国界的人对于诗词的喜爱和理解，紧张激烈的答题环节，无不体现出中国古典诗词的深厚魅力。河北卫视的《中华好诗词》中"智者生存"环节，将诗词融入这几年的热词如"三国杀""慢生活"等中，更是将诗词的生活性和实用性淋漓尽致地展现在学生面前，学生寓学于乐，于乐中领悟诗词的内涵美，于美中爱上诗词阅读。

在现行的中学阅读材料中，有些课文的内容和学生现实中的生活情境相差较远，学生无法调动生活经验读懂课文的情境。但是借助信息技术手段，可以使得学生在跨时空中"穿越"，不仅缩短了学生与阅读材料之间的距离，还能让学生"身临其境"，充分调动学生的阅读热情，课堂阅读效率自然会随之提高。比如在阅读《城南旧事》时，教师可以借助多媒体播放乐曲《送别》，让学生在凄美婉转的歌声中感受文本情感基调。

3. 构建自主性课后阅读，让学生随性阅读

学者刘宏琴在研究中指出，自主是一种意识，而学习是一种客观存在的行为。因此教师要先促使学生有一定的自主意识，然后才能让学生更积极地展开学习。在一周一次的阅读课上，教师应鼓励学生自主选择阅读文本，但是所谓的"自主"，并非放任学生阅读言情故事、校园漫画和娱乐故事等无内涵的读物，而是引导学生选择一些文学性、实用性较强的文章，如历史类读物、科技类读物、中外名篇名著等，并且让学口头陈述选择该文本的理由。这样能让教师更好地了解学生的思维状态、阅读兴趣，也能构筑更好的阅读情境。比如学生选择阅读《绿野仙踪》，认为这个题目极具古典诗歌韵味，题目直译过来很直白，就是"奥兹国的神气巫师"，为什么翻译为"绿野"呢？小女孩多萝西所住的堪萨斯，是美国中部一片被太阳烤成"东南西北全是灰蒙蒙的""再也看不到别的东西"的大草原。以及小说中那个幻境——"黄砖铺砌小路的终点"，比堪萨斯多一点绿色的土地——翡翠城。"仙踪"说明主人公和朋友们经历了一场奇幻之旅，历经艰辛最后终于回到属于自己的地方。而故事中所体现出来的温情、果断和勇敢，则是学生需要进一步领会的作品精髓。

鼓励学生自主探究和思考。"有一千个读者就有一千个哈姆雷特"，教师不必就作品的解读给出统一的标准答案，而是鼓励学生对作品进行创造性的思考。在阅读了《道士塔》之后，就有学生提出了如果没有王道士，敦煌文物会不会外流呢？如果看守文物的是当时中国有身份、有

地位、有文化的官员，敦煌文物是否还会遭洗劫呢？学生提出的有创造性的思考，能够让学生更好地关注作品内涵的多样性，并有创意地获得自己的心得体会。

4. 重视效果反馈，强化深度阅读

由于缺乏明确的目的和正确的指导方法，学生阅读常常漫不经心，很多是为了阅读而阅读，没有实质性的知识收获。在语文的深度阅读中，阅读只是一部分，另一部分是阅读后对知识的学以致用，学生可以将阅读内容转化为自己的能力，表达出对阅读作品的理解。如何做到有效反馈，教师可以从以下几个方法入手：

第一，读后交流。课本的阅读，给学生留足思考的时间之后，可以让学生自由发表对课文内容的看法。教师通过给学生创设轻松和谐的交流环境，让学生畅所欲言，说出内心的想法，在分享交流的过程中迸发出新知识的火花，加深对课文的理解和多角度解读。

第二，以写促读。阅读是吸收，写作是表达，两者相辅相成。在读写教学中，自觉地以读促写，以写促读，二者结合，才能有效地提高读写能力。写作是学生深化阅读的过程，能升华阅读的收获。阅读渗透着学生的情感和理解，是学生的情感发展过程。首先，养成写读书笔记的习惯。很多学生仅仅只是把阅读当成阅读，读过无痕，不爱思考、不求甚解，缺乏主观的思考。学生在某些时刻产生的灵感，如果能及时地付诸笔端，不仅可以提升学生对文本的理解能力，还能训练学生的深层思考能力。其次，可以让学生抄摘文本中的优美的或者让他们有所启发、有所感悟的句子。抄过之后，让学生进行仿写，仿写之后再和原句进行对比，找出不足，找出差距所在。多读多写，知识储备充足，自然就无惧写作，无惧考试。最后，持之以恒地练习写作读后感。读后感是读与写结合的具体体现，所谓的读后感指的是教师先让学生对文章进行深入地阅读分析，然后在自己的理解下写一篇小短文，描述自己对文章的理解和感悟。我在教学过程中发现，很多口头能力表达极佳的学生一到下笔就无言，之所以会这样，主要是因为学生缺乏必要的写作训练。教师耐心地指导学生进行读后感写作训练，一方面可以增加学生的写作经验，逐步提高学生的写作能力，另一方面还可以锻炼学生的语言使用能力。

参考文献：

［1］赵慧霞．语文课堂应该多一些"随心所欲"［J］．考试周刊，2018（30）：63．

［2］刘宏琴．"随心所欲"的语文学习——高中语文自主学习刍议［J］．基础教育研究，2013（7）：35－36．

［3］顾明远．教育大辞典［M］．上海：上海教育出版社，1998．

高中语文阅读教学的探索与实践

陆嘉慧

新高考改革对学生的阅读能力提出了更高的要求，高中语文阅读教学也越来越受到语文教师的重视。然而，长时间的阅读教学仍存在随意、零散、无序的问题。基于此，笔者在阅读教学中探索了一些解决策略，以期让学生获得一定的阅读方法和提高阅读能力，养成阅读的习惯。把课堂阅读拓展、延伸到课外阅读去，可以增加学生的阅读量，提高思维水平，提升语文素养。

一、阅读现状及阅读的必要性

当前高中生的阅读情况普遍不容乐观。在应试教育的背景下，学生的功利性较强，他们考虑更多的是如何应对考试，提高分数，因而不重视阅读课，真正热爱阅读的学生较少，很多学生仅进行碎片化、浅层次的阅读，没能养成系统、深层次阅读的习惯，因而很难提升思维能力、写作能力。温儒敏先生就曾批判"现在语文学科最大的弊病就是少读书，不读书"，而北大教授钱理群先生有言："学好语文有很多要素，但最核心最根本的方式就是阅读。"

《普通高中语文课程标准（2017 年版）》在课程结构中提出了"整本书阅读与研讨"的任务，统编版高一语文教科书也安排了两个整本书阅读单元，要求学生阅读《乡土中国》和《红楼梦》两本书。而近几年高考卷中的《理水》《越野滑雪》等阅读材料，也涉及整本书阅读或作家创作风格的内容，即使是高考卷中其他的单篇短文题目，所占分值也比较高。如果学生没有大量的阅读，没有从整本书中提升思维和辨别能力，将很难应对高考，所以阅读，特别是整本书阅读尤为重要。如何推进整本书阅读呢？笔者从以下几个方面进行了探索与实践。

二、实施策略

（一）以教材文本为依托，激发整本书阅读兴趣

笔者在教学过程中发现，很多学生的阅读仅停留在课内文本上，这样一来学生的阅读面就无法拓宽。温儒敏先生曾说："通常讲阅读教学，往往偏重课堂上围绕课文的教学，但同样重要的，就是课外阅读的教学。"高中教材虽然选用的课文都是名篇佳作，但阅读教学不能只局限在教材所选的少量课文上。叶圣陶先生认为"教材只是一个例子"，笔者尝试以教材课文为切入点，让学生迁移到课外阅读上来深化对课内文本的理解或对作家的了解，从课堂上的单篇课文阅读延伸到课余的整本书阅读，以此方式来拓宽学生阅读的广度、宽度和深度。

俗话说，兴趣是最好的老师，它也是推动学生探求知识、获取能力的一种动力，整本书阅读中应该把培养学生的阅读兴趣放在第一位。笔者以教材课文为依托，针对高中生好奇心强的特点，调动学生的求知欲望，引导学生利用课余时间去阅读相关书目。

（1）以听促读。比如在讲授《城南旧事》一课时，借助多媒体播放乐曲《送别》，让学生在歌声中初步把握课文的情感基调；再如讲授《诗经·氓》时，不先从本篇课文去讲解赋比兴的手法，而是先播放民歌《落雨大》《高山青》，或流行歌曲《青花瓷》《菊花台》等来吸引学生的兴趣，让学生分析民歌、流行音乐中赋比兴手法的运用，然后再迁移到《诗经·氓》上，进而拓展到《诗经》上。教师还可以向学生推荐《经典咏流传》节目、"为你读诗"微信公众号，以多种方式让学生多听、多读。

（2）以看促读。比如在讲授《道士塔》一文时，播放《敦煌莫高窟——美的全貌》纪录片，以影视资源的鲜活生动促进学生对文本的兴趣，再适时推荐余秋雨的《文化苦旅》。再如讲授《宝玉挨打》时，播

放新、旧两版《红楼梦》电视剧相关片段，让学生评价演员的表演，要想达到客观、准确的评价，学生就需要对文本进行深度解读。

（3）以说促读。可以开展班级故事大赛、班级辩论赛等活动，以《史记·鸿门宴》为例，让学生自主从《史记》中挑选一个故事进行复述，或是举办一场辩论赛，题目可以是"鸿门宴上项羽不杀刘邦，是'妇人之仁'的表现，还是'君子之度'的表现"教师也可以归纳学生在阅读中的困惑点让学生探讨交流，给予学生发言分享的机会，让学生进行思想碰撞、引起共鸣。总之，教师要多关注学生的阅读体验，真正落实新课标提出的"阅读是学生的个性化行为，不应以教师的分析来代替学生的阅读实践"。

（4）以思促读。孔子曾言："学而不思则罔，思而不学则殆。"这道出了学习与思考二者的关系，而思考与阅读的关系何尝不是这样？教师要多鼓励学生带着问题去深度阅读，不断提高思辨能力。比如讲授杜甫《月夜》一文时，由于学生对杜甫"诗圣"的美誉都耳熟能详，笔者从梁启超为杜甫起的"情圣"的徽号入手，就引起了学生们无限的兴趣。接着引导学生思考："对于这一徽号，你有什么看法？"一石激起千层浪，同学们讨论得热烈精彩。于是笔者顺势给学生推荐了梁启超写的《情圣杜甫》一文，唤醒学生的阅读体验，并引导学生在杜甫的其他作品中找依据，架起单篇阅读与群文阅读的桥梁。又如讲授《赤壁赋》时，引入余光中的评价："如果我要出去旅行，不会找李白在一起，李白不负责任。也不会找杜甫，杜甫太苦。我会找苏东坡，他会是一个好朋友，也是个能让一切变得有趣的人。"苏东坡这样一个万里挑一的、有趣的灵魂到底体现在哪里呢？这时，教师就可推荐同学们课余时间结合林语堂的《苏东坡传》来深入了解。

（5）以写促读。阅读不能只停留在读、思的阶段，应该以读促写，把在阅读过程中的思考付诸笔端，从而提升自己的写作能力。比如讲授《宝玉挨打》一课时，让学生挑选《红楼梦》中的一个人物设计一条朋友圈——总结我的一生，对其他书中人物可以进行评论，要求留言要符合人物身份。再如讲授《段太尉逸事状》时，让学生为段太尉拟写一段颁奖词。

（二）创设有利条件，营造阅读氛围

学生有了阅读兴趣，教师要尽己所能创设条件方便学生进行阅读。笔者利用每周一次的阅读课带学生到学校图书馆或阅览室看纸质书，这样的阅读环境能让学生看得更投入；也会在教室内设置读书角，师生定期交换图书，交流心得体会，不断发挥阅读在班级里的影响力。在"互联网＋"的时代背景下，教师可以拓宽阅读渠道，创新阅读形式，比如带学生到电脑室进行在线阅读，借助多媒体技术实现了师生同一课堂同读一本书的愿望。教师还可向学生推荐蜻蜓 FM、喜马拉雅等 App 和中华书库、名著在线阅读等网络阅读平台，让数字化阅读和纸质阅读一起为学生的有效阅读提供强有力的支持。

（三）设计阅读计划表，师生同读一本书

《礼记·中庸》有言："凡事预则立，不预则废。"为了顺利推进整本书阅读，从书目的选择到阅读的进程等环节，教师要适时地引导和监督。

首先，教师应该根据学生的阅读实际，结合课程内容和图书馆藏书情况，给学生推荐图书，帮助学生从良莠不齐的出版物中挑选出质量好、品位高的作品，让学生的阅读具备目的性和系统性。

其次，整本书的篇幅往往较长，完成阅读不是一件易事。学生自身要严格按照计划保质保量完成每天的阅读量，教师可以开展形式多样的活动来激发学生更持久的阅读力，比如故事大赛、辩论赛、情景剧大赛、经典片段朗读等。

而学生在展示他们的阅读成果后，个人、小组及教师要进行及时的评价，使学生形成阅读经验、获得阅读方法，如此往复，逐步提高学生的阅读能力，为其养成终身阅读的习惯奠定基础。

莎士比亚曾说过："书籍是全世界的营养品。"高尔基亦说："书籍是青年人不可分离的生活伴侣和导师。"培养学生良好的阅读习惯，让阅读成为伴随学生一生的习惯，是我们每位语文教师不可推卸的责任。阅读是一项长期的活动，不是一朝一夕的事，我们要持之以恒、坚持不懈，共同努力让学生爱上阅读。

参考文献：

［1］中华人民共和国教育部．普通高中语文课程标准（2017 年版）［S］．北京：人民教育出版社，2018.

［2］温儒敏．论语文教育二集［M］．北京：北京大学出版社，2012.

悦读·初中篇

培养学生主动阅读的策略

郑惠旋

  阅读是学生获取语文知识、提升语文素养的重要途径。语文教育的目标之一是推动学生养成阅读习惯。本文从教师自身的阅读素养、指导学生进行选择性阅读和借助语言文字的趣味性、增强学生阅读的欲望三个方面探讨培养学生主动阅读的策略。

  《义务教育语文课程标准（2011年版)》指出，阅读是搜集处理信息、认识世界、发展思维、获得审美体验的重要途径。人们通过阅读能够获得知识，扩大视野，训练思维，愉悦身心，养成正确处理主体与外部世界之间关系的能力。《义务教育语文课程标准（2011年版)》对阅读提出这样的目标要求："具有独立阅读的能力，学会运用多种阅读方法。有较为丰富的积累和良好的语感，注重情感体验，发展感受和理解能力。"

  要达成这一目标，必须让学生形成主动阅读的习惯。只有主动阅读，才谈得上"独立阅读"，才能更好地培养语感，才能有更好的阅读体验，感受和理解能力才能真正获得发展。但目前大部分学生都没有养成主动阅读的习惯，甚至很多学生连课程标准要求的阅读任务也没有完成。而这一点与当前的语文教学缺乏培养学生主动阅读习惯的现状有关。

  当前的语文阅读教学很大程度上变成了阅读理解答题技巧训练，成了应试技巧训练，学生的阅读活动模式化，大多是按照答题格式做阅读理解练习。这种训练不能说没有意义，它也是阅读教学必须实施的一部分，因为阅读行为本身具有工具性。《义务教育语文课程标准（2011年

版)》对阅读还有这样的目标要求："在通读课文的基础上，理清思路，理解主要内容，体会和推敲重要词句在语言环境中的意义和作用。"要达成这种目标要求，阅读教学中的技巧性训练是必需的，也是有效的。

但是这种训练，久而久之就使学生的思维也模式化了，学生难以从文章中感受到乐趣，要培养学生在阅读上的主动性也就无从谈起。在这个日新月异的信息时代，学生如果没有养成主动阅读的习惯，将很难适应社会发展的需要，直接影响其未来发展。

语文阅读教学如果不改变过去偏重应试技巧训练的模式，学生就很难形成主动阅读的习惯，素质教育也就无从谈起。学生只有养成主动阅读的习惯后，才能更有效地从阅读材料中提取信息，挖掘内在含义，拓展思维，获得愉悦的体验，从而促进个人的发展。

所以语文教师的任务之一就是在阅读教学中培养学生主动阅读的习惯与能力。下面就谈谈培养学生主动阅读的几个策略与方法。

一、提高教师阅读素养，发挥言传身教作用

一名教师如果其自身阅读量不大，缺乏阅读素养，那么他想让学生养成主动阅读的习惯，就无从谈起。教育强调言传身教，教师往往是学生模仿和学习的对象。一名语文教师如果能博览群书，涉猎广泛，有较高的阅读素养，那么他在教学过程中就能使学生耳濡目染，那么学生喜欢上阅读、进而主动阅读的可能性必然大大增加。

现实中，有些语文教师其自身阅读量不大，涉猎面狭窄，在教学过程中给学生提供的都是从教参教辅上得来的例子和理论，他们就无法给学生提供更多阅读的实例或阅读体验。学生如果没有在课堂中感受到鲜活的例子和经验，那么教师与学生之间的互动和共情就大打折扣，教学效果当然不佳。比如，在文言文的阅读教学中，教师能够大段大段地背诵经典名篇，学生必定会受其感染，如果教师能够大段大段地背诵冷门篇目，那更能激发学生学习文言文的兴趣，攻克文言文的阅读关。

所以，作为一名语文教师，广泛阅读是一个基本要求，也是一个无止境的追求。试想一下，一名教师自己如果没有主动阅读的习惯，又如

何让学生爱上阅读?

另外,教师具备较高的阅读素养并非只是要求教师有广泛的阅读,还要求语文教师掌握一定的阅读学理论。相较于广泛阅读这个要求,阅读学理论的欠缺在初中语文教师中是一个更为普遍的现象。

人们关于阅读——通俗意义上的"看书"活动——的系统化研究在19世纪末的欧美国家就已经开始了,时至今日,随着现代科学技术的发展,有关阅读行为的理论研究涉及语言学、心理学、符号学、解释学、思维学、学习学、脑神经生理学等众多学科。关于阅读行为的研究"深入地探讨了'看'或'诵'的实际过程,用精密的仪器加以测定,同时从根本上对'意义''含义''理解''解释'等这类日常使用的语言进行哲学和社会学的再思考"。

语文教师如果能掌握一定的阅读学知识,就能更好地理解阅读这种行为的实质,从而能更有效地指导学生进行阅读。

例如,美国心理语言学家古德曼指出:"阅读是一种选择的过程。这个过程包括部分使用所能得到的、最低数量的语言提示,这些提示选自以读者的预见为基础的视觉输入。随着这一部分信息的处理,读者开始形成尝试性的决定,以便随着阅读进程而加以确定和扬弃。"如果能够理解古德曼对阅读行为的阐释,便非常有利于语文教师在指导学生进行阅读时如何取舍所摄取的信息。

教师有效的指导是学生学习信心的重要来源,只有学生觉得教师的指导行之有效,学生能够感受到自身的进步,才有可能形成阅读的主动性。

又如,《初中语文课程标准(2017年版)》中提到,阅读是"发展思维"的重要途径。如果教师能掌握一定的语言学知识,就可用浅显易懂的语言向学生讲清楚语言与思维之间的关系,而阅读实际上就是在阅读书面语言,是大脑与书面语言之间的互动,阅读良好的书面语言,对于思维的发展大有裨益。

所以,对于一名语文教师来说,掌握一定的阅读学理论知识是必要的。

二、通过组织自由阅读活动，激发学生主动阅读的兴趣

从认知心理学的角度来看，新的知识结构的形成与原有的知识结构有着密切的关系，只有原有的知识结构与输入大脑的外部信息能够互相契合，才能够形成新的合理的知识结构，否则外部输入的信息将遭到排斥，或者形成不合理甚至谬误的知识结构。

学生的阅读行为本身就是摄入外部信息，与原有知识结构互动的过程。学生原有的知识结构决定着阅读行为是否顺利进行，或者能否将阅读行为坚持下去。这也是学生能否形成主动阅读习惯的关键。如果学生的阅读行为总是进行得不顺畅，或者总是无法坚持，久而久之，必定会对阅读产生厌倦情绪。

因此，适合阅读主体的阅读行为才能提升读者阅读的兴趣。基于这一点，学校或者教师可以通过组织自由阅读活动，让学生选择适合自己的阅读对象，通过这种方式来培养学生的阅读兴趣，提升其阅读主动性。

所谓自由阅读，是指单纯因为想读书而阅读，不需要写读书报告，也不用回答章节后的问题。如果学生不喜欢这本书，也不勉强他们读完它。

自由阅读可以分为校内自由阅读和校外自由阅读。校内自由阅读可以通过学校的教学管理制度来规定某个时间段用于自由阅读，或者语文科任教师规定学生每天在校的某个时间段进行自由阅读。在这个时间段里，学生可以阅读自己喜欢的书籍，而无须完成各种阅读作业。

如果说校内的自由阅读带有一定的强制性，即固定的时间里必须进行阅读活动，那么校外的自由阅读就是真正的自由阅读。如果学生成长的家庭环境是一个书香家庭，有丰富的藏书，那么进行自由阅读就是一件轻而易举的事情。如果学生缺乏这样的家庭环境，教师应该鼓励他们到学校图书馆阅读，或者借书回家阅读，社会公共图书馆也是一个很好的选择。校外的自由阅读，教师不必指定任务，只需进行适当的指导，诸如阅读的方向、推荐高水平作者、检索书籍的方法等，如果学生自愿完成读书报告，则应该加以鼓励。

不管是校内自由阅读，还是校外自由阅读，因为无须完成硬性的阅读任务或作业，学生都能够自主选择阅读对象，所以学生所选择的读物往往是自己喜欢的，也是最能与自己原有知识结构相契合的读物。在这种情况下，学生最能够享受到阅读的兴趣，也最有利于其形成新的知识结构。当然，如果教师觉得有些学生可能会一直停留在舒适区，缺乏自我提升的动力，那么教师可以通过推荐适合学生的"最近发展区"的读物，引导学生逐渐提升阅读水平。

不带有功利目的的自由阅读还有一个作用，即通过创造机会让学生频繁接触书籍，身处阅读环境之中，从而培养学生的阅读兴趣，形成主动阅读的习惯。美国学者斯蒂芬·克拉申教授在其著作《阅读的力量》中介绍了美国一些学校的校内自由阅读实验，参加实验的学生在实验结束后，依然保持阅读习惯，享受阅读带来的愉悦。

三、实施选择性阅读教学策略，提升学生阅读主动性

在阅读教学中，教师要注意避免单调的应试技巧的训练，灵活运用各种策略，而选择性阅读教学策略是一种较为有效的阅读教学策略。

所谓选择性阅读教学，指的是教师在阅读课程的教学设计中抓住重难点，合理处理教学内容，让学生自由选择阅读任务和阅读作业。相较于上文提到的自由阅读，选择性阅读教学仍给学生一定的自由度，但阅读对象是确定的，学生也需要完成阅读任务和作业。

选择性阅读教学的一般做法是让学生在阅读中按照文章体裁的特点、根据自己擅长的方面自由选择文章的内容进行品读，教师只需作适当的点拨即可。比如《春》一文，通过描绘大地回春，万物复苏，生机勃发的动人景象，赞美了春天给人们带来无限希望，激励人们在大好春光里劳作，奋然向前，抒发了作者热爱春天、憧憬未来的欣喜之情。学生既可以结合自己的生活体验，根据自己的兴趣，对《春草》《春花》《春风》《春雨》和《春早人勤》五幅图展现的画面进行欣赏，领会情与景的交融；也可以从孟春（早春）、仲春、季春（暮春）三个阶段，按照时令变换的线索来品味时令的季节流动；还可以结合写作背景感悟文中最后的三

个讴歌春天的比喻，总结春的意义。学生不管选择哪个角度，都能够感受到作者欢快明朗、令人振奋的笔触和他用心灵创造出来的理想家园。

不同学生的能力特点不同，也可以根据学生的能力特点实施选择性阅读教学。有的学生喜欢品读语言，感受文字的魅力；有的学生喜欢朗读体会，感悟文章的精神内涵；有的学生则喜欢分析理解，学习文章的写法等。所以在选择性阅读教学中，教师只需要对文本作整体介绍，学生则根据自己的特长随机选择阅读。如阅读《白杨礼赞》时，喜欢研究写作的学生可选择精读文中第五段描写白杨树外形特征这段文字，具体感受作者怎么运用多种手法细腻地描写白杨树外形所体现的精神气质；喜欢朗读的学生可选择文中揭示白杨树象征意义的第七、八段，在深情的朗读中去感悟作者对白杨树、对人、对一种精神品质的赞颂。教师在学生个性化的解读中只需作适当的点评，在这样的教学氛围下，能很好地提升学生阅读的主动性。

四、感知文字表达的魅力，增强学生主动阅读的欲望

让学生爱上阅读，最有效的办法是让学生在阅读中感到快乐，身心愉悦。要做到这一点，语文学科的阅读活动有天然的优势，教师可以通过挖掘语言文字的魅力，让学生感受到语言文字的美，由此产生愉悦感，从而爱上阅读，主动阅读。

从心理学的角度来看，心智正常的人类都对客观世界和主观世界保有好奇心，这种好奇心是人类认识客观世界和主观世界的动力，而人类认识主客观世界除了自己的亲身体验外，最重要的方式就是通过语言文字达成这一目的。

从符号学的角度来看，文字是人类用来描述主观世界和客观世界的符号，是人类认识主客观世界的重要途径。除了通过身体能够感知的部分，人类所认识的主客观世界，大部分是由文字符号构成的。

由于人类有认识主客观世界的好奇心，但又无法一一体验所有事物，因此只能通过间接的方式来认识主客观世界，而文字能够满足人类的这种好奇心。人类的好奇心一旦得到满足，就会感到身心愉悦。基于

这一点，精确优美的文字显然能够给阅读主体带来更多的愉悦感。

人们对很多广为流传的诗词百读不厌，就是因为它满足了人们对客观世界的体验和想象。比如描述寒冷的天气有"素手抽针冷，那堪把剪刀""散入珠帘湿罗幕，狐裘不暖锦衾薄。将军角弓不得控，都护铁衣冷难着""乍暖还寒时候，最难将息"。这些优美的文字读起来，给人美的享受，当然能激发学生主动阅读的兴趣。那些精美的散文、经典的小说能够吸引众多的读者也是因为它们满足了人们对相关事物或者现象的好奇心和想象。多引导学生读经典的诗歌、散文、小说等文学作品，对于培养学生的阅读兴趣，养成主动阅读的习惯肯定大有帮助。

文字表达的功能不仅体现在描绘和叙事，也体现在说理和论述。当学生的心智逐渐成熟，不再满足于文字带来的感性刺激，他们会逐渐产生理性的思考，这时候可以引导学生阅读经典的社科类书籍，让学生接触更多抽象的文字表达，以抽象的角度理解这个世界，这个过程中也会有满足感和愉悦感，从而实现阅读层次的提升，发展理性思维的能力。

学生主动阅读能力的养成是非常必要的，作为一线语文教师应该在平常的教学活动中进行多种尝试，让学生会阅读、真正爱上阅读，让阅读成为学生一生中最宝贵的财富。

参考文献：

［1］中华人民共和国教育部. 义务教育语文课程标准（2011 年版）［S］. 北京：北京师范大学出版社，2011.

［2］曾祥芹. 阅读学新论［M］. 北京：语文出版社，1999.

［3］曾祥芹，韩雪屏. 国外阅读研究［M］. 开封：河南教育出版社，1992.

［4］［苏］维果茨基. 思维与语言［M］. 李维，译. 杭州：浙江教育出版社，1997.

［5］［美］斯蒂芬·克拉生. 阅读的力量［M］. 李玉梅，译. 乌鲁木齐：新疆青少年出版社，2013.

从核心素养视角探讨初中名著阅读
教学的四个策略

吴蔚然

随着越来越多的文学名著作品进入初中语文教材，名著教学已成为语文课堂教学中不可或缺的一部分。但由于种种原因，现在的部分中学生对文学名著的阅读却提不起兴趣，有些同学甚至还静不下心来阅读文学名著原著，而是选择读精简版、改编版等与原著内容有出入的作品，中学生对文学名著阅读的质量与新课程标准的要求相去甚远。在平时的语文教学中，应该如何让学生爱上名著并认真阅读名著？笔者结合自己的教学实践进行了多种尝试，本文将举例来谈谈在核心素养视角下名著阅读教学的四个策略。

中学生阅读文学名著，能够开阔视野，陶冶情操，提高自身的文化素质。名著阅读教学对传承文化，提高学生的语文素养和语文思维能力，培养学生独立阅读、表达和写作的综合能力，以及铸就学生的人格等方面都有积极而重大的意义。作为语文教师，激发学生阅读名著的兴趣和正确引导学生阅读名著是名著阅读教学中的重要任务。

在平时的语文教学中，为了让学生爱上名著并认真阅读名著，笔者进行了多种尝试，并根据教学实践总结出名著阅读教学的四个策略。

策略一：将课文延伸至名著，水到渠成地进行名著阅读教学的预热。

在语文教材中，与文学名著有关联的课文不少，这些课文能为名著教学提供很好的教学契机。

例如，在讲授七年级课文《母亲·荷叶》一文时，笔者在介绍作者的同时也介绍了文学名著《繁星春水》的相关内容。在授课结束时，再适时地展示《繁星春水》中歌颂母爱的句子："母亲啊！撇开你的忧愁，容我沉酣在你的怀里，只有你是我灵魂的安顿。小小的花，也想抬起头来，感谢春光的爱。然而深厚的恩慈，反使她终于沉默。母亲啊！你是那春光吗？"并同时卖个关子："同学们，类似这样充满真情实感的句子，在名著《繁星春水》中还有很多，在课余时间，大家来比一比，看谁找的多？老师也会另外安排时间让大家来展示和分享。"通过这样的形式引导学生去阅读与课文相关联的名著，水到渠成地由课文教学延伸到名著教学，适时地激发了学生学习名著的兴趣，为后期开展名著教学《繁星春水》做足了铺垫，进而让学生爱上名著阅读。

由课文延伸到文学名著的过程是水到渠成的。在初中教材中，很多课文跟文学名著是有密切联系的，比如，《阿长与山海经》《从百草园到三味书屋》和《藤野先生》这三篇课文出自名著《朝花夕拾》，《智取生辰纲》出自名著《水浒传》。类似上述课文，为名著教学提供了一个非常好的教学契机。

策略二：巧抓热点，立足原著，有效地实施名著阅读教学。

在《朝花夕拾》的阅读教学中，笔者引用了网上一个热门的话题来导入，将这个话题做成了课件。这个话题说：鲁迅先生之所以弃医从文，是因为他的医学学得并不好。真实的情况是这个样子吗？笔者便带领学生一起来阅读《朝花夕拾》，了解事情的真相。

学生想要阅读名著原著的兴趣就这样被一个疑问给激发了出来。在这个时候，教师再顺势而为，引导学生阅读原著，从原著中找出有力的证据。通过阅读，学生了解了鲁迅先生在日本仙台求学的相关情况。在文中，鲁迅对于医学的态度是认真的，他多次受到老师和学校表扬，他之所以弃医从文，是因为发现医学拯救不了中国，他想用文字来唤醒当时国人麻木的灵魂。通过对文学名著的学习，网上关于"鲁迅先生学医不精才去从文"的说法也就不攻自破了，而学生对鲁迅"弃医从文"这一正确人生选择的理解也会更加到位。巧抓热点，制造矛盾的做法既可以捍卫我们文学名著的"原汁原味"，同时激发了学生阅读原著的兴趣。

　　另外，我们也可以适当创造热点话题，适时地激发学生的阅读兴趣。名著中的一些情节是能够和我们的生活经历联系起来并引发共鸣的，这些热点话题，我们都可以将其放到我们的名著教学中，给我们的名著教学再添把柴。比如在《昆虫记》的教学中，笔者会和学生分享笔者小时候观察蚂蚁的经历，借此让学生来谈谈自己观察过的一种小动物或者植物。经过笔者的抛砖引玉，学生七嘴八舌地畅谈了自己小时候观察蜗牛、金鱼、春蚕等的趣事，学生和名著的距离一下子拉近了。在后来课堂的教学反馈中，我们发现效果是挺不错的。学生会喜欢上名著阅读，也会在阅读的过程中产生一些独特的思考和见解。

　　在名著阅读教学过程中，有些学生对于名著的理解会有着一些我们想象不到的偏差，这些学生之所以理解有偏差，是因为他们受到一些改编作品、网络作品的影响。例如2013年周星驰监制的《西游降魔篇》，还有2018年的贺岁片《西游记之女儿国》等有关《西游记》的影视作品，都是对《西游记》原著的改编。学生在观看了这些影片之后，多多少少都会受到一些误导。

　　有一回，在组织学生阅读《西游记》的时候，有个学生跟同桌小声地讨论，他说："孙悟空还有个弟弟，叫孙悟饭。"为什么会出现这样的情况呢？因为现在很多网络文学和影视动漫等都会对名著人物、故事情节等进行一些改编和演绎，而很多改编后的作品已经与原著相去甚远了。

　　对于这类对名著理解有偏差的学生，我们应把他们拉回来。立足原著，就是要求学生要看原汁原味的作品，而不是去看精简版、改编版等。随着网络的普及，一些在原著基础上进行改编或演绎的文字作品或影视作品频频出现，其中我们家喻户晓的《西游记》就被改编为许多版本。有些学生由于缺乏辨析能力，又加之没有看过原著，在看了改编的作品后，以为自己所看的作品就是原著了，实则不是。

　　如果没有正确引导学生去看原著，会让学生对名著的理解产生偏差，这会给名著阅读教学的开展造成很大障碍。

　　策略三：布置写读后感等阅读任务，引导学生更好地感悟名著中的文学内涵。

在引导学生阅读名著原著的基础上，我们也可根据教学实际，引导学生围绕名著来写读后感。

在教学中，为了解学生阅读名著的情况，笔者曾多次组织学生写读后感。在学生上交的习作中，笔者经常会收获惊喜。很多学生能够借此机会，深入地研读名著，在学生认真研读名著的过程中，学生与名著的距离一下子拉近了，一些独特的见解和更深层次的思考也会慢慢地产生。而学生的这些阅读收获，远远大于我们在课堂上灌输的效果，因为这些阅读感悟是他们自己阅读后沉淀下来的收获。例如，在名著教学中，本班学生辜瑞绒写了名著读后感，该读后感在 2020 年发表于《新作文》杂志上，从中我们可以看到学生对名著的主题、人物形象、故事内容等诸多方面的理解和分析，都有很多可圈可点的地方。

当个沙僧也不错

——读《西游记》有感

辜瑞绒

当不了孙悟空，当个沙僧也不错。

——题记

说到《西游记》，许多人可能最先想到的便是孙悟空，孙悟空算是《西游记》中最出彩、最受欢迎的角色了，他神通广大、爱憎分明、敢做敢当，他的优点数不胜数，他是众多人心中的英雄。

的确，有着一身高强武艺会斩妖除魔的孙悟空十分讨人喜欢。但是人们往往忽略了一个重要的角色——沙僧，他也是一名平凡的英雄。

西行的路途何其遥远，他默默地承担着挑行李的重担，跟在师傅和师兄后面。他的本事与两位师兄比起来也是相差十万八千里，但他为人忠厚老实，无私奉献。西行之路若少了他，我认为是走不下去的。唐僧的三个徒弟中，在我看来，他是平凡中的英雄，他像极了我们生活中那些脚踏实地、默默无闻、认真做事的人。

在生活中像沙僧一样默默无闻的人随处可见。城市的美容师——每天不辞辛苦、打扫卫生的清洁工是生活中的"沙僧";每逢佳节都坚守在岗位上的医务工作者也是生活中的"沙僧";为祖国戍守边疆、毫无怨言的边防战士还是生活中的"沙僧"。这些为了让我们的生活更加美好默默做出贡献的人们,他们都是"沙僧式"的英雄,都是应该被点赞的平凡英雄。

孙悟空会七十二变,会腾云驾雾,一个筋斗可以飞跃十万八千里,他神通广大,也难怪人们都喜欢他,都想成为现实版的孙悟空。但西行的路上仅凭他一人之力无法将唐僧安全地护送到西天。沙僧尽力地做好自己的分内之事,他本领虽不高,但他那默默无闻、任劳任怨、无私奉献的精神品质,为最终取得真经做出了巨大的贡献,他也是真正的英雄。在现实生活中,每个人的能力有大小,或许你当不了孙悟空,但做沙僧,做一个平凡的英雄,难道不好吗?

感谢生活中所有像沙僧一样的平凡英雄,我们的生活因有这样平凡的英雄而变得更美好。

当不了孙悟空,当沙僧也不错啊!

在该读后感中,小作者对人物评价贴切,选材角度独特,又联系了生活实际。还有其他很多学生也写得不错,类似这样的例子还有很多。学生阅读名著后,沉淀下来的独特见解,是我们名著阅读教学中的瑰宝。

文学经典名著阅读的教学,应贯穿学校教育的全过程。平时我们可以先让学生阅读文学名著,再来让学生写阅读感悟、做笔记摘抄,笔者相信,坚持这样做,学生的收获是很大的,有时还能意外地收获一些教学中的惊喜——学生对名著独特的见解和思考。

策略四:教给学生阅读方法,并定期检测学习效果。

在开展语文名著阅读教学的过程中,我们不能用讲来代替学生的读,应该教给学生阅读名著的学习方法。在教学中,笔者一般采用下面三种阅读方法来指导学生阅读名著:

(1)圈画批注法。笔者要求学生在读书时,使用一套自己特有的符号,比如用直线、曲线、括号等形式将文中的重点片段、语句做批注或圈画出疑惑之处。

（2）比较阅读法。在一些篇目的阅读中，笔者会要求学生将有一定关联的两篇或两篇以上的文章片段进行比较、分析、归纳、评价。

（3）精选片段，跳读式阅读法。针对有些篇幅比较长的名著篇目，笔者会指导学生采用精选片段，跳读式阅读的方法来阅读。

对于名著知识点，特别是家喻户晓又经典的情节，教师不能停留在讲一讲、读一读的层面，而是提倡在平时的教学中，利用第二课堂或者课余的时间，通过活动的形式定期检测学生的学习效果。比如在班上开展文学名著的知识竞赛，或采用问卷的形式检测学生们掌握名著的情况，或采用朗诵演讲的形式让学生谈谈学习名著的收获，或组织学生开展名著知识竞赛……通过多种多样的检测形式，充分地调动学生学习名著的积极性。

在核心素养下的名著阅读教学中，教师从课文延伸到名著教学，巧抓热点指导学生阅读原著，指导学生用文字感悟名著的文学内涵，教给学生阅读方法，这些都能有效地提高我们名著阅读教学的质量。

参考文献：

［1］刘琴. 新课标下农村初中文学名著教学有效性研究［D］. 重庆：重庆师范大学，2012.

［2］韩春萌. 当前文学经典名著教学的误区［J］. 教育学术月刊，2005（3）：47-49.

浅谈初中语文有效阅读教学四个核心素养

黄蔓莉

新课标指出，初中语文教学要注重培养学生对语文阅读探究的能力，实现语文阅读学习中核心素养的培养。本文主要就初中语文有效阅读教学四个核心素养谈谈笔者的认识。

在经济全球化的大背景下，语文作为一种语言交流工具，紧跟时代的步伐是有必要的，良好的阅读积累有助于学生提升语文综合运用能力，这就需要对学生阅读能力进行培养。在语文阅读教学中，教师要采取高质量的教学方式，来开展语文阅读活动。

《初中语文课程标准（2017年版）》指出，"核心素养"已是当今教育的重要任务。培养学生的核心素养，应该要培养学生能够适应终身发展和社会发展需要的品德和能力。初中教育阶段的语文学科核心素养分为四个方面，即语言建构与运用、思维发展与提升、审美鉴赏与创造和文化传承与理解。在初中语文阅读教学中，如何渗透语文核心素养的培养呢？笔者在学习和实践中有以下认识和体会。

一、围绕语言建构与运用进行教学，积累语言提高理解能力

语言建构与运用一方面是指出于表达思想的目的，按照语言内部系统来建构话语——用词汇组构句子，用句子组构段落和篇章；另一方面是指在个人语言经验的基础上，逐步建构起自己的言语体系，包括属于个人的语言心理词典、句典和表达风格。这种建构必须建立在积累的基础上，没有一定的积累，是达不到这种程度的。所以，积累丰富的语言活动很有必要，因为只有这样才能丰富学生的语感，培养学生交流沟通

的能力。如果没有大量、鲜活的语言活动，包括材料的积累，那么谈阅读力就像是无源之水、无本之木。为此，平时在阅读教学中，我们不仅要学习课内内容，还要鼓励学生进行课外阅读，将培养学生博览群书的习惯放在第一位。在课堂上，教师要善于、勤于按照整篇文章的组织规律，巧设语言活动，努力让学生在创设的活动场景中去解读语言文字的内涵，逐步培养学生良好的语感，提高学生阅读理解能力。比如教学《背影》一课，在揣摩文章的用词时，笔者曾引导学生试着把"唉，我现在想想，那时真是太聪明了!"一句中的"聪明"一词换成"笨""傻"之类的词语，启发学生揣摩比较句子换词前后不同的表达效果。通过揣摩比较，引导学生体悟到"父亲"反复叮嘱"我"，"我"当时却感到不耐烦，现在回忆起来，觉得那时的自己真是"太聪明了"。其实"我"未必是真聪明，而是不懂事。"聪明"一词是运用了反语。这一句话出现在文中车站送别那一段，父亲对孩子的照顾无微不至，儿子对父亲的举动一开始不但不理解，还暗笑他"迂"。这一次的"背影"让作者看到了父亲的爱子情深，内心才完全理解了父亲的浓厚爱意。于是他有了自责与愧疚，也开始悔恨自己的幼稚无知，总算懂得了什么才是真正的父爱……而"笨""傻"等词语，却不能含有否定、讽刺的意思，不能达到带有强烈感情色彩的表达效果。通过对比分析，学生体会到了词语感情色彩表达效果的差别，同时感受到了朱自清先生文学语言的特点：读起来平淡质朴的语言文字，却蕴藏着一段深情，更能够反衬出父亲爱子的动人情感。

另外，对于课外阅读，我们可以多鼓励学生以各种不同的阅读形式来丰富阅读体验，比如参与学校各种读书活动，做到"小阅读，小认识，大阅读，大认识，不断在体验中积累"，潜移默化中养成阅读与素养的累积。平时，我们可以向学生推荐一些好书，书读多了，学生会逐步养成良好的阅读习惯，慢慢地提高自己的语文综合运用能力，为自己的终身发展打下扎实的基础。

二、围绕思维发展与提升进行教学，提升思考力

学生语言思维的培养，是语文教师的重要责任。要想培养学生学习的兴趣，提升学生思考的能力，一个有效的方法是创设问题情境。但是，当前的课堂不是缺乏问题的创设，而是问题"满天飞"，却大多不合情理，教师的问题"问"得没有针对性，整个课堂气氛虽然热闹，但实际上缺乏思维的锻炼。平时教学的时候，教师要根据学生的层次来设计问题，问题不能过于肤浅，如果学生脱口而出，则对学生思考能力起不到培养的效果。如果设计的问题太深奥，大多数学生回答不上来，收效也甚微。合情合理地提问，使学生需要做一些努力、动一动脑筋才答得上来，才能让学生有兴趣也有信心，达到培养学生思维能力的目标。例如，在学习《背影》一课时，笔者根据教学目标设计了以下三个问题：①掌握课文中的重点生字、生词，理清文章的结构层次是什么？②文章为何以"背影"为题？文中哪些语言能够突出真挚而又深切的父子之情？③儿子对父亲的关心所感到的不解、顿悟以及感念的整个过程有哪些？文章的选材构思方法是什么？这样整一堂课下来，学生就在探寻答案的过程中得到了思维的锻炼，得到了思维的发展。

那么如何设计好每篇文章的问题呢？笔者认为教师在教学中必须牢牢抓住每一篇课文的"眼"。翻开语文课本的目录，每单元有讲读课，也有自读课；有活动探究，也有口语交际；有写作指导，也有综合性学习……课后练习更是细致，有思考探究，有积累拓展，也有揣摩应用。细心的教师会发现，每单元之前会有相应的教学目标建议。教师的任务就是理清每一篇课文的教学目标以及重难点，围绕此来设计教学问题，进而培养学生思考问题的能力。比如，笔者在教文言文《卖油翁》时，单元教学目标是：本单元的学习注重熟读精思，要从标题、详略安排、角度选择等方面把握文章重点。依据以上教学目标和重难点，笔者抓住关键问题进行质疑，从学生预习时提出的问题中归结出三个比较有代表性的问题：①为什么以"卖油翁"为题？②课文讲述了一个什么故事？③卖油翁、陈尧咨分别是怎样的人，这篇课文告诉我们什么道理？这三个问题的设计很好地抓住了文章的中心，引导学生从这些问题入手来思考文章的内容，并从这些问题的提示入手评价人物。一开始，大部分学生比较感性，对于前两个问题，只要稍微思考一下就可以回答出来。但在评价人物时，好多学生往往会比较片面，只用"好"或者"坏"来区分。笔者顺势借助个别学生的独特见解加以引导：①引史料，将历史上的陈尧咨与文中的陈尧咨进行比较，指出其可爱之处。②以文中作者对陈尧咨的称谓"康肃公"来说明他也是有一定声望的人，受到人们的尊重。学生由此明白：理解人物应该一分为二，客观看待事物的存在。好的问题可以让学生的思考能力得到提升。

另外，课堂中具有挑战性的问题设计，才能让学生保持兴趣，其思维才能得到锻炼和提升。平时的教学中，教师可以多鼓励学生提出有价值的问题，在课堂中给学生更多思考、交流的机会，学生的思维能力也能得到发展。课外，教师还可以适当地开展一些语文活动，如你画我猜、猜灯谜等，让学生在活动中发展语言思维，提升思维能力。

三、围绕审美鉴赏与创造进行教学，提高审美力

培养学生对语言文字的审美力，也是语文教师的责任之一。要具备审美的情趣，"读者""作者""文本"三者缺一不可。

1. 在创设的氛围中，激发学生对文本的情趣

教师要多学习策略，比如多运用推想、类比等方式，给语文课堂带来更美的情景创设。平时教学中，笔者常采用情景创设的方法，这会让学生更容易投入到文本情景中，比如学习朱自清的《春》之前，笔者先展示几幅春景图：春回大地，万象更新；雨润百花，草长莺飞；春风送暖，杨柳依依。春天是多情的，是浪漫的，也是迷人的，更是充满希望的……看完图片，学生还没学习课文，就已经领略了大自然的美丽，等学完了课文后，定会加深对课文内容的理解。又如在鲁迅的小说《社戏》的教学中，为了让学生回味童年生活，笔者让同学们放飞自己的思绪，说说自己的童年趣事。同学们说得非常兴奋，对课本内容也有了浓厚的兴趣。创设情景，可以打开学生的思维，也找到了学生心灵深处的共鸣。

2. 在多重朗读中体验语言的美

多重朗读是指学生能用标准的普通话、正确的声调和节奏来朗读文本内容，直观感知文本的语言美的一种好方法。好的阅读，能使学生陶醉其中，激发对文本内容美的探索兴趣。对于教材中许多精美的诗歌、散文，教师可以让学生采取读的方法来初步感受内容的美。比如笔者在教《水调歌头》《再别康桥》《济南的冬天》等诗词和散文时，就用这种方法来激发学生的审美情趣。学习《水调歌头》时，笔者先让学生听课文录音，再自己读一读，或者配着背景音乐来读，同桌一起读，小组一起读，全班一起读，百花齐放……学生在多种朗读方式中慢慢地理解文本内容，有了主动深入学习诗词的兴趣，自发地想要去感受作者对胞弟苏辙的无限怀念，感受作者那种"月有阴晴圆缺，人有悲欢离合"的开阔和乐观的胸襟。学生在朗读中得到了美的陶冶，为其形成正确的人生价值观奠定基础。

3. 在推敲中欣赏语言的美

在初中语文课文中，诗歌用词凝练生动，散文语句精妙传神，平时教学中，教师要引导学生推敲、推敲、再推敲，不断让学生琢磨和体验，慢慢使学生得到语感的提升。比如《从百草园到三味书屋》一课中，教师可引导学生体会作者在"轻捷的叫天子忽然从草间直窜向云霄里去了"一句中使用"窜"字是为了体现速度快、来得突然；再如在"肥胖的黄蜂伏在菜花上"一句中，作者用"伏"字准确地表现出黄蜂因肥胖而趴在菜花上的情态。这两个词既形象又贴切，教师要引导学生认真琢磨，从而体会出文章所表达的美感。

4. 在想象中塑造意境美

在教学的过程中，教师要对课文内容做详细的分析，还要引导学生细细品味文章的语言。例如，采用激情朗读、赏析品味、情境感知等方法，引导学生在活动中感受文字的意境美，提升学生欣赏美、创造美的能力。下面是笔者课堂教学的部分内容：

笔者在讲授老舍先生《济南的春天》一课时，先播放轻松的音乐，让学生闭着眼睛静静地听。舒缓的音乐让学生得到全身心的放松，他们面带着微笑，沉浸其中。笔者顺势引导学生默念"放松自己，放空自己，舒舒服服坐一会儿"。放松时，学生变得平静安宁了许多，大家都沉浸在音乐里。音乐快结束时，笔者对学生说："老舍先生在济南度过了一段幸福的生活，他认为冬天的济南是个宝地，一切山水都是美的。现在老舍先生带领我们来到冬天的济南，请大家继续闭上眼睛，仔细听一位同学深情地朗读课文，想象一幅幅美丽的图画。"朗读结束后，笔者让学生们说说都看到了什么样的画面，并让他们把描写这些画面的句子、段落在文中找出来，同桌之间再读一读，交流其中美丽的情景。有几个比较难以具象化的句子，笔者引导他们联系生活经验来拼凑画面。比如"山尖全白了，给蓝天镶上一道银边"，让他们想象一片蓝天，再想象一片银色的天，最后把两幅图组合起来。"山坡上，有的地方雪厚点，有的地方草色还露着，这样，一道儿白，一道儿暗黄，给山们穿上了一件带水纹的花衣；看着看着，这件花衣好像被风儿吹动，叫你希望看见一点更美的山的肌肤"，笔者继续引导学生把冬天地面上枯萎发黄的草色，"贴"到凹凸起伏的山坡上，白雪飘落，山坡"穿上一件带水纹的花衣"，风儿吹动花衣。这样的想象，学生放飞了思绪，心中的画面有了轮廓，有了色彩，也有了动态的美……脑海中便出现了一幅济南冬天温情、温婉的画面。

四、围绕文化传承与理解进行教育，增强感受力

语文学科是文化的重要组成部分，因此在传承文化方面，语文学科有很大的优势，同时也肩负很大的责任。在平时教学过程中，教师不仅要引导学生欣赏中国传统文化，也要学习、借鉴其他民族的优秀传统文化。在初中阶段，可让学生熟读、背诵一些作品，如《三字经》《论语》《弟子规》等，读中华传统文化经典，让学生认识到中华传统文化的博大精深，源远流长，品味历代风流人物可歌可泣的故事，传承中华传统文化，发扬中华民族精神，从而引导学生博览群书，积淀文化，建构丰富而美好的精神世界。

以上是笔者对初中语文有效阅读教学的几点思考，上述初中语文核

心素养的四个方面，它们互相融合、不可分割。在教学中，它们一定是综合推进、整体发展的。只要语文教师能遵循语文的学与教的规律，扎扎实实地培养学生的阅读能力，语文阅读教学就能登上一个新的台阶，展现美好的前景。

参考文献：

[1] 陈奕通．核心素养导向下的初中语文阅读教学探究［J］．考试周刊，2019（17）：44.

[2] 康伟，龚发敏，张雪晴等．新课改背景下课堂教学方法与手段的有效性研究科研成果集（第八卷）［C］．北京中教智创信息技术研究院，2017.

[3] 刘金生．解决初中语文小说阅读教学问题的策略分析［C］//《教师教学能力发展研究》科研成果集（第十四卷）．2018.

[4] 黄红艳．初中语文阅读教学中翻转课堂的应用分析［C］//《教师教学能力发展研究》科研成果集（第十三卷）．2018.

例谈古诗教学培养学生"审美鉴赏与创造"核心素养之"四部曲"

温贺琴

"审美鉴赏与创造"是语文学科核心素养中的重要内容，在初中古诗教学中，必须注重学生感知美、发现美、理解美、创造美的能力培养，从而提升学生的审美鉴赏与创造能力。培养方法如下：反复诵读，品味语言艺术；创设情景，体验丰富情感；联系背景，感受思想魅力；想象写作，创造美好形象。

古诗如浩瀚天幕中熠熠生辉的明星，是中华民族文化宝库中绚丽璀璨的瑰宝，是我国古代文化的精髓。它是感情最饱满、想象最丰富、语言最精美的一种文学形式，是培养学生"审美鉴赏与创造"的最佳文体。下面结合实例，就阅读鉴赏古诗的"四部曲"来谈谈我的拙见。

一、反复诵读，品味语言艺术

诗歌"只可意会，不可言传"。因为它太精美、太凝练、太丰富，我们的赏析很多时候都显得过于苍白无力，无法准确说清楚、道明白，而诵读却是直接感知诗歌并获得美感体验的有效途径。所谓"书读百遍，其义自见"。台湾著名诗人余光中也曾经说过："诗歌欣赏不能脱离朗诵。"确实，通过反复诵读可以让学生体会诗歌的韵律美，能促进学生对诗意的理解，还能通过诵读与诗人直接进行心灵对话，触摸他们的思想，体会他们的情感。诵读中所产生的个人体验、情感熏陶很多时候是教师的讲授所无法实现的。比如诵读李清照《声声慢》："寻寻觅觅、冷冷清清，凄凄惨惨戚戚"，这一组叠音字构成了一种回环往复、一叹三唱的艺术效果，余味无穷。学生通过诵读，就能充分感受李清照

此时消沉孤寂的心情，进而感受悲凉落寞的诗味，领略诗人复杂凄苦的愁情，比之教师的讲解事半而功倍，既减轻了学生的负担，又达到了获取知识、陶冶性情的目的。因此，诵读应该贯穿整个古诗文课堂。读的形式可以多样化，可以变为歌曲歌唱，可以吟诵，可以拍打节奏朗诵等。而且还要有目的、分梯度，不可盲目、随意。例如，我在讲授纳兰性德的《长相思》一诗时，先范读，然后让学生自由朗读，初读的要求是读准字音，认准字形；接着引导学生结合注释了解诗意后再齐读，男女分开读，这次的要求则是读懂诗意；然后就是引导学生了解诗人当时身在征途可心系家园的背景，让学生精读，读出身心分离的痛苦，读出绵绵不绝的相思之情；最后制定比赛规则，分组比赛背诵。整节课中，"读"贯穿始终，学生也随着一次又一次的诵读而对诗歌的理解越来越深刻，通过朗读获得了丰富的情感体验，从而领略了古诗的魅力。在品味语言时，教师还可以抓住重点词句反复推敲、玩味，可以抓住一些运用修辞手法的诗句细细品读，感受古人遣词造句之妙。

在引导学生品味语言艺术时，还要特别注意教师本身的课堂语言，充分发挥授课语言的熏陶作用。苏霍姆林斯基说过："老师的语言修养在很大程度上决定学生脑力劳动的成果。"诗歌是人类最美的语言，字字珠玑，似动人歌谣，像潺潺流水，如奇异精灵，让读者在诗情画意里畅游，获得美的感受。因此，文采飞扬的教学语言一定会为诗歌课堂带去别样的风采，让学生陶醉其中。

我曾经在为讲授《春望》一诗做课前备课时特别注意了课堂语言的润色，我是这样设计导入语的：中国诗坛群星璀璨，最耀眼夺目的当数"双子星"李白和杜甫了。李白是天马行空的浪漫主义诗人，而杜甫则是饱经沧桑、关怀国计民生的现实主义诗人。这节课我们透过历史的尘埃，走进杜甫，一起感受这位伟大诗人、苦难诗人、爱国诗人的心路历程。在介绍完作者的经历后，我又用这样的语言去概括杜甫：杜甫一生忧国忧民，尽管宦海沉浮、颠沛一生，但他始终保持着年轻时的狂傲，他用诗歌去呐喊国运与民生，赢得了万世称颂。杜甫生不逢时，一生见证了唐朝由兴盛到没落。战乱、饥荒、官场上的屡屡失意，使他的诗歌充满着对那个时代的悲鸣。他的一生是悲惨的，正是因为经历了苦难与坎坷，才铸就了杜甫那悲天悯人的仁者情怀，才造就了那一篇篇超越时空的动人诗篇，才最终成就了他"诗圣"的美誉。就这样，整节课中诗一般的语言营造了诗一般的氛围，学生们个个聚精会神，屏气凝神，眼里写满赞叹与折服，不时挥笔记下佳词丽句。教师美的语言就如生花妙笔，会使古诗课堂锦上添花。

二、创设情景，体验丰富情感

例如讲授《长相思》时，我设计了一个问题来引导学生想象当时的情景：诗人的身在哪、心在哪？学生根据诗歌展开想象，有的说从"山一程"可看出他在崇山峻岭上，有的说从"水一程"可看出他在船上，有的说从"身向榆关那畔行"可看出他在山海关，也有的说"夜深千帐灯"暗示了作者是在军营帐篷里……我顺势引导，他经过了崇山峻岭，经过了小河大川，经过了山海关外，经过了军营的帐篷，他还经过了许许多多的地方，那他究竟身在何方？学生很快悟出：作者身在征途。接着从"聒碎乡心梦不成，故园无此声"中学生又读出了诗人的心在家乡。这样，作者身在征途、心在家乡的心理感受，就被学生领悟了。我又让学生想象自己所看到的画面，有的学生说仿佛看到了诗人翻山越岭，艰难跋涉的画面；有的学生说看到了诗人躺在营帐里，翻来覆去怎么也睡不着的画面；有的学生说看到了诗人走出营帐，望着天上皎洁的明月黯然神伤的画面；还有的学生说看到了诗人时而抬头仰望时而低头孤独沉思的画面……通过这样的问题设计、引导想象，就充分调动了学生的感观体验，学生面对的就不仅仅是几十个文字符号，而是一幅幅形象的画面，触摸到的是诗人那颗鲜活跳动的心。这样创设情景，自然就能引起学生情感的共鸣，使学生获得情感的体验和精神的陶冶、审美的愉悦。

在《春望》一诗的教学中我引导学生体验诗人情感时，也是采用问题设计的方式来创设情景，我问学生：诗人在长安街头看到什么景象？看到了这样的景象有什么样的感受呢？品味"破""深"等词，想象和

平年代繁华的国都该是什么景象？人到哪去？这时诗人的心情怎样？就这样，随着问题的深入，学生仿佛置身于当时的社会环境中，七嘴八舌地说起来：繁华的长安城被叛军烧杀抢掠之后破败不堪。眼前的景象是一片凄凉，杂草丛生，草木茂盛。而和平年代繁华的国家应该是人山人海，街上熙熙攘攘比肩接踵，集市上人声喧哗，一片繁荣的景象。而今，放眼望去，被叛军占领的长安城，空无一人，满目凄凉，杂草丛生。看到这样凄惨的景象，在这样动荡的年代，鸟语花香这样本应美好的画面，在诗人的眼中却是触目惊心。忧国思家的诗人此时落下了伤感之泪，与家人分别之泪，激动之泪、痛苦之泪、愤怒之泪。

诗歌是情感的流露，无论是抒情诗、叙事诗，还是哲理诗，都跳动着一种激情，它是人类某种共同的宝贵情感在瞬间的灵光闪现，就如天际涌动的风云，如胸中燃烧的火焰。因此，教学语言也应该激情四射，教师要像演员进入角色那样动情，突出情绪渲染和情感熏陶，只有这样才能点燃学生的激情，唤起他们的求知欲，如果讲者动心，听者自然也就动容了。我在讲授杜甫的《茅屋为秋风所破歌》时，引导学生想象秋风卷屋、群童抱茅、夜雨湿屋这三幅画面，引导学生想象一个衣衫褴褛的干瘦老人拄着拐杖，立在屋外，眼巴巴地望着怒吼的秋风把他屋上的茅草一层又一层地卷了起来，吹过江去，稀里哗啦地洒在江郊的各处；而他对大风破屋的焦灼和怨愤无奈让人怜悯。如泣如诉的授课语言让学生紧皱眉头，他们随着文字融入诗中和诗人同呼吸共命运了。

三、联系背景，感受思想魅力

在古诗教学中，适当地进行背景介绍，对帮助学生理解诗歌内容、领会诗歌所包含的思想感情、激发学生对诗歌的学习兴趣、提高学生对诗歌的鉴赏能力有着举足轻重的作用。背景介绍一般包括创作背景、时代背景和作者生平。有些古诗涉及一定的史实，反映了作者在特定环境中的情感，因此，如果不了解作者的创作背景，学生就很难理解诗歌内容和作者所要表达的思想感情，很难真正去感受诗人的思想魅力。例如，在杜甫43岁的时候，国家爆发了安史之乱。杜甫和人民一起饱受战乱之苦，写下了许多反映当时社会现实的诗篇，这些诗中既描写了战争带给人民的痛苦，又表达出作者对劳动人民的同情。就在唐肃宗上元二年（761年），杜甫辗转到达了四川成都，他求亲告友，费尽周折，好不容易在成都浣花溪畔盖起了一座茅屋，暂时结束了辗转飘零的动荡生活，总算有了一个栖身之所。但是，八月的阵阵秋风掀走了他屋顶上的茅草，大雨淋漓，诗人不得安宁。杜甫长夜难眠，感慨万千，他推己及人，心忧天下，在这样的背景下，他写下了千古流传的不朽之作《茅屋为秋风所破歌》。古今生活环境的不同，以及古诗语言抽象、精练的特点，造成了学生理解诗歌的困难。因此，在讲授这首古诗时，如果在进入诗歌之前能让学生了解作者及其写作背景，那么学生对诗歌内容的理解自然就会水到渠成。同时，诗歌末尾"安得广厦千万间，大庇天下寒士俱欢颜，风雨不动安如山！""何时眼前突兀见此屋？吾庐独破受冻死亦足！"体现了杜甫在困难时刻，由自己的不幸联想到他人，渴望得到"广厦千万间"，只求让普天下贫寒的人们都得到庇护的崇高理想和博大胸襟，很有感染力，学生由此便能更好地感受诗人的思想魅力。

另外，诗歌所表现的思想内容，常常与作者际遇以及创作的时代背景有着密切关系。任何一首诗，作者要表达的意思都不是无病呻吟，也不是凭空而来，都是有感而发。因此必须了解作者生平和创作的时代背景，才能真正领会作品的思想内容及社会意义。

四、想象写作，创造美好形象

让学生发挥想象，对古诗词进行改写，用散文语言把诗词中所描写的东西改写成一篇优美的散文。通过将改写后的散文与原诗进行对照品读，学生就能突破狭窄的诗意空间，得到另一番美的享受、美的熏陶。

以上就是古诗教学培养学生"审美鉴赏与创造"核心素养之"四部曲"。虽说教无定法，但如果在诗歌教学时能有目的、分梯度、多形式地去诵读，让"读"贯穿整个课堂，能采用浅显易懂、富有文采又激情洋溢的教学语言去带领学生品味语言艺术；能创设情景，调动学生的生活体验，体验情感；能深入浅出、化繁为简地介绍背景，引导学生把

握诗歌意境，感受诗人的思想魅力；能引导学生展开丰富的联想与想象，把阅读与写作结合，去创造美好的文学形象，那诗歌课堂一定能重现生机，为学生所爱，这样的诗歌阅读与鉴赏对培养学生的"审美鉴赏与创造"核心素养也一定有非凡意义。

参考文献：

［1］徐子廷．讲究方法，深入研讨——初中语文古诗词鉴赏教学的探究［J］．中学课程辅导（教师通讯），2015（11）．

［2］黄碧琦．浅论核心素养背景下的初中语文古诗词鉴赏教学［J］．课程教育研究，2018（41）．

立德树人，点亮心灯

——浅谈语文核心素养下阅读有效路径的探索

罗青青

在现代教育新形势下，中国传统文化的传承越来越被重视，而这也是语文学科必须肩负的责任。在培养学生语文核心素养的前提下，阅读教学的有效路径探索势在必行。本文从德育和情感教育两个方面对阅读的有效路径进行探讨，谈谈如何通过在阅读过程中引导学生进入情境，激发学生的内在情感，树立正确的人生价值观，达到立德树人的目的。

语文核心素养就是指学生在接受语文教育的过程中形成的、能适应未来社会的最基本的情感、态度、价值观、审美情趣及文化底蕴。语文作为我们的母语学科，承载着传承民族文化的重任。核心素养从人的全面发展及适应社会需要出发，提倡全人发展理念。语文学科蕴含着浓厚的人文精神，是立德树人不可替代的教育实践载体。我们不仅要重视培养学生的语文基础知识和技能，更要关注学生的心灵世界和精神世界。阅读是语文知识输入的重要一环，如何使学生的阅读更高效、更有质量，是亟待解决的问题。

一、语文阅读教学中存在的问题

虽然如今的教育制度越来越完善，但大部分地区受应试教育影响，语文阅读教学仍带有很强的功利性。很多学生是为了考试而阅读，拼命地钻研各种阅读理解的解题方法和技巧，而忽略了阅读过程，更不用说获得审美体验了。另外，在现代信息技术社会，各种信息技术手段都被融入教学中，学生也越来越倾向于从网络渠道获取信息。于是，阅读这种最基本最传统的获取知识信息的手段被越来越多的人忽视甚至摒弃。在这种情况下，培养学生的阅读兴趣，促进阅读教学有效运行就显得十

分必要了。

二、在语文核心素养背景下，实现阅读教学中美育德育的有效途径

（一）在阅读中注重对学生思想价值观的引导，让学生在潜移默化中确立自己的人生价值取向

著名学者钱理群先生曾说："文学名作的阅读，就是一种发现与开掘，既是对作品所描述的已知、未知世界的发现与开掘，也是对自我潜在精神力量的发现与开掘。"初中生生活阅历少，认知水平低，难以自觉提高价值标准，他们正处于人生价值观的逐渐形成时期，这个时候如果能给予他们正确的价值引导，很有可能会改变他们未来的人生走向。很多文学作品中所塑造出来的人物形象具有非常强的艺术感染力，如果我们能在阅读教学中引导学生"附身"到这些人物的经历和事迹中，使学生感同身受，自然就会让他们受到激励和影响，自觉地确立正确积极的价值取向。同时，教师还可以结合历史、政治等方面的知识来进行引导。

比如《邓稼先》一文中的人物年代较为久远，学生在阅读的时候很难深刻地感受邓稼先为国奉献的初衷。这时候需要给学生补充一些相关年代的历史知识，让学生将当时的社会状态与人物行为联系起来去理解。这样，"两弹元勋"邓稼先那种鞠躬尽瘁、死而后已的爱国精神便深深地震撼了学生。学生也在这场阅读体验中感悟到了我们中华民族的精神内涵，树立了民族自豪感和自信心。先辈们的思想价值观不自觉地会带动学生去反思自己的人生价值观，从而达到利用阅读来提升读者思想高度的目的。

（二）关注道德品格的养成，在阅读中发掘文学作品的思想闪光点，发扬传统美德

古诗文展现了古人们的社会生活、思想情感和审美意趣，具有极为丰富的思想内涵，古诗文中蕴含着中华民族广为认同的道德观念，凝聚了长久颂扬的思想品格，渗透着传统经典的价值取向。因此，古诗文中

有先辈们积累下来的很多优秀思想，阅读这些古诗文，能更好地促进学生道德品格的养成。

比如《诫子书》一文，句句经典，寓意深刻，是中华民族千百年来教育子孙后代的名篇。"静以修身，俭以养德""非淡泊无以明志，非宁静无以致远"等名句成为家家户户的治家名言。在阅读这些诗句时，学生自然而然地就会有一种熟悉感。经过反复品读后，诸葛亮对儿子的谆谆教诲和殷切希望会促使学生去反思，会变成学生的内在驱动力。经常阅读这些古诗文，学生就会在自我的思考与反思过程当中不断提升自己的道德修养，慢慢形成一套自己的道德价值体系。通过对优秀的文学作品进行鉴赏，进而了解并继承我国优秀的传统文化。

古诗文阅读是阅读教学中重要的一环，且由于古诗文语言文字信息高度浓缩，阅读起来有一定的难度。但只要教师引导得当，古诗文中蕴含的家国情怀、社会关爱、人格修养等优秀品德能在不同程度上加深学生的人文底蕴，促使学生以更积极的姿态、更主动的责任担当参与到社会发展中。

（三）创设情境，启发学生的多元思维

以学生核心素养培养为目的去创设情境，是提高阅读教学效率最直接有效的办法。教师可以让学生通过角色扮演、音乐欣赏以及图片鉴赏等方式来达到创设情境的目的。在某种情境的导入下，学生能很快地融入文学作品所描写的场景中，身临其境地感受作者的情感。同时，创设情境还能激发学生的想象，用多元化的思维去解析文本，获得自己独特的审美感受。

比如《老山界》一文，在课堂导入后，教师可利用多媒体展示一些红军长征的图片，能使学生直观地感受红军长征的艰难。在学生被红军两万五千里长征这一伟大壮举和长征途中的革命乐观主义精神所震撼时，再让学生带着这份感受去阅读文本。这样，文中人物的语言、动作、神态就拼接成了一幅幅生动的画面浮现在学生的脑海中。学生的思维被激发，对文中描写的"火把"等重要事物所隐藏的含义也有了不同

的理解。"一千个读者，就有一千个哈姆雷特"，在情境的渲染下，在体验与感悟、欣赏与评价的过程当中，学生放飞思维，各抒己见，自学能力得到了提高，审美能力也得到了进一步的提升。

又如，在阅读名著《朝花夕拾》时，以《从百草园到三味书屋》为例。教师可以从学生的生活趣事入手，让学生回忆一下自己的童年往事，再回到文本中，对照鲁迅的童年。学生在这样的情境中阅读，会觉得被誉为"民族魂"的鲁迅的童年跟我们普通人的也没什么两样，自然而然地拉近了与作者的距离，消除了与经典之间的隔阂，达成了学习目标，学生的思维能力也得到了提升。

（四）在诵读中感受字里行间作者倾注的情感，接受心灵的洗礼

情感是文学作品的生命，领悟情感是审美体验的一个重要方面。教师可以凭借有感情的朗读引起学生的情感共鸣，从而达到审美教育的目的。

比如《秋天的怀念》一文，文中描写了一位母亲的犹豫与痛苦，也包含了所有的母亲对孩子最执着的爱。作者史铁生将对母亲的怀念与愧疚倾注在笔端，浓烈的情感流泻于字里行间。教师可以通过范读，让学生初步感知。特别是"我可活什么劲儿！""不，我不去""她出去了，就再也没有回来"等这些带有强烈感情色彩的句子，更要读出人物的情感。然后让学生自己练习朗读，在有感情的诵读中，学生的身心都被带入文本中，引起强烈的情感共鸣。很多学生可能会由史铁生的母亲联想到自己的母亲，因此而感动落泪，这是多么好的一次感恩教育啊！以情冶情、以情促知，学生的心灵接受了一次爱的洗礼，同时在诵读中达成情感教学目标。

初中语文教材所选课文题材大多源于学生熟悉的校园生活、家庭生活、社会生活，教师应充分调动学生的生活经验，使学生与作者产生情感共鸣，这样才更易于理解作者所表达的思想和情感，并且完成课文的情感教学目标，对学生进行情感的熏陶与感染。

、阅读教学在德育方面的意义

叶圣陶先生说："教是为了不教。"语文阅读在德育和情感陶冶方面的影响是"润物细无声"的。有效的阅读可以提升学生的审美能力，使学生能更好地感受文学作品中的情感，领悟其中的传统文化精神，完成文化传承的任务。在这样的阅读体验中，学生的价值观、道德品格逐渐形成，文化视野逐渐开阔，而这也正是核心素养中"培养什么样的人"的目的。立德树人，为学生点一盏心灯，使每一位阅读者成为文化传承的使者！

参考文献：

[1] 王少洁. 试论初中语文课堂教学中的名著阅读指导 [J]. 教育探索，2009（1）.

[2] 马春明. 核心素养观照下部编版初中古诗文教材的使用 [J]. 江苏第二师范学院学报，2019，35（5）：66－69.

[3] 过常宝. 古文素养培养研究 [M]. 北京：北京师范大学出版社，2013.

[4] 姜燕. 核心素养下初中语文情境教学研究 [J]. 课外语文，2021（3）：90－91.

三、解读文化密码——文化传承与理解

中华民族历史悠久，传统文化博大精深，这些优秀的传统文化化身为文化密码隐藏在阅读文本中，需要教师引导学生去体会、传承。从历史的角度来看，中华民族经历了长久的发展，是一个融合多种民族文化的统一体。在民族的动荡、融合中，优秀的、主流的文化逐渐积累下来，成为影响后世的精神文化。例如爱国主义精神、不屈不挠的民族精神、安贫乐道的乐观思想、忠勇信义的个人品德等。这些精神都蕴含在阅读文本中，在阅读教学中，教师可以着重分析和强调。

例如，在进行《论语》的教学时，在理解文本的基础上，教师可以按照文本的内容将其分为学习方法类、修养品德类。例如，学习"一箪食，一瓢饮，在陋巷，人不堪其忧，回也不改其乐"时，引导学生理解颜回的安贫乐道；学习"吾日三省吾身：为人谋而不忠乎？与朋友交而不信乎？传不习乎？"时，引导学生学习儒家的忠、信、勤奋。通过这样的方式，来增强学生对传统文化的理解，引起学生对《论语》中其他内容的探究心理，增强学生的阅读兴趣。在此基础上，教师还可以向学生推荐宣扬儒家思想的一些文章，如《鱼我所欲也》，让学生通过阅读这样的文章，进一步了解儒家思想，提升他们的学习积极性，这样也符合核心素养导向下因材施教的教学要求。

四、创新教学方法——审美鉴赏与创造

语文教师需要通过课堂教学对初中生进行审美鉴赏这一核心素养的培养，让他们在对优秀作品进行阅读鉴赏的过程中，深刻体验语言艺术的特色，也能在阅读教学中激发想象意识，更可以通过阅读鉴赏领悟人生哲理。所以，语文教师需要结合初中生的实际情况和教材内容设计有针对性的教学方案，让学生在对汉字之美进行感悟的基础上获得鉴赏能力，为学生全面发展提供教育支持。

以《背影》一课的教学为例，首先，语文教师要指导学生对文章进行阅读，在对字词知识进行梳理的基础上，分析段落结构。这样可以让

核心素养下中学语文阅读的有效性研究

韦佩如

阅读是语文教师需要做好的教学工作之一，需要通过阅读让学生积累丰富的素材，也应该通过阅读教学的开展引导学生树立正确的情感观念。因此，教师必须围绕核心素养下中学语文阅读教学的要求，重塑教学模式，不断提升阅读教学的有效性。

何为核心素养？核心素养指学生应具备的适应终身发展和社会发展需要的必备品格和关键能力，突出个人修养、社会关爱、家国情怀，更加注重自己发展、合作参与、创新实践。那么，初中语文教师如何在核心素养下有效地开展语文阅读呢？笔者认为，核心素养下的初中语文阅读，不仅要求学生能够通过阅读提升自身的文学素养，还要在阅读中提升阅读能力，培养积极的文学审美品位，形成一定的思维习惯和阅读习惯。笔者结合初中语文教学经验分析了影响语文阅读有效性的几个关键点，并提出了提升初中语文阅读教学效果的策略。

一、拓宽阅读内容——语言建构与运用

阅读本身便是一种情感上的交流，是作者与读者之间一种特殊形式的对话。学生若不具备良好的语言建构以及运用能力，便难以真正实现语文阅读质量的提升。教师应当在原有的基础上扩大学生的阅读量，并引导其在阅读的过程中开展对于好词好句的积累。学生能够在阅读的过程中逐渐摸索出其喜欢并适合自己的写作风格，进而在不断积累中学习，这样一来便能够在写作时灵活运用自己的积累、写作技巧以及自身的情感，创作出优质的文章。

内容有所了解，对作者的写作顺序和主要描写对象进行认□□于后续深度阅读教学的有效开展。其次，要指导学生在阅读基□上分析"作者运用哪些方式对父亲的背影进行描写，每次描写的过程中父亲的背影有着什么特色，通过哪些文字表达出作者的情感态度"这几个问题。这样可以让学生在阅读的基础上对相关内容进行思考，重点分析朱自清先生对父亲背影进行描写的过程，找出文中描写精彩的词语、句子、文段等，分析其表达效果，思考作者所要表达的情感态度。通过开展这样的课堂教学，语文教师可以让学生对汉字所具备的美进行鉴赏，同时能引导学生在欣赏和评价的过程中感受到不同语言的特色，在对文章情感进行分析的基础上，树立正确的价值认知和审美情趣。

以《白杨礼赞》这一课的教学过程为例，首先，教师可以让学生自己进行阅读，然后合作讨论完成课后习题。其次，教师再引导学生对文章大意进行梳理，清晰的思路是顺畅阅读的前提。然后，让学生找出文中描写白杨树外部形态的语段和直接赞美白杨树的语句进行品读，体会白杨树的外在美和精神美。最后，让学生重点阅读文中集中运用象征手法的文段，理解文章由树到人这种写法的好处，在对这些语言的阅读鉴赏过程中，学生便能自然而然地感受到北方抗日军民的朴质、坚强、团结向上的精神和意志，学生的家国情怀特别是爱国情感就会得到熏陶和培养。

综上所述，教师应将核心素养完全融入教学理念之中，在进行语文阅读教学时，要充分发挥学生的学习主动性。在教学时，要充分注意课堂的趣味性，提升学生的学习兴趣，培养学生的阅读能力，及时改变教学方式，从根本上对学生语文阅读范围进行扩大，进一步提高核心素养下初中语文阅读的有效性。

参考文献：

[1] 南纪稳. 学生核心素养、学科核心素养与教学改革 [J]. 当代教师教育，2019（4）：79 - 83.

有效培养学生思维品质的教学策略

——语文核心素养下中学语文阅读教学艺术

陈俊晓

阅读教学是培养学生思维品质的重要途径。在阅读教学中，教师可以通过巧妙设计课堂问题，引导学生在问题情境中不断发展思维能力，还可以通过创设问题情境，启发学生的思维活动，培养学生良好的思维品质，从而促进语文核心素养教学任务的有效落实。

语文核心素养包括语言建构与运用、思维发展与提升、审美鉴赏与创造、文化传承与理解四个核心要素。其中，思维发展与提升不仅是语文核心素养的要素之一，还是新课程标准提出的要求。

《义务教育语文课程标准（2011年版）》提出了有关思维培养的总目标，即"在发展语言能力的同时，发展思维能力、学习科学的思想方法，逐步养成实事求是、崇尚真知的科学态度"。而阅读教学作为语文教学的主阵地，是培养学生思维品质的重要途径。因此，在阅读教学过程中，教师要注重引导学生养成良好的阅读习惯，掌握科学的阅读方法，从而培养学生良好的思维品质。但是，在应试教育体制的影响下，当前的阅读教学往往忽视了学生在阅读过程中的探索、积累和体悟，更注重对学生应试技巧的训练，导致学生对文本感悟不深，对文本阅读探究能力不足，这种教学现状不利于学生思维品质的培养。基于这种现状，本文将从提升学生语文核心素养的角度出发，探究如何在语文阅读教学中有效培养学生的思维品质。

一、巧妙设计问题，发展学生的思维能力

弗莱雷曾提出："没有了对话，就没有了交流；没有了交流，也就

（一）利用现代信息技术创设情境，发展学生的形象思维

现代信息技术的发展为问题情境的设置提供了丰富的资源。借助生动形象的图片、视频、音频等辅助性多媒体媒介，可以将学生带入教学情境之中，激发学生的学习兴趣，发展学生的形象思维。

例如，在以往讲授《说和做——记闻一多先生言行片段》的过程中，笔者发现学生对闻一多先生作为诗人、学者的形象都是相对容易理解的，但由于学生阅读经验的匮乏，他们对闻一多先生作为革命斗士的形象难以理解。因此，笔者利用多媒体信息技术，课前搜索了《最后一次讲演》的视频片段并在课堂上播放。视频中，闻一多先生针对国民党反动派的种种反民主行为进行了激情澎湃的讲演，给学生创设了一种恰当的课文情境，仿佛将学生带到了那个时代，带入那种氛围里。学生通过欣赏视频，会被闻一多先生的情绪所感染，也更能深入体会闻一多先生作为民主革命斗士的形象，从而与文章产生共鸣。观赏视频之后，教师再给学生展示《最后一次讲演》的演讲词，让学生趁着情绪高涨之时声情并茂地朗读，大部分学生的情感在有效的情境中得到激发，都能够将闻一多先生控诉国民党反动派的那种愤慨之情读出来。此时，笔者趁热打铁地提问：闻一多先生作为革命斗士，具有怎样的精神品质？有些学生说"视死如归"，有些学生说"英勇无畏"，有些学生说"爱国"。可以说，现代多媒体信息技术为课内外衔接提供了很多便利，增强了课堂的视听效果，发展了学生的形象思维，也使得课堂学习效率大大提高。

（二）利用课本剧表演创设情境，发展学生的创造性思维

课本剧表演不仅可以活跃课堂气氛，还可以让学生在编写剧本和表演的过程中参与到情境的创造中来。在课堂教学过程中，教师可以结合阅读内容，让学生通过课本剧等来组织课堂表演活动。如此一来，不仅可以调动学生的主观能动性，培养学生的创造性思维，还能让学生在改编课文的同时提升语文核心素养。

例如，在教学《皇帝的新装》时，笔者引导学生对文本进行改编，

剧的形式在课堂上表演。表演按照故事情节的发展分情节就在表演过程中清晰地呈现出来，这为学生深刻理定了基础。同时，学生在写课本剧时，必然会深入体悟自所演的人物的内心世界，在表演过程中借助个性化的语言、动作和神态等来演绎自己对角色的理解。如此一来，就创设了一个情境，皇帝、骗子、大臣、百姓和小孩子的形象在学生表演过程中从书本中跳出来，给学生留下了深刻的印象。在角色的表演过程中，昏庸的朝政、阿谀奉承的社会风气也被展现得淋漓尽致。特别是在表现皇帝穿上新衣后的丑态时，扮演皇帝的学生故意臭美地扭扭腰肢，还做出了个三百六十度照全身镜的动作，极力彰显皇帝自欺欺人的丑态，而扮演大臣的学生则如视珍宝般地捧着国王裙摆，扮演百姓的学生则面露夸张的惊叹的神情，发出赞美的声音，他们阿谀奉承的嘴脸就这样活灵活现地展现在师生面前。整个表演，无论是背景音乐的选择，还是角色的表演语言、动作和神态等设计都体现出编剧对文本的深度把握。表演结束之后，教师趁热打铁抛出一个问题：请同学们结合皇帝、骗子和大臣的性格特点以及当时的社会环境，想想游行结束回到皇宫之后，会发生什么事情？经过前面的表演以及观演，学生对文章内容、人物形象和主题已经有了一定的把握。所以在回答这个问题时，学生能够更加有的放矢地结合当时的社会环境特点思考并分享自己的见解。在交流的过程中，学生会碰撞出思想的火花，深化对当时时代背景的认识。

三、结语

总而言之，在新课程标准与重视语文核心素养的教学背景下，在语文阅读教学中巧妙设计问题、创设问题情境，既符合语文新课程标准的理念，又有利于培养学生良好的思维品质。因此，教师在教学实践中，要依据文本和学生的实际情况，挖掘文本，巧妙设计问题，创设问题情境，让学生在合作探究的过程中提升自身的语文核心素养。

参考文献：

［1］曾毅，张树苗，郭利婷．指向语文核心素养的阅读教学问题设计研究［J］．中小学教师培训，2019（12）：46－50．

［2］中华人民共和国教育部．义务教育语文课程标准（2011年版）［S］．北京：北京师范大学出版社，2012．

［3］［美］丹东尼奥等．课堂提问的艺术：发展教师的有效提问技能［M］．宋玲，译．北京：中国轻工业出版社，2006．

［4］余党绪．整本书阅读教学中的母题、议题、问题——思辨需要方向、框架与抓手［J］．语文学习，2018（9）：3．

［5］李祖鸿．主问题设计法让语文教学有效有序——核心素养视野下的高中语文探究性阅读教学艺术［J］．名师在线，2019（23）：28－29．

［6］闫文琼．基于语文核心素养的初中阅读教学问题情境设计研究［D］．漳州：闽南师范大学，2019．

阅读"趣"谈

——核心素养下中学语文阅读有效性研究心得

郑碧娟

　　阅读是中学生的必修课，新课标指出，学生要学会制订自己的阅读计划，广泛阅读各种类型的读物，课外阅读总量不少于 260 万字，每学年阅读两三部名著。而如何做到有效阅读，这是摆在教师们面前的一个难题。目前的阅读教学，出现了两种极端情况：一是学生苦于完成任务，被动阅读，阅读中没有积极参与，效果不佳；二是教师更多地把精力放在应试式教学上，不注重自我提升，不在乎学生是否读了，不在乎效果如何，仅以考试成绩论英雄。笔者认为，解决问题的关键是要激发学生的阅读兴趣，兴趣是最好的老师。在教学实践中，如何去激发学生的阅读兴趣呢？下面，笔者就结合教学实践谈几点切身体会。

　　第一，教师要有趣。笔者发现，真正有趣的语文教师往往是读书的爱好者，比较看淡功利。教师如能"手不释卷"，才会"腹有诗书"，如此，方能"无声胜有声"地激发学生的阅读兴趣。也有一部分教师为了所教学科成绩"一枝独秀"，会采取一些不科学的教学手段，例如习惯性拖堂、任意占用学生自习时间，甚至不惜放低姿态毫无原则迎合学生等。其实赢得学生尊重和关注的最简单的方法就是让学生知道你"肚子里有货"，潜移默化下他们对阅读也会心生向往。汤勇老师在他的《致教育》中说："教育最可怕的是：一群不读书的教师在拼命教书，一群不读书的父母在拼命育儿。"他的话一语中的！在应试教育和功利教育的戕害下，不少教师远离阅读，眼中只有分数、只有成绩，且更辛勤甚至更卖命地工作。试想，不阅读的教师何来教育智慧呢？他们上课也就只能依葫芦画瓢，照本宣科，简单灌输生硬的知识，这样只会把本

来聪明的学生教得呆板，甚至失去阅读的兴趣！

笔者始终认为，一位语文教师，如果能把一个对阅读不感兴趣的学生影响到"嗜书如命"，那就是一位了不起的教师。当一个学生能化被动为主动地去阅读的时候，他读书的效果就事半功倍了。因此，在阅读上教师应成为学生表率，"正人要先正己"，这无疑是一种无声的引领，会影响学生的一生。

在我校语文学科组中，有一位李老师，她教学认真敬业，课余看过不少的经典著作，阅读是她的爱好。她每次上公开课都能广受好评，这离不开她浓厚的阅读积淀。并且，她善于用优美的语言去感染学生，也偶尔会立足文本主题，动情地自创小诗去影响学生，学生由衷地佩服她，也深深地喜欢上她的课，她也就能因势利导地培养学生的阅读习惯。在她的熏陶下，有学生逐渐自发地喜欢上阅读和写作，课余时间可以常见到他们师生之间因有阅读方面的共同话题交谈甚欢。如此一来，学生阅读的进步也不在话下了。据李老师说，不时会有学生毕业后还送好书给她阅读，继续他们的"文学之谊"。或许，他们班考试成绩不是最好的，但她对学生的影响是最深远的。在这个喧嚣浮躁的社会，传统文化教育想要良性发展，还需多一些这样能静下心来阅读的教师。我也想对一些教师说：不要千方百计占用学生自习时间强迫他们做题、死记硬背，还是给他们留点时间，让他们去享受一下阅读的快乐吧，让教育成果水到渠成，让"立德树人"不只是口号！

有这样一位充满正能量的同事在身边，笔者未敢懈怠，也常鞭策自己多看书，看好书，力争做一个"有趣"的人。看的书越多，见识越广，遇到教育教学上的问题，处理起来也更得心应手。举个例子，前年笔者教初三毕业班，有一位看管夜修的教师很生气地没收了一位"临界生"（有希望考上本校高中部的学生）的《三体》小说，并交给笔者去处理。在分秒必争的九年级，学生的行为似乎是不妥，但笔者并不生气，因为笔者觉得引导学生去正确阅读的契机来了。这位学生数理化成绩较好，语文却较弱，但他也是爱看书的，且《三体》恰是笔者不久前阅读过的一本真正的好书。于是笔者就私下找他谈心，我们先从《三体》内容聊起，没想到平时不善言辞的他，聊起《三体》竟头头是道，笔者也谈了对此书的见解，并不失时机适时地赞扬了他，他好像遇到知心朋友一样，兴奋之情溢于言表，并主动承认错误，承诺以后会合理安排时间进行课外阅读。此后，他上语文课就好像换了一个人似的，积极回答问题，以前要逼着他去背的古文也不用教师操心了。更惊喜的还在后头，中考一模后，平时语文只能考七十多分的他，竟然考了八十九分。发下答题卡后，他得意地把作文拿给笔者看，他得了三十六分，真让人刮目相看！再看文章形式，他竟然是仿照《三体》中的"黑暗森林"构思来写的，他的作文确实让人耳目一新，内容也比较深刻。他的作文进步了，他的阅读岂能不进步？阅读与写作，本来就是相辅相成的。

第二，课堂要有趣。有趣的教师，他的课堂也不会无聊到哪里去。教无定法，课堂质量是衡量标准；有效教学，学生的核心素养是衡量标准。喜欢阅读的教师，胸中自有星辰大海，他的教学不会有固定的模式。所谓"好看的皮囊千篇一律，有趣的灵魂万里挑一"，课堂也一样，最有趣有效的课堂往往不是带着功利目的"磨"出来的，而是有个性有灵魂的教师日常积累的自然展现。这样的教师，也必能见机行事、水到渠成地引导学生去阅读、去探究问题。例如，人教版七年级上册语文教材中有篇课文《王几何》，这位"王几何"老师，真名王玉琳，就是一个幽默风趣有灵魂之人，无论是他教过的学生，还是学习过这篇课文的师生，对他的印象都非常深刻。当然，我们不能否定"磨"出来的精彩课堂也有一定效果，但学生最需要的是像王几何的课堂一样自然而然又"细水长流"式的有效课堂。

另外，有趣的反面是无趣。受应试教育的影响，目前名著阅读教学的大部分教学活动是以提取名著本身的知识点为主，识记成为主流，有意无意地忽略对学生阅读过程的指导，导致学生阅读能力培养落空。可以说，当前大部分的名著阅读教学正与阅读背道而驰。

例如，本校的一位张老师教读名著重在引导、激趣。他授课前已对有关名著情节烂熟于心，课堂上他就能做到蜻蜓点水式地激发学生自主

欣赏经典情节，让学生当堂记住知识要点，且印象深刻，这样的名著阅读课堂就很高效；他也能"曲径通幽"般恰到好处地引导学生去探索作品主题，让学生既读懂文本主题，又能联系社会现实从不同角度去理解，从而形成自己的观点，培养了学生独立思考能力。有一次，张老师讲授《鲁提辖拳打镇关西》一课，其中有一段精彩的打斗描写，他让几个学生上台现场演绎"拳打镇关西"，表演学生在他的微微点拨下便"演技"惊人，让观者过瘾。他也不急于点评，而是让其他学生点评其演技，进而分析人物形象。最后，他令人信服地表扬了几位同学的出色表演和其余同学的积极而又精彩的点评，水到渠成地对本课重点做了总结，听课的师生都意犹未尽，印象深刻。这样，学生学得轻松，全班参与互动，效果比死记硬背要好得多。要知道，因"高分需要"，有不少教师在进行名著教学时，是直接让学生背诵人物形象、艺术特色、主题思想，这无异于扼杀学生阅读名著的兴趣！

第三，欣赏激趣。固然，有趣的教师会有精彩的课堂，但课堂绝不是让教师单方面"口若悬河"尽情展示自己才华的舞台，好的教师不是自己在表演。聪明的教师会为学生搭建展示的舞台，尽量把时间留给学生，用心倾听学生的发言，关注学生的思维动态，及时发现学生的创造性思维，及时点燃那些思维的火花，这样就会大大地激励学生的学习热情。

例如，有的教师把试卷讲评课变成对学生的批评课，一味地责怪学生，甚至冷嘲热讽，导致学生情绪紧张，思维迟缓，进而厌烦试卷讲评课。其实，学生答错了题，也反映出教师的教学问题。教师要从教的角度分析，如果是自己的责任就要主动承担，对取得进步的后进同学，要在讲评时给予适当表扬，这样可以鼓舞士气，提高其学习的积极性和主动性，并能激发其潜力的挖掘和能力的发挥。另外，试卷中的阅读文本都是有情怀、有温度、与时俱进的，在讲评试卷时不能按部就班地讲答题"套路"，认"死理"，虽然答题格式很重要，但过于注重格式学生就会厌烦，也会抑制学生思维的活力。教师不妨向外拓展，联系自身、联系社会来谈一下对文章的看法、感悟。再结合学生答题卡上的开放题答题情况来看，部分学生不拘一格的妙语也会让教师拍案叫绝！这就要求教师阅卷不能太死板，要抱持开放的姿态，好好把握"不离文本，言之有理即可"的要求，且在评讲试卷时要善于发现学生的精彩，课堂上要不吝啬表扬。如此一来，无论是受表扬还是没受表扬的学生都会有所启发且得到鼓励，会期待下一场考试的到来！还有，现在中考阅读已经不像过去那么"八股"，而变得更加灵活，题型有了较大变化，对学生答题的综合能力要求也越来越高，学生除了答题要"熟能生巧"之外，更要提升自身的核心素养，不能成为答题的机器。在这样的形势下，更需要教师有一双慧眼去发现学生答题的精彩，并及时表扬，那定会给学生带来阅读上的动力。

第四，课余觅趣。如果师者有阅读之趣，学生又受其影响，那么教师课余就可以多关注学生的阅读热点，知道学生在读什么，就能比较容易地走进学生的心灵与生活世界，与学生打成一片，从而能比较容易地对学生进行阅读引导。另外，师生也易找到共同话题。笔者还记得，原来班级里有几位喜欢阅读的学生，有一次笔者上课援引了《红楼梦》的内容，她们看过原著，所以比较兴奋，争着回答问题，特别是下课后，她们也要利用课间十分钟的时间跟我探讨《红楼梦》。最后，班上其他同学在她们的带动下也爱上了阅读。就连那本"难啃"的《儒林外史》，学生们也由"死活读不下去"变得越读越有味道。笔者教过的两位学生现在上了高一，有时还会找时间跟笔者聊聊他们阅读过、喜欢的作品。笔者发现他们的文史知识丰富了好多，视野也开阔了，分析问题更全面，针砭时弊也犀利，笔者由衷地替他们感到高兴！同时，也会感慨：长江后浪推前浪！笔者也要挤时间多阅读了，要不以后"隔代"的我们可能会"无话可说"。古语云："教学相长。"说得真好！

总之，教师本身爱阅读、很有趣，学生自然会耳濡目染对阅读产生兴趣，阅读效果自然不会差。教师课堂善激趣，学生在课堂上就会少打瞌睡，学习有持续动力；课外阅读有"后继"，师生感情能持续，师生一起受益终身。

参考文献：

［1］中华人民共和国教育部．义务教育语文课程标准（2011 年版）［S］．北京：北京师范大学出版社，2012.

［2］汤勇．致教育［M］．武汉：长江文艺出版社，2017.

语文核心素养下如何提升中学生语文阅读的
有效性研究

郑兴国

语文核心素养包括四个方面：语言建构与运用、思维发展与提升、审美鉴赏与创造、文化传承与理解。提高初中学生的语文核心素养成为社会关注、教师研究、学生发展的关键。从教十几年，笔者经过长期的实践、跟踪、总结，发现大部分语文核心素养好的学生，一般从小在家中就得到了阅读习惯的培养，他们都获得过阅读技法的指导培养，家长、教师也都很注重培养孩子阅读古今中外名著的习惯，让他们从小就受到了优秀文化的影响、熏陶，在这个过程中学生不知不觉地陶冶了情操，培养了优秀的品质。

众所周知，阅读是培养学生感受知识、理解生活、完善思维的重要途径。阅读能力是培养学生提升语文核心素养的一个重要方面。如何提升学生的阅读能力，培养学生的语文核心素养，加强学生语文阅读的有效性探索，是笔者近几年一直在做的工作，经过不辍耕耘和不断总结，笔者认为要通过阅读来提升学生的语文核心素养，必须要注意以下几个方面：

首先，要制订好阅读计划，一个好的阅读计划是学生开展有效性阅读的前提。

我们在指导学生阅读的过程中，要避免盲人摸象的情况出现，教师必须根据学生的学情、年龄特点、生活习惯以及学校的具体情况等，为学生制订一个行之有效的阅读计划。古语云：不谋全局者不足谋一域。所以教师在为学生制订阅读计划的时候，就要注重整体，注重学生长远的规划，要为学生的终身发展奠基，为其终身成长引路。为此，笔者所

在的普宁市第二中学在 2017 年初就制定了《普宁市第二中学初中部"悦读"活动安排》。学校希望通过本次活动扩大学生的知识面，增长学生的见识；培养学生健全的人格，提高学生的修养，培养学生良好的阅读习惯；落实"阅读生活化，学习终身化"的教育理念；丰富学生的第二课堂活动，锻炼学生的能力。为了达到以上目的，学校对七、八年级学生的阅读生活做了以下安排：

1. 阅读内容安排方面（见表 1）

表 1　普宁市第二中学初中部"悦读"活动安排 1

年级		必读书目	选读书目
七年级	上学期	《鲁滨孙漂流记》 《西游记》《朝花夕拾》	《弟子规》《城南旧事》《湘行散记》《猎人笔记》
	下学期	《骆驼祥子》 《格列佛游记》《假如给我三天光明》	《千字文》《创业史》《红岩》《基地》《哈利·波特与死亡圣器》
八年级	上学期	《朝花夕拾》《骆驼祥子》《钢铁是怎样炼成的》	唐诗，《雾都孤儿》《漂亮老师和坏小子》《契诃夫小说选》
	下学期	《威尼斯商人》《水浒传》《西游记》	宋词，《马克·吐温短篇小说选》《中华上下五千年》《做一个快乐的少年人》《魔法师的帽子》
备注			

2. 阅读时间安排方面（见表 2）

表 2　普宁市第二中学初中部"悦读"活动安排 2

年级		必读时间	课余时间
七年级	上学期	每周三、周五第五节课学习经典；每周五第八节课读必读名著	利用周末及寒假
	下学期	同上	利用周末及暑假

（续上表）

年级		必读时间	课余时间
八年级	上学期	每周一、周二第五节课学习唐诗宋词； 每周二第九节课读必读名著	利用周末及寒假
	下学期	同上	利用周末及暑假

其次，教师要传授好的阅读方法，好的方法是学生有效性阅读的基础。

常有家长向笔者反映：我给孩子买了许多书，他也都喜欢看，可怎么就没觉得他各方面能力提高了呢？笔者认为问题大多是由于学生的阅读方法不对。因此，教师应教给学生阅读的方法，让他们不仅爱读书，而且会读书，从书中汲取所需的营养，提升自己的语文核心素养。欧阳修曾言："任其事必图其效；欲责其效，必尽其方。"欧阳修告诉我们，不论做什么，好的方法有利于成事。要想提升学生阅读的有效性，教师就必须给予学生方法上的指导，让学生拿到作品后知道该怎样入手，怎样阅读。常见的阅读方法有：

（1）精准阅读，即精读。它指的是阅读时，学生逐字逐句地认真阅读，理解每字每句乃至全篇之意。初中阶段要求精读的文章或文段，主要是指语言优美，哲理深刻，描写精彩的文章或文段，当然也包括一些名家名篇，学生通过精读去感悟语言之美，理解生活之韵。比如对于《白杨礼赞》一文，学生阅读的重点应是本文优美的语言和借物喻人的哲理，学生在阅读时要先理解文章的字面意思，再体会字里行间的寓意，在读、思、议中知其志，抒其情，明其法。

（2）快速阅读，即略读或速读。在平时的学习和考试中，我们要注重培养学生对信息的筛选能力。如果学生每篇文章都字斟句酌地阅读，则很难适应时代的要求及考试的节奏。因此，教师应指导学生根据自身所需，对那些较浅显直白的内容进行选择性的速读，阅读时知其意、悟其神就可以，没有必要一字一句地琢磨。

（3）写读书笔记。教师要指导学生写读书笔记，对文章中那些富有教育意义的警句格言、精彩生动的词句、段落，可以摘录下来，抄在自己的摘抄本上，为以后的语言运用准备素材。这对学生的作文写作有重要的指导作用。

（4）诵读，也叫朗读。这是一个将无声的文字转化为有声语言的过程。学生在阅读时，对那些语言优美，节奏明快，读起来琅琅上口的文章或文段印象深刻。对这种文章可以要求学生声情并茂地朗读，这样有利于学生理解、体验和记忆，便于培养他们的语感。《三国志·董遇传》中说："读书百遍，其义自见。"《唐诗三百首序》也这样写道："熟读唐诗三百首，不会作诗也会吟。"这些都强调了诵读经典文段的重要性。

最后，教师要督促学生执行好阅读计划，运用好阅读方法，做好检测。

俗话说，无规矩不成方圆。好的方法需要好的执行才会产生好的效果。教师要利用学校的课堂，利用好家长的愿景，利用好学生的兴趣，利用好学生间的良性竞争。比如，学生阅读中考必考名著时，教师通过作业检查，让学生制作思维导图，让学生熟悉名著的结构，从总体上把握名著的基本内容和艺术特色。对于经典的篇章，教师可以要求学生写读后感，摘抄文章里的经典句子，理解里面的微言大义和深刻哲理。同时，学校制订好总体规划，通过名著竞赛、单元考和月考等来督促学生执行阅读计划，检测学生的阅读效果。教师对学生的阅读要做好总结反馈，看学生阅读的效果怎样。

教师要继续推行有效提升学生阅读能力的方法和方式。比如，教师在教学过程中发现思维导图在帮助学生总体把握名著内容方面有很大的提升作用，对于学生的整体思维布局有重要的影响，所以我们就继续积极推行利用思维导图来把握名著的总体内容的方法。

新课标提出："阅读是学生的个性化行为，应引导学生钻研文本，在主动积极的思维和情感活动中，加深理解和体验，有所感悟和思考，受到情感熏陶，获得思想启迪，享受审美乐趣。要珍视学生独特的感受、体验和理解。不应完全以教师的分析来代替学生的阅读实践，也要例如，教师在平时开展阅读教学的过程中可以要求学生准备一个好词好句积累本，在阅读到优秀句子时可以第一时间将其誊写到积累本上，这样学生便可以在平时翻阅积累本时，更好地巩固好词好句在其脑海中的印象，并逐渐形成自己的理解，进而举一反三，建构起自身独特的语言储备，实现其核心素养的加强。另外，教师也可以将语言素材积累布置成作业，内容可以是名言警句、好文章等。每一次可以围绕一个主题去积累，比如以"亲情"或"友谊"为主题的名言警句或诗歌、文章等，这样既丰富了学生的语言建构，又提升了他们对内容的筛选鉴别能力。

二、培养阅读习惯——思维发展与提升

中学生正处于好动的年纪，缺乏阅读的耐心、兴趣和习惯，教师可以在班级建立阅读角，学生可以和其他人分享自己的阅读见解和心得。课外阅读有利于学生语文水平的提高，是语文学习中重要的活动内容，倘若没有课外阅读，不论课内的阅读多么有效率，都不会有非常显著的效果。要想使学生形成较强的阅读能力，只能通过大量、有计划的阅读训练和多样的阅读方式。

例如，教师在开展《木兰诗》一课的教学时便应当让学生在了解文章生词生字以及具体内容之后深入探索其内涵，明确诗句中体现的时代背景，并分析其中所蕴含的思想感情。基于此，教师可以组织学生观看花木兰的相关影视资料，更深层次地认识其身上的美德与品质。除此以外，在影片观看结束后，组织学生进行课下资料收集，查询与花木兰有关的文献与具体内容，培养学生的阅读整合能力。在课堂教学中，由学生对资料进行分析，可以适当进行扩展，查查中国历史中有哪些真实存在的女将军。通过反复的资料探索，使学生养成良好的阅读习惯，在进行一篇文章阅读时，对文章进行拓展，强化学生的阅读深度，此举对于学生思维深刻性、灵活性以及敏捷性的提升有着重要意义。

防止用集体讨论代替个人阅读，或远离文本进行过度发挥。"总之，教师要尊重学生的个性，尊重学生的个体差异，不断激发学生阅读的兴趣，激发学生创造潜能，让学生能在一个轻松、活跃、自主的环境中健康地阅读、成长，只有这样，才会事半功倍，激起学生的主观能动性，切实地提高学生阅读的有效性。

参考文献：

[1] 中华人民共和国教育部. 义务教育语文课程标准（2011 年版）[S]. 北京：北京师范大学出版社，2012.

[2] 曾毅，张树苗，郭利婷. 指向语文核心素养的阅读教学问题设计研究 [J]. 中小学教师培训，2019（12）：46 – 50.

[3] 姚军秀. 语文有效阅读教学的课堂实践——建构式学习单的制作与使用 [J]. 教育教学论坛，2014（8）：230 – 231.

巧设任务，提高学生阅读理解能力

蔡树斌

语文是一门以素质培养为目标的基础学科，核心素养的引入，不仅有利于提升学生素质，更有利于推动语文教学的发展。教师应以培养学生的语文核心素养为指导原则，在语文教学中丰富阅读指导形式，通过巧设任务的阅读教学活动，有效激发学生的阅读能动性，促使学生养成良好的阅读习惯，从而实现提高学生阅读理解能力的教学目的。

新课程改革对语文教学提出了更高的要求，培养学生阅读理解能力是语文教学中的关键一环，它对于培养学生的核心素养同样具有重要作用。学生带着任务进行阅读，具有强烈的目的性，由被动阅读转为主动阅读，有利于提高阅读技能。

因为学生在阅读中以明确的任务为导向，便能懂得发现问题，主动筛选信息，积极获取解决问题的答案，其思维能力得到的训练肯定比不假思索的灌输要强得多。培养学生阅读理解能力就是在锻炼思维能力，并运用思维能力解决实际问题，完成任务的目的性越强，思维训练的有效性也越强，其阅读理解能力便由此得到有效的提高。

在语文教学实践中，笔者一直在探索如何以巧设任务的阅读指导方式，有效提高学生的阅读理解能力。根据多年的教学经验，提出以下几点看法：

一、以思想情感教育为目标，巧设阅读任务

语文教学十分重视提高学生的品德修养和审美情趣，因而，可以以此为目标，巧设任务，使学生带着任务深化对文章的阅读理解。"夫缀

文者情动而辞发，观文者披文以入情，沿波讨源，虽幽必显。"学生所阅读的文章中一定饱含着作者的某种思想情感，我们应根据实际情况，循序渐进，设计好任务，使学生在一步一步完成任务的过程中正确、深入地理解文章，从而达到提高阅读理解能力的目的。

在教学中，笔者注重根据教材单元的专题开展这种阅读理解指导活动，这些文章运用生动的语言，或表达作者的思想感情，或反映高尚的道德情操。指导学生阅读课文，就要从课文的字、词、句入手，启发学生品味作者是如何巧妙地遣词造句的，通过这一手段，让学生感知课文的具体情节，由浅而深进行品析，从而领悟其情感思想。例如，在引导学生阅读理解《秋天的怀念》这篇散文时，笔者设计了以下几个任务：

任务一：认真阅读文章，从文中勾画出细致入微地传达了母亲心理的词语，并加以揣摩。

任务二：细品文中语句"黄色的花淡雅，白色的花高洁，紫色的花热烈而深沉……我懂得母亲没有说完的话。"朗读最后一段，然后分组讨论：母亲告诉我该怎样"好好活"？

任务三：再品读课文，独立思考：在那个树叶飘落的季节里，母亲离我远去了，我怀念她为我付出的艰辛，为我承受的苦痛和她给予我的爱。此外，母亲还给予我更为宝贵的东西，那是什么？

任务四：请你用一句话或一段话来评价自己的母亲。

学生通过完成任务，先从对词语到语段的品析入手，再到整篇文章的理解，最后联系实际生活进行拓展，层层深入阅读理解文章，从而更好地体会母爱的厚重与宽容以及作者对于母亲的怀念与歉疚之情，从中感悟母爱的伟大和亲情的可贵。

二、以写作训练为目标，巧设阅读任务

"问渠那得清如许，为有源头活水来。"学生进行写作训练的过程中，如何获取创作灵感？除了耳闻目见之外，更多的是通过阅读来间接地汲取他人的智慧，积累他人的文辞，学习他们的构思方法，感悟他人的思想感情，点燃自己的写作激情。"诗圣"杜甫云："读书破万卷，

下笔如有神。"这很好地阐释了语文教学中阅读指导与写作指导相辅相成的关系。因此，以写作训练为目标，设计好任务，同样能使学生在训练的过程中既完成作文训练，又有效提高阅读理解能力，一举两得。

例如，在朱自清散文《背影》的阅读教学中，笔者结合写作训练，设计了"从写作角度读《背影》"的授课思路，主要通过要求学生完成这几项任务进行阅读理解：①品读文章，小组合作讨论其取材上有什么特点。请以此为标准，从"亲情"或"友情"的范围内为本次作文训练筛选一个材料。②细读第六自然段"望父买橘"这一情节内容，分析其描写手法，小组讨论作者运用这种描写手法的原因，并联系你所筛选材料，确定本次作文中运用这种描写方法的情节。③再读文章，分析其结构特点，并借鉴这样的结构形式，安排好你本次的作文结构，分清详略。④品读课文开头结尾段，分析其方法，并以此为例，构思本次作文的开头结尾段。最后，在学生感悟文章的中心主旨之后，完成本次的作文训练。

这样，在进行阅读指导的教学过程中，紧密结合写作训练，读与写并进。学生在逐项完成任务时，既逐步完成了作文的构思，又深化了对《背影》这篇文章的理解，有效提高了阅读理解能力。

三、以主题活动为目标，巧设阅读任务

在阅读指导的教学中，我们一定要注意创新教学的形式，使学生对阅读产生浓厚的兴趣。这样才能使学生养成良好的阅读习惯，掌握一定的高效阅读方法和技巧。笔者在教学实践中发现，以开展语文主题活动为抓手，进行开放式、多元化的阅读理解训练，使学生围绕某一个主题展开阅读，将一些同主题的文章放在一起进行探究，可方便学生理解，增强认识。这不仅能让学生感受到新意，激发其阅读的热情，让学生的语文核心素养得到培养，更能有效提高其阅读理解能力。

主题活动的设计应灵活多样，根据实际情况而定，要不拘一格。例如，我国传统的节日有丰富的文化内涵，笔者以此为契机，确定主题活动，布置学生的阅读任务。在中秋节来临之际，笔者会开展"月到中秋

分外明"主题朗诵会，通过设置任务，要求学生对课内外、古今中外的诗文进行阅读筛选，感悟中秋之月的独特情感思想，特别是其蕴含的丰富中华传统文化，学生细品其语言之美、意境之美，进而感悟其情思之深，领悟其立意之切。在充分品读理解之后，再参加诵读活动。

丰富多彩的语文主题学习活动既使学生把学习语言与体验生活完美地结合起来，培养其核心素养，又有效地提高了学生的阅读理解能力。

总而言之，我们应以培养学生的语文核心素养为指导原则，在语文教学中丰富阅读指导形式，通过巧设任务的阅读教学活动，有效激发学生的阅读能动性，促使学生养成良好的阅读习惯，从而实现提高学生阅读理解能力的教学目的。

参考文献：

[1] 李艺. 情感教育在初中语文课堂教学中的应用 [J]. 新课程（中学版），2017（7）：233.

语文核心素养下初中文言文阅读教学
有效性策略的探究

余庆锐

文言文阅读教学有利于落实语文核心素养中对语言、思维、审美和文化四大方面的要求，是发展语文学科核心素养的重要途径。为了实现文言文阅读教学的有效性，教师需要发挥学生的主体性，加强诵读，注重语言基础，并且要有效设问，深入品析鉴赏，还要有意识地引导学生继承、发展中华文化。

核心素养是现如今教育研究的重点和热点。2014 年，教育部正式颁布《关于全面深化课程改革落实立德树人根本任务的意见》，提出研究制定学生发展核心素养体系。核心素养，指的是学生应具备的适应终身发展和社会发展需要的必备品格和关键能力。语文是学科教育中的基础和重点，其工具性和人文性、综合性和实践性相统一的特点使得其在一个人的学习生涯中起着举足轻重的作用。另外，语文还是维系华夏民族文化认同的纽带，是民族之根。母语学习是国家教育中不可或缺的环节。因此，加强语文核心素养的培养对个人的学习和国家的发展有着十分重要的意义。在广东省中考全面取消考试大纲，依据课程标准命题的今天，探讨核心素养下语文教学的有效策略有其必要性。

顾之川认为，核心素养在不同人生阶段中的着重点有所不同，小学、初中、高中等不同教育阶段，对核心素养的培养存在不同的敏感性。的确，事物是发展的，不同阶段有其各自的特殊性，因此语文核心素养在不同学段有各自具体的标准。初、高中语文课程标准对语文核心素养的表达不尽相同，但其主要都是围绕四个方面去阐述，即语言、思维、审美和文化。只是初中语文课程标准对语言运用的表达更加丰富和详尽，这表明了初中阶段对学生基础语言文字运用能力和良好语文学习习惯养成的重视。综上所述，初中语文的有效教学需要紧紧围绕语言、思维、审美和文化四大方面，尤其要重视语言的建构和运用，为学生将来更高阶段的学习打下坚实基础。

一、文言文阅读是发展语文核心素养的重要途径

语文教育培养学生听、说、读、写四大能力。其中，阅读是语文教学的主要形式和重要阵地，也是测评与考试中最重要的组成部分。阅读是教师、学生、文本和教材编者四位一体的教学活动，在开阔学生视野、丰富学生精神世界、提高学生语文素养方面有着不可替代的作用。

文言文是初中语文教材的重要组成部分，它是祖先留给我们的一笔宝贵财富。入选教材的文言文经过时代的淘洗，历久弥新，更是文言文中的精品之作。作为中华文化的载体之一，文言文凝练精简的语言中浸润着传统文化与民族精神，记录着中华民族的悠久历史，凝聚着中华人民的点滴智慧。文言文在学生语文学习的过程中有着关键的作用，它是发展语文核心素养的重要途径。

（一）语言

文言文语言凝练，音韵和谐，结构规整，手法多样，题材广泛，而且古今汉语一脉相承，其中一些典故、成语、名句等更是流传至今，所以文言文阅读能够丰富学生的语言积累，在不同情境下让学生品味汉语的美，培养学生对语言的感受力。学生在文言文的学习过程中，通过对字词的积累、句子的翻译与感悟、文章表现手法、表达方式的掌握，可以逐步了解祖国语言文字知识，形成个体语言经验。另外，教师还可对文言文的学习进行深化和迁移，将古文阅读习得的知识和方法渗透到现代汉语教学中去。例如蒲松龄的《狼》，篇幅短小但情节跌宕起伏，细节描写生动，在学习完后即可让学生将文章改编成现代文，这就完成了语言的迁移与运用。因此，文言文学习不只是出于应试和传承文化，它在提升学生语言能力、表达能力等方面都大有裨益。

（二）思维

语言是思维的工具，语文既是学习语言文字的课程，也是锤炼思维的课程。初中阶段的文言文取材广泛，或写景状物，或抒情言志，或写人叙事，不一而足。其中不少文章展示着作者对自然的描摹以及对人生的思考，蕴含着深刻的哲理和思想。通过对这些文言文的学习，不仅可以促进语言的积累和运用，还可以发展学生的思维。比如在学习《记承天寺夜游》时，在了解大意的基础上，教师可以引导学生，让学生通过联想和想象等，对"庭下如积水空明，水中藻、荇交横，盖竹柏影也"一句进行深入的感悟和理解，领会写景之妙，从而锻炼学生的形象思维；学习《核舟记》《鱼我所欲也》时，可让学生理清文章的说明顺序、议论思路，这有利于锻炼逻辑思维；再如，学习《陋室铭》《爱莲说》时，可让学生结合实际来谈谈自己对陋室、莲花所象征的人物品格的理解。所以，文言文学习的功用不仅在于语言文字的积累，还在于思维的纵深发展。学生在学习的过程中不断思考，从而学会更完整地思考问题、感悟人生。

（三）审美

发展核心素养，要求在语文的学习过程中提高学生的道德修养和审美情趣。入选教材的文言文作品是在时代的浪潮中经过重重考验的精品之作，其在形式、内容等方面皆具美感。学习文言作品，有助于陶冶情操，培养学生的审美情趣。比如学习《岳阳楼记》时，可让学生通过诵读感受文章语言形式上骈散结合的语言美，通过文本的细读去感受岳阳楼"朝晖夕阴、气象万千"的意境美和作者"先天下之忧而忧，后天下之乐而乐"的情感美。学生在品读文言文的过程中，随着对文章理解的逐步深入，掌握达成美感效果的手法，感知文章深刻的思想内涵，从而获得审美上的体验，提升自己的审美意识和情趣。

（四）文化

语文是工具性和人文性相统一的学科。母语学习除了掌握必要的语言文字知识之外，还要自觉地对母语根植的文化进行传承与弘扬。因此，传承传统文化是文言文教学中的重要一环。中华文化源远流长，博大精深，文言文既是中华文化的载体，又是其重要组成部分。通过学习文言文，我们可以了解渗透在其中的传统文化，领会其精神内涵，汲取本土文化的精华，从而达到传承发展中华文化的目的，建立起对本国文化的自信。比如在学习《核舟记》时，可以认识中国古代工艺美术的卓越成就；学习《〈庄子〉二则》时，可以领会庄子"万物与我为一"的哲学思想；学习《醉翁亭记》时，可以体会欧阳修与民同乐的为政理念；学习《鱼我所欲也》时，可以感悟大丈夫舍生取义的文化人格……在学习文言文的过程当中，可以增强对本土文化的理解，培养对本民族文化的自豪感和为中华民族伟大复兴而奋斗的使命感。

二、文言文阅读教学有效性策略

（一）创造自主学习机会，发挥学生主体作用

在语文教学活动中，我们需要明确一点，即学生是学习的主体，教学是双向的互动而不是单方面的灌输。文言文教学中，教师不应该占据大部分的教学时间，以"满堂灌"的形式传授知识。"授人以鱼不如授人以渔"，我们要培养的应该是学生独立思考、自主解决问题的能力。教师单向灌输，学生被动接受，长此以往，学生"缺乏独立思考和自主解决的锻炼，离开了老师，自己处理问题的能力就会受到质疑"，这样的方式难以说是有效的。教师应该相信学生，放心大胆地把课堂的主动权交给学生，给学生创造自主学习的机会，自己适时地加以监督、引导和点拨即可。比如在疏通文言文字词时，教师逐字逐句讲解会浪费大量时间，学生的学习效率也比较低下。这时，教师可让学生结合注释和工具书自主学习或者小组讨论。遇到无法解决的知识难点，再提出来与教师探讨，在对话互动中完成对知识点的消化。这样的操作中，学生是带着自己的思考去解决问题的，有效地保证了学生的主体地位，同时，教师在一旁的监督与引导也将课堂把控在自己手里。多给予学生机会，激发学生的积极性，由传授知识向提升能力转变，在学生的自主学习和师

生的双向互动中实现文言文教学的有效性。

（二） 熟读成诵，积累字词，重视语言基础

诵读从古至今都是学习文言文的重要方法。文言文文本本身是沉默的，与现代学生之间也是有隔阂的，而通过诵读这种眼、耳、口、心并用的方式去学习文言文，有利于从诵读的抑扬顿挫中去感受文字的韵律与美感，培养语感，领悟作者情感，从而加深对文本的理解，拉近读者与文本的距离。"书读百遍，其义自见"说的就是这个道理。

诵读需要注意几个方面。首先，诵读不是盲目的，而是有目的性的。在下达诵读指令之前，一定要让学生明白朗读的目的是什么，比如可以是读准字音，可以是读准节奏，也可以是准确流畅无误地朗读全文。在目标的指引下，学生才能有意识地去完成学习任务，否则只是表面热闹。其次，诵读要有感情。诵读的感情从声音的轻重、语调的高低、语速的缓急等方面体现，教师可带头范读，也可播放音频，让学生在读准字音的基础上融入自己的感情，实现与文本的对话，将自己融入文本。最后，要给予学生充分的时间诵读，诵读方式可多样化。诵读是学生与文本产生联系的重要方式，所以一定要有充足的时间朗读文本、感知文本、融入文本。教师可通过自由读、小组读、齐读、分角色朗读等多样化的方式调动学生朗读的积极性，不能吝惜时间，匆匆走个过场，把文章读一遍就结束。

在诵读的基础上，教师应让学生积累重点的实词、虚词以及文言句式。古文的表达与现代文有所差异，而字词积累的多寡是学生能否学好文言文的关键。教师可通过作业抄写、定期听写测试等方式，加强学生对古文字词的掌握。充分的语言积累才能提高文言文的阅读能力，才能为日后进一步的学习打下基础。

（三） 有效提问，发展思维能力

在积累语言的基础上，有效的问题设置可以引导思考的方向，锻炼学生的思维，"问题探究不仅有助于学习者获取知识，还可以使学习者体验知识的形成过程，促进其创造性思维能力的发展"。文言文的体裁多样，无论是论理绵密的议论文，还是条理清晰的说明文，抑或是情节跌宕的记叙文，作者都有其写作逻辑，对这些文章的深入探讨有助于提升学生的思维能力。

要做到有效提问，我们就要注意问题的概括性。教师在充分把握教材的基础上，围绕文本的主题、内容、线索等，设置统领全文的主问题，同时在主问题下设置逐步细化、深入的小问题，从而形成一个整体的、有概括性的、有深度的问题组，帮助学生思考，把握文章。比如在讲授《醉翁亭记》时，笔者让学生用三个字去概括文章的内容，这就是文章的主问题。在教师的引导和学生的自主思考下总结出"美""醉""乐"三个字后，再分别在每个字下设置问题，例如"美体现在何处""用什么手法表达美"等，这样逐步深入剖析文章，学生就能在问题的引导下更好地思考，达到发展思维的目的。另外，还可设置开放性的问题。"一千个读者就有一千个哈姆雷特"，学生对文言文材料的理解是多元的，因此可设置开放性的问题，发散学生思维，让学生从不同角度各抒己见，从而完成对文本意义的建构。比如讲授《愚公移山》时，可让学生针对"愚公移山是智还是不智"这一开放性问题进行讨论并发表见解，在开放性的讨论中培养学生的思考能力。思考问题、生成答案、表达意见的过程，也就是思维得到锤炼的过程。

（四）品味鉴赏，增进美感体验

在语文的学习过程中提高学生的审美情趣，这是新课程标准的目标，也是核心素养的要求。入选教材的文言文，有着极高的审美价值，它们"是文质兼美的作品，或歌咏山川，或记述经历，或阐发哲理，或抒怀言志，它们表达了古人对真善美理想的执着追求，浸润其中，涵泳体会，会使人无形中受到熏陶、感染"。教师在文言文的教学当中，要带领学生深入地品析、鉴赏文章的语言、景色、形象、情感等方面的美感，让学生感悟其中的审美内涵，从而提高审美情趣。比如在讲授《岳阳楼记》时，可带领学生赏析感受文章语言形式上骈散结合的美，通过文本的细读去感受岳阳楼"朝晖夕阴、气象万千"的景象美，让学生领

的理解。"一千个读者，就有一千个哈姆雷特"，在情境的渲染下，在体验与感悟、欣赏与评价的过程当中，学生放飞思维，各抒己见，自学能力得到了提高，审美能力也得到了进一步的提升。

又如，在阅读名著《朝花夕拾》时，以《从百草园到三味书屋》为例。教师可以从学生的生活趣事入手，让学生回忆一下自己的童年往事，再回到文本中，对照鲁迅的童年。学生在这样的情境中阅读，会觉得被誉为"民族魂"的鲁迅的童年跟我们普通人的也没什么两样，自然而然地拉近了与作者的距离，消除了与经典之间的隔阂，达成了学习目标，学生的思维能力也得到了提升。

（四）在诵读中感受字里行间作者倾注的情感，接受心灵的洗礼

情感是文学作品的生命，领悟情感是审美体验的一个重要方面。教师可以凭借有感情的朗读引起学生的情感共鸣，从而达到审美教育的目的。

比如《秋天的怀念》一文，文中描写了一位母亲的犹豫与痛苦，也包含了所有的母亲对孩子最执着的爱。作者史铁生将对母亲的怀念与愧疚倾注在笔端，浓烈的情感流泻于字里行间。教师可以通过范读，让学生初步感知。特别是"我可活什么劲儿！""不，我不去""她出去了，就再也没有回来"等这些带有强烈感情色彩的句子，更要读出人物的情感。然后让学生自己练习朗读，在有感情的诵读中，学生的身心都被带入文本中，引起强烈的情感共鸣。很多学生可能会由史铁生的母亲联想到自己的母亲，因此而感动落泪，这是多么好的一次感恩教育啊！以情治情、以情促知，学生的心灵接受了一次爱的洗礼，同时在诵读中达成情感教学目标。

初中语文教材所选课文题材大多源于学生熟悉的校园生活、家庭生活、社会生活，教师应充分调动学生的生活经验，使学生与作者产生情感共鸣，这样才更易于理解作者所表达的思想和情感，并且完成课文的情感教学目标，对学生进行情感的熏陶与感染。

三、阅读教学在德育方面的意义

叶圣陶先生说:"教是为了不教。"语文阅读在德育和情感陶冶方面的影响是"润物细无声"的。有效的阅读可以提升学生的审美能力,使学生能更好地感受文学作品中的情感,领悟其中的传统文化精神,完成文化传承的任务。在这样的阅读体验中,学生的价值观、道德品格逐渐形成,文化视野逐渐开阔,而这也正是核心素养中"培养什么样的人"的目的。立德树人,为学生点一盏心灯,使每一位阅读者成为文化传承的使者!

参考文献:

[1] 王少洁. 试论初中语文课堂教学中的名著阅读指导 [J]. 教育探索,2009(1).

[2] 马春明. 核心素养观照下部编版初中古诗文教材的使用 [J]. 江苏第二师范学院学报,2019,35(5):66-69.

[3] 过常宝. 古文素养培养研究 [M]. 北京:北京师范大学出版社,2013.

[4] 姜燕. 核心素养下初中语文情境教学研究 [J]. 课外语文,2021(3):90-91.

三、解读文化密码——文化传承与理解

中华民族历史悠久，传统文化博大精深，这些优秀的传统文化化身为文化密码隐藏在阅读文本中，需要教师引导学生去体会、传承。从历史的角度来看，中华民族经历了长久的发展，是一个融合多种民族文化的统一体。在民族的动荡、融合中，优秀的、主流的文化逐渐积累下来，成为影响后世的精神文化。例如爱国主义精神、不屈不挠的民族精神、安贫乐道的乐观思想、忠勇信义的个人品德等。这些精神都蕴含在阅读文本中，在阅读教学中，教师可以着重分析和强调。

例如，在进行《论语》的教学时，在理解文本的基础上，教师可以按照文本的内容将其分为学习方法类、修养品德类。例如，学习"一箪食，一瓢饮，在陋巷，人不堪其忧，回也不改其乐"时，引导学生理解颜回的安贫乐道；学习"吾日三省吾身：为人谋而不忠乎？与朋友交而不信乎？传不习乎？"时，引导学生学习儒家的忠、信、勤奋。通过这样的方式，来增强学生对传统文化的理解，引起学生对《论语》中其他内容的探究心理，增强学生的阅读兴趣。在此基础上，教师还可以向学生推荐宣扬儒家思想的一些文章，如《鱼我所欲也》，让学生通过阅读这样的文章，进一步了解儒家思想，提升他们的学习积极性，这样也符合核心素养导向下因材施教的教学要求。

四、创新教学方法——审美鉴赏与创造

语文教师需要通过课堂教学对初中生进行审美鉴赏这一核心素养的培养，让他们在对优秀作品进行阅读鉴赏的过程中，深刻体验语言艺术的特色，也能在阅读教学中激发想象意识，更可以通过阅读鉴赏领悟人生哲理。所以，语文教师需要结合初中生的实际情况和教材内容设计有针对性的教学方案，让学生在对汉字之美进行感悟的基础上获得鉴赏能力，为学生全面发展提供教育支持。

以《背影》一课的教学为例，首先，语文教师要指导学生对文章进行阅读，在对字词知识进行梳理的基础上，分析段落结构。这样可以让

学生对文章内容有所了解，对作者的写作顺序和主要描写对象进行认知，有利于后续深度阅读教学的有效开展。其次，要指导学生在阅读基础上分析"作者运用哪些方式对父亲的背影进行描写，每次描写的过程中父亲的背影有着什么特色，通过哪些文字表达出作者的情感态度"这几个问题。这样可以让学生在阅读的基础上对相关内容进行思考，重点分析朱自清先生对父亲背影进行描写的过程，找出文中描写精彩的词语、句子、文段等，分析其表达效果，思考作者所要表达的情感态度。通过开展这样的课堂教学，语文教师可以让学生对汉字所具备的美进行鉴赏，同时能引导学生在欣赏和评价的过程中感受到不同语言的特色，在对文章情感进行分析的基础上，树立正确的价值认知和审美情趣。

以《白杨礼赞》这一课的教学过程为例，首先，教师可以让学生自己进行阅读，然后合作讨论完成课后习题。其次，教师再引导学生对文章大意进行梳理，清晰的思路是顺畅阅读的前提。然后，让学生找出文中描写白杨树外部形态的语段和直接赞美白杨树的语句进行品读，体会白杨树的外在美和精神美。最后，让学生重点阅读文中集中运用象征手法的文段，理解文章由树到人这种写法的好处，在对这些语言的阅读鉴赏过程中，学生便能自然而然地感受到北方抗日军民的朴质、坚强、团结向上的精神和意志，学生的家国情怀特别是爱国情感就会得到熏陶和培养。

综上所述，教师应将核心素养完全融入教学理念之中，在进行语文阅读教学时，要充分发挥学生的学习主动性。在教学时，要充分注意课堂的趣味性，提升学生的学习兴趣，培养学生的阅读能力，及时改变教学方式，从根本上对学生语文阅读范围进行扩大，进一步提高核心素养下初中语文阅读的有效性。

参考文献：

［1］南纪稳. 学生核心素养、学科核心素养与教学改革［J］. 当代教师教育，2019（4）：79 - 83.

［2］徐洁．基于学科核心素养的初中语文课程整合实施方法探析［J］．初中语文教与学，2017（12）：19－22．

［3］刘黎明，张鹏君，张媛．核心素养视角下语文课程的国民性培育——基于统编初中语文课本的分析［J］．课程·教材·教法，2020（3）：16－22．

［4］杨润陆．谈初中语文课的语文知识学习［J］．井冈山学院学报（综合版），2006（2）：108－110．

［5］姚军秀．语文有效阅读教学的课堂实践——建构式学习单的制作与使用［J］．教育教学论坛，2014（8）：230－231．

有效培养学生思维品质的教学策略

——语文核心素养下中学语文阅读教学艺术

陈俊晓

阅读教学是培养学生思维品质的重要途径。在阅读教学中，教师可以通过巧妙设计课堂问题，引导学生在问题情境中不断发展思维能力，还可以通过创设问题情境，启发学生的思维活动，培养学生良好的思维品质，从而促进语文核心素养教学任务的有效落实。

语文核心素养包括语言建构与运用、思维发展与提升、审美鉴赏与创造、文化传承与理解四个核心要素。其中，思维发展与提升不仅是语文核心素养的要素之一，还是新课程标准提出的要求。

《义务教育语文课程标准（2011年版）》提出了有关思维培养的总目标，即"在发展语言能力的同时，发展思维能力、学习科学的思想方法，逐步养成实事求是、崇尚真知的科学态度"。而阅读教学作为语文教学的主阵地，是培养学生思维品质的重要途径。因此，在阅读教学过程中，教师要注重引导学生养成良好的阅读习惯，掌握科学的阅读方法，从而培养学生良好的思维品质。但是，在应试教育体制的影响下，当前的阅读教学往往忽视了学生在阅读过程中的探索、积累和体悟，更注重对学生应试技巧的训练，导致学生对文本感悟不深，对文本阅读探究能力不足，这种教学现状不利于学生思维品质的培养。基于这种现状，本文将从提升学生语文核心素养的角度出发，探究如何在语文阅读教学中有效培养学生的思维品质。

一、巧妙设计问题，发展学生的思维能力

弗莱雷曾提出："没有了对话，就没有了交流；没有了交流，也就

没有真正的教育。"阅读教学就是教师、学生与文本之间的对话。这种对话，是学生收集处理信息、认识世界、发展思维、提高审美的过程，也是培养学生识记、理解、分析、探究、欣赏和评价等方面能力的重要途径。而这种对话，主要是以课堂问题为媒介来实现的。

余党绪先生提出："好的问题，既能将作品的内容聚合起来，形成清晰的理解和旨归，又能触及作品的诸多因素，关涉作品中的局部和细节。这样有开有合，有聚有散，思维才能在感性和理性的对话中趋向清明和开放。"问题设计的有效性不仅对学生的思维发展来说至关重要，还会直接影响课堂教学的有效性。因此，针对文本进行有效的问题设计，会对整个课堂起到积极的引领作用，从而达成有效的教学任务，更好地提升学生的语文核心素养。

首先，教师要吃透文本，设计具有关键价值的迁移性问题。因为具有关键价值的迁移性问题可以激发学生求知的欲望和动机，引导学生拓展延伸，合理推测，大胆猜想，进而拓展学生思维的广度和深度。例如，在讲授《范爱农》的过程中，为了培养学生的思维能力，笔者就从问题的本质角度出发进行问题设计，以此引发学生进行深思——"报馆案风波"有什么深层的内涵？为了解决这个问题，教师先引导学生说出"报馆案风波"发生的时间是什么时候。通过学生的补充回答，明确"报馆案风波"发生的时间是辛亥革命初期。教师引导学生思考，"报馆案风波"与辛亥革命有什么关联？这样的提问，能引导学生将"报馆案风波"放到辛亥革命这一历史背景下进行思考。然后，教师引出辛亥革命的新主张，并顺势让学生将"报馆案风波"体现出的言论不自由与辛亥革命所倡导的自由由此及彼地联系起来。换言之，教师用"报馆案风波"这一事件来深刻地揭示出辛亥革命的不彻底性，从而引导学生由此及彼地进行迁移，深入思考问题。这样，学生在解决问题过程中学会了迁移，并将课内外知识结合起来，对思维能力的发展起到了积极的作用。

其次，教师还可以根据文本挖掘个性化问题。因为个性化问题可以留给学生更多思考的空间，让学生发散思维、延伸思考，从而提出自己的见解。例如，在讲授《秋天的怀念》一课时，笔者在学生把握文章大意之后设计问题：这篇文章表达了"我"对母亲怎样的情感？有学生说，标题是"秋天的怀念"，文中也大篇幅写到了母亲生前照顾"我"的场景，所以文章表达了"我"对母亲的怀念之情。也有学生说，母亲虽身患癌症，但还是忍着自己身体和心理的剧痛呵护、照顾"我"，母亲对"我"的爱是伟大而又无私的，而"我"因为自己身体的残疾，在母亲生前并不懂得这种爱，还总是对着母亲发泄内心的痛苦，所以文章表达了"我"对母亲的愧疚之情。还有学生说，这种情感不仅仅是愧疚，更多是遗憾之情。"我"的遗憾是因为"我"的遭遇带给母亲痛苦，遗憾没能让母亲在生前看到"我"振作起来。虽然学生的回答不尽相同，但透露着学生对文本的个性化解读。

最后，在一篇课文学习即将结束时，教师还可以精心设计归纳式问题。学生通过对所学知识进行归纳、总结，从而更加深入文本，更加深刻地理解作品的思想内涵，使得自己的认知有了进一步的升华。

总之，在初中语文阅读教学过程中，教师要注重课堂问题的设计，提出具有思辨价值的问题，并引导学生在分析、延伸、归纳的过程中，提出自己的新颖独到的见解，激发学生的学习动机，从而提高学生的思辨能力，让阅读课堂成为提升学生语文核心素养的平台。

二、创设问题情境，启发学生的思维活动

创设情境有利于学生思维活动的开展。在阅读教学过程中，教师可以根据文本特点，将问题赋予情景化意义，让学生在情境的引导下进行形象化感知、思考以及探究，从而激发学生的学习兴趣，提高学生思维活动的有效性。

创设情境有很多途径，可以在阅读教学导入环节通过语言创设情境，也可以借助现代信息技术创设情境，或者设置课本剧表演或者口头创作等教学环节来创设情境。创设情境的途径要根据阅读文本特点和教学目标的需要来选择，才能够最大程度地提高教学效率。

（一）利用现代信息技术创设情境，发展学生的形象思维

现代信息技术的发展为问题情境的设置提供了丰富的资源。借助生动形象的图片、视频、音频等辅助性多媒体媒介，可以将学生带入教学情境之中，激发学生的学习兴趣，发展学生的形象思维。

例如，在以往讲授《说和做——记闻一多先生言行片段》的过程中，笔者发现学生对闻一多先生作为诗人、学者的形象都是相对容易理解的，但由于学生阅读经验的匮乏，他们对闻一多先生作为革命斗士的形象难以理解。因此，笔者利用多媒体信息技术，课前搜索了《最后一次讲演》的视频片段并在课堂上播放。视频中，闻一多先生针对国民党反动派的种种反民主行为进行了激情澎湃的讲演，给学生创设了一种恰当的课文情境，仿佛将学生带到了那个时代，带入那种氛围里。学生通过欣赏视频，会被闻一多先生的情绪所感染，也更能深入体会闻一多先生作为民主革命斗士的形象，从而与文章产生共鸣。观赏视频之后，教师再给学生展示《最后一次讲演》的演讲词，让学生趁着情绪高涨之时声情并茂地朗读，大部分学生的情感在有效的情境中得到激发，都能够将闻一多先生控诉国民党反动派的那种愤慨之情读出来。此时，笔者趁热打铁地提问：闻一多先生作为革命斗士，具有怎样的精神品质？有些学生说"视死如归"，有些学生说"英勇无畏"，有些学生说"爱国"。可以说，现代多媒体信息技术为课内外衔接提供了很多便利，增强了课堂的视听效果，发展了学生的形象思维，也使得课堂学习效率大大提高。

（二）利用课本剧表演创设情境，发展学生的创造性思维

课本剧表演不仅可以活跃课堂气氛，还可以让学生在编写剧本和表演的过程中参与到情境的创造中来。在课堂教学过程中，教师可以结合阅读内容，让学生通过课本剧等来组织课堂表演活动。如此一来，不仅可以调动学生的主观能动性，培养学生的创造性思维，还能让学生在改编课文的同时提升语文核心素养。

例如，在教学《皇帝的新装》时，笔者引导学生对文本进行改编，

而后让学生以课本剧的形式在课堂上表演。表演按照故事情节的发展分为几场。这样，情节就在表演过程中清晰地呈现出来，这为学生深刻理解人物形象奠定了基础。同时，学生在写课本剧时，必然会深入体悟自己所扮演的人物的内心世界，在表演过程中借助个性化的语言、动作和神态等来演绎自己对角色的理解。如此一来，就创设了一个情境，皇帝、骗子、大臣、百姓和小孩子的形象在学生表演过程中从书本中跳出来，给学生留下了深刻的印象。在角色的表演过程中，昏庸的朝政、阿谀奉承的社会风气也被展现得淋漓尽致。特别是在表现皇帝穿上新衣后的丑态时，扮演皇帝的学生故意臭美地扭扭腰肢，还做出了个三百六十度照全身镜的动作，极力彰显皇帝自欺欺人的丑态，而扮演大臣的学生则如视珍宝般地捧着国王裙摆，扮演百姓的学生则面露夸张的惊叹神情，发出赞美的声音，他们阿谀奉承的嘴脸就这样活灵活现地展现在师生面前。整个表演，无论是背景音乐的选择，还是角色的表演语言、动作和神态等设计都体现出编剧对文本的深度把握。表演结束之后，教师趁热打铁抛出一个问题：请同学们结合皇帝、骗子和大臣的性格特点以及当时的社会环境，想想游行结束回到皇宫之后，会发生什么事情？经过前面的表演以及观演，学生对文章内容、人物形象和主题已经有了一定的把握。所以在回答这个问题时，学生能够更加有的放矢地结合当时的社会环境特点思考并分享自己的见解。在交流的过程中，学生会碰撞出思想的火花，深化对当时时代背景的认识。

三、结语

总而言之，在新课程标准与重视语文核心素养的教学背景下，在语文阅读教学中巧妙设计问题、创设问题情境，既符合语文新课程标准的理念，又有利于培养学生良好的思维品质。因此，教师在教学实践中，要依据文本和学生的实际情况，挖掘文本，巧妙设计问题，创设问题情境，让学生在合作探究的过程中提升自身的语文核心素养。

会祖国大好河山的壮丽。同时，范仲淹"先天下之忧而忧，后天下之乐而乐"的爱国情怀又能让学生获得情感上的陶冶与熏陶，作者伟大的文化人格可以使学生体会到蕴含于作品中的情感美和人物美。通过品味鉴赏文言文，有利于培养学生发现美、感悟美、欣赏美的能力。

（五）传承文化，古为今用，让传统照进现实

在母语学习中，了解、继承、发展本民族文化是每一个学习者的责任。文言文作为古代的书面语言，承载着我国博大精深、辉煌灿烂的文化。阅读文言文，可以为了解中华文化打开一扇窗户。在学习文言文时，不仅要掌握基础的语言知识，在语言背后投射出来的历史、文化知识也同样值得我们理解、传承。教师在讲授文言文时，要有意识地带领学生了解中华文化。比如学习《陈涉世家》时，教师可以相应地拓展史传文学的体例，让学生了解到古代纪传体史书的基本体例；学习《送东阳马生序》时，对"既加冠"解析的同时可以让学生了解"冠礼"等古代礼节。另外，教师还应让学生领会到文言文背后闪耀的文化思想，并让其在学生的日常生活中起到指导作用，古为今用，让传统照进现实。比如学习《生于忧患死于安乐》时，要让学生理解到忧虑和困苦可以使一个人奋发有为的思想，从而为学生日常生活战胜困难提供精神动力，让文言文成为学生的精神食粮。

三、结语

初中阶段是培养核心素养的关键时期，而文言文作为发展语文核心素养的重要途径，必须得到我们的重视。在充分理解核心素养内涵的基础上，开辟出文言文阅读的有效策略，健全学生人格，让学生成为全面发展的人才，是我们每一位语文教师的使命。

参考文献：

[1] 中华人民共和国教育部. 教育部关于全面深化课程改革，落实立德树人根本任务的意见 [S/OL]. 北京：中华人民共和国教育部，2014.

［2014 － 04 － 08］. http：//www. moe. gov. cn/srcsite/A26/jcj_ kcjcgh/201404/t2014040 8_167226. html.

［2］顾之川. 论语文学科核心素养［J］. 中学语文教学，2016（3）：15 － 17.

［3］葛言. 语文核心素养背景下初中阅读教学高校课堂的构建研究［D］. 苏州：苏州大学，2019.

［4］周明明. 初中语文阅读教学问题设计有效性的研究［D］. 杭州：浙江师范大学，2011.

［5］彭蔚兰. 中学文言文教学困境思考及对策研究［D］. 福州：福建师范大学，2003.

［6］中华人民共和国教育部. 义务教育语文课程标准（2011 年版）［S］. 北京：北京师范大学出版社，2012.

［7］中华人民共和国教育部. 普通高中语文课程标准（2017 年版）［S］. 北京：人民教育出版社，2018.

文心·写作篇

浅谈宏大主题作文的写作

吕志斌

当前，随着普通高中课程标准与高考改革方案的出台，新形势带来了新变化，强化落实立德树人的教育根本任务，在写作方面呈现出宏大主题作文命题的新趋势、新特点。如 2017 年、2018 年、2019 年全国高考一卷的作文题目均反映时代主题，正面传递价值观念，突出高考的思想性和育人功能。语文高考备考要注意引导学生适应宏大主题的写作任务，以提高学生的写作水平。

高考语文应积极主动地呼应国家总体战略和宏伟蓝图，倾心倾力地凸显战略决策，反映热点话题，坚持服务大局，打造思想高地，意在引导考生树立正确的世界观、人生观、价值观，以正确的立场和方法认清世界和中国的发展大势，从世界看中国，从历史看当下，正确把握国家的历史坐标、个人的时代坐标，也向整个社会传递正能量，传播好声音。因此，我们要从以下两个方面做好引导和培养：

一、引导和培养学生的大视野、大情怀

在日常的教学过程中，教师要注意引导和培养学生的大视野、大情怀，学会"睁开眼睛看世界"，树立"志存高远、胸怀天下"的理想和抱负，相信人生除了眼前的苟且，还有诗和远方。要清醒地认识到，个人的成才与发展，是离不开国家、时代的大发展的，个人与国家、时代息息相关，休戚与共，这是一个人安身立命的基石，也是作文的基石。一个眼光狭隘的人一定写不出大文章、好文章，一个孤芳自赏（或自暴自弃）的人也一定不会写出大文章、好文章。

二、引导学生关心生活，关注时事，提高认识，积累素材，学写时评

在平时的语文教学中，要注意渗透生活教育、时事教育，引导学生关注时事政治、生活热点，寻找与语文的联系点，并能将其运用到作文当中，树立一种大语文观。语文即生活，生活处处是语文的思想，既可以丰富教学内容，又可以丰富学生的知识积累和素材积累，提高学生认知水平和写作能力。

此外，我们也要想到，出题人的本意是想让一个只有高中水平的学生写什么样的内容，是不是想让学生做宏观阐述、高屋建瓴？很明显，不是。八百字的作文如果只做宏观阐述，宏大的主题最终也只能是"假、大、空"的套作，无法写出真情实感，无法传递正能量，这也不是出题人的本意。因此，宏大主题的作文要写出真情实感，要具有思想性和达到育人目的，还要注意以下几个方面：

（1）从大处着眼，从小处入手，面对宏大话题的题目，要想办法化大为小，以小见大。

要做到化大为小，以小见大，需要强化两个意识。一是"读者意识"，即要考虑文章是写给"谁"看的。写作时要把这个"谁"当作"读"或"听"的对象，其在"读"了这篇文章或"听"了你的言说后，认识与心理问题得以解决，困惑得以消除，然后以饱满的精神、正确的态度、恰当的行为投入到生活、工作与事业中去。高考作文的读者一般有两个，一个是阅卷教师，另一个就是题目中预设情境中的"读者"或者"听者"。二是"角色意识"。同样的话题，在不同身份、不同年龄、不同立场的人笔下，绝对是面貌各异、情态不同的。这是"角色"使然。比如开学典礼，校长、教师、学生三种角色讲话或发言，所讲的内容应该各自有所侧重。"角色"不同，说的话就应有所不同，这是常识。高考作文的写作者一般包含两个角色，一个是即将升入大学或走向社会的考生，是一个"准成年人"；一个是作文题目中给考生预设情境中的"角色"，不过大多数情况下也是一个"高中生"的角色。

（2）指导学生精准审题，增强"明确任务、有的放矢"的写作意识。

要写好宏大主题的高考作文，还要特别注意写作要求，明确任务指令，不能看到宏大主题就天马行空地乱发挥。与新材料作文相比，任务驱动型材料作文有更为明确的任务指令，考生必须按照写作要求完成写作任务。但有不少考生在审题上还缺乏"任务意识"，未能很好地完成写作任务。因此，高考作文备考一定要指导学生重视全面落实写作指令。增强"任务意识"，认真审题，首先审清有几个写作任务，才能围绕题意，有的放矢地、有条理地就事析理，展开论述，避免跑题、偏题。

情境任务型作文的精准审题

吕志斌

  《普通高中语文课程标准（2017 年版）》就"学业水平考试与高考命题建议"的"命题思路和框架"有如下两点论述：一是"以具体情境为载体"，二是"设计典型任务"。与此同时，新课标在对"命题和阅卷原则"的细化中再次提到要"以情境任务作为试题主要载体，让学生在个人体验、社会生活和学科认知等特定情境中完成不同学习任务，以呈现学生语文素养的多样化表现"。情境任务型作文以此为依据，已经连续多年出现在高考的试题当中。

  所谓的情境任务型作文，是"在材料引发考生思考、激发写作欲望的基础上，通过增加任务型指令，着力发挥试题引导写作的功能，增强写作的针对性，使学生从预先设定的具体情境出发，辨析关键概念，在多维度的比较中说理论证"的题型。

  从概念可以看出此类作文题目的一些特点：一是有材料引导学生思考；二是有任务指令引导写作；三是写作的针对性强；四是有预先设定的具体情境。从这些特点可以看出，学生读懂材料及其含意，审清任务要求，是写好情境任务型作文的前提。

  因此，精准审题就显得尤为重要。精准审题的目的是明确作文题目中所包含的任务指令。我们可以通过罗列任务清单的方式逐步明确写作任务。具体情境是写作切题的基础，是完成任务指令的原点，只有从具体情境出发，考生才有代入感，与事件人物感同身受，与作文要求相切合，这是情境任务型作文应该最先完成的任务。因此，罗列任务清单应从题目预设的情境开始。以 2019 年全国高考一卷作文题目为例，题目中预设具体情境的语句是"请结合材料内容，面向本校同学写一篇演讲稿，倡议大家热爱劳动，从我做起，体现你的认识与思考，并提出希望与建议"。可以看出，最为明显的任务便是"写一篇演讲稿"，我们可以罗列为任务一，既然是演讲稿，便要有演讲稿的语言、语气、逻辑以及格式等，同时是我们分析和归纳其他任务的出发点。

列出任务清单。任务一：一篇演讲稿（注意格式、语言、语气、逻辑）。任务二：演讲的人是复兴中学学生，听演讲的人是复兴中学学生（身份对象意识）。

演讲稿的内容和目的在预设的情境中也有，"倡议大家热爱劳动，从我做起，体现你的认识与思考，并提出希望与建议"，可将此作为任务三。但学生需要思考一个问题：是不是可以天马行空地根据自己的认识和思考去倡议同学们热爱劳动并提出希望和建议呢？如果仔细分析题目中的语句，可发现有一句限定语，那便是"结合材料内容"。可见，演讲稿的内容一定要根据材料进行思考，并提出倡议与建议。因此可以得出结论，情境任务型作文的材料绝不是可有可无的，它的作用是引发考生思考，激发写作欲望，是整个作文的基础。

因此，在确定任务三的时候一定要认真分析和解读材料。我们根据材料的意思可以把材料分为三个部分，并分析如下：

①"民生在勤，勤则不匮"，劳动是财富的源泉，也是幸福的源泉。②"夙兴夜寐，洒水扫庭内"，热爱劳动是中华民族的优秀传统，绵延至今。③可是现实生活中，也有一些同学不理解劳动，不愿意劳动。有的说："我们学习这么忙，劳动太占时间了！"有的说："科技进步这么快，劳动的事，以后可以交给人工智能啊！"也有的说："劳动这么苦，这么累，何必非得自己干？花点钱让别人去做好了！"此外，我们身边也存在一些不尊重劳动的现象。这引起了人们的深思。

根据上述分析，可将材料概括如下：

①劳动在物质和精神两个方面的意义、价值；②热爱劳动是中华民族的优秀传统；③对劳动的偏差认识、错误态度。三种现象是：不理解劳动、不愿意劳动和不尊重劳动。

"结合材料内容"指立意、构思和行文必须结合所给的材料内容，要注意材料中关于"劳动"有正反两方面内容，既要结合正面内容，又要结合反面内容；可以结合正面内容中的几点，也可以结合反面内容中的几点。

据此，可引导学生列出任务三：结合材料内容，谈谈对劳动的认识和思考（立论，驳论）；提出对同学的希望与建议（倡议）。

最后，明确任务清单。任务一：一篇演讲稿（注意格式、语言、语气、逻辑）。任务二：演讲的人是复兴中学学生，听演讲的人是复兴中学学生（身份对象意识）。任务三：结合材料内容，谈谈对劳动的认识和思考（立论，驳论）；提出对同学的希望与建议（倡议）。

总之，要使情境任务型作文能够深刻切题，就要做到精准审题，学生需要从以下两个方面进行落实：①通过列举任务清单来保障落实写作任务；②条分缕析所给材料来深化理解写作任务。

高中作文教学要紧扣生活化这根"弦"

周孚提

高中作文是学生语文能力、素养的综合体现，一直以来备受重视，也有很多相关的教学研究理论，但是还是存在着一些问题得不到解决。笔者认为，高中作文教学要紧扣生活化这根"弦"，才能找到高中作文教学真正的方向。

一、生活化作文教学有利于学生语文核心素养的养成

《普通高中语文课程标准（2017 年版）》提出：语文学科核心素养是学生在积极的语言实践活动中积累与构建起来，并在真实的语言运用情境中表现出来的语言能力及其品质；是学生在语文学习中获得的语言知识与语言能力，思维方法与思维品质，情感、态度与价值观的综合体现。但是，目前高中生的写作现状是，无论是在平时写作训练还是考场作文，均存在"假、大、空"的毛病，许多学生缺乏生活常识，错将北方绿油油的麦苗"移植"到南方的稻田；错让南方的冬天雪花飞舞。学生的作文普遍存在内容空洞，虚情假意，题材贫乏、陈旧或雷同，言之无物，缺少新意等问题。

高中生作文的这些现状，如果任其发展，后果将会很严重，长此以往则不利于学生语文核心素养的养成。在这样的大环境下，学生的语文表达能力得不到提高，学生本应通过语文学习而形成的思维方法与思维品质，情感、态度与价值观也会大受影响。他们可能会出现凭空乱想、情感冷漠、价值观念空洞等问题，最后有可能会成为一个弄虚作假、没有高尚理想和追求的青年。这和 2014 年教育部印发的《关于全面深化

课程改革 落实立德树人根本任务的意见》所要求的"教育部将组织研究提出各学段学生发展核心素养体系，明确学生应具备的适应终身发展和社会发展需要的必备品格和关键能力"是背道而驰的，不利于学生的语文核心素养的形成。

每一位高中语文教师，在进行作文教学时，一定要紧扣生活作文教学这根"弦"，引导学生认真观察生活，引导他们用正确的态度去看待生活中的人和事，帮助他们形成在真实的语言运用情境中表现出来的语言能力及品质，最终形成正确的思维方法与高尚的思维品质。

二、生活化作文教学是提高学生作文水平的最好途径

作文与现实生活有着极为密切的联系，任何一篇优秀的作品，都是作者基于生活，又高于生活的创作。对生活的再加工与再创造，是作者写作的目标。高中生都有着自己独特的生活方式与学习习惯，有着丰富而多彩的心理世界与情感世界，他们其实有很强的表达欲望。所以高中语文教师在作文教学中一定要在生活化上下功夫，引导学生热爱作文，写出较高水平的作文，切实提高学生的作文水平。

教师应引导学生在生活中要善于捕捉闪光点，寻找内心真实的生活体验，这样的感情才是个性的、独一无二的、有新意的。比如春游后记的写作，有的学生写起来如记流水账，从出发记到结束，虽一一道来，读之却是索然无味；有的学生会把春游过程的曲折与情感起伏结合起来表达，抓住个性化内容，借春游表达自己的独特感悟，而不是就事写事，虽是叙事却让读者兴趣盎然。久而久之，学生的体验多了，思想的深度自然就会加深，也就能够写出有深度的作文了。

教师要引导会认真体悟生活的学生自觉和优秀人物做比较。中华民族有着悠久的历史，仁人志士层出不穷，爱国主义、爱好和平、勤劳勇敢、自强不息的伟大民族精神影响着一代又一代中华儿女。纵观古往今来优秀大师们的作品，无不是立足于优秀的传统文化：屈原的"苏世独立，横而不流"，范仲淹的"先天下之忧而忧，后天下之乐而乐"，杜甫的"安得广厦千万间"，鲁迅的"我以我血荐轩辕"……因此，教师

应善于发掘优秀传统文化与时代正能量之间的契合点，使学生受到民族优秀传统文化的滋养，这样一来，学生定会在潜移默化中提升文品、文格。

教师要引导学生学会不同的情感表达方式，全面提升学生的表达能力。学生有了情感的积累，就可能会有强烈表达的需要，不同情感的表达方式与特色也不一样。快乐的情感，其语言如流淌的山泉，和煦的春风，清丽流畅；悲伤的情感，其语言多低缓曲折，如泣如诉；激昂的情感多用短句、排比，短促有力，气势磅礴……这其中包括词语、句式的选用，表达方式及修辞手法的运用等，只有多读多练，持之以恒，才能逐渐提升，而非一日之功。

总之，基于语文核心素养的生活化的作文训练是提高学生作文水平的最好方法。

三、生活化作文也是高考作文考查的方向

高考作文题主要考查学生对自然和社会的观察、思考能力及创造性思维能力。在全面深化课程改革，落实立德树人，培养语文学科核心素养的背景下，纵观近年来全国各地高考及模拟考试的作文题，其引导学生培养和发展语文核心素养的导向功能越来越明显，离开生活化作文教学的作文指导已无路可走。

2019年揭阳市高三学业水平考试的作文题目讲了个故事，故事的主人公刘乡当初在外地打工，赚了钱后回乡创业，把养殖业搞得风生水起，村里户户盖起了楼房，老光棍也娶上了媳妇。可是慢慢地村里的小河里多了些水草，不再清亮；山上少了些野菊花的香气，多了些难闻的气味。乡亲们见了他不是要搬迁费就是要他赔偿，还背后骂他"要钱不要脸"。题目要求考生写一封信开导主人公。这其实就是我们经济发展中遇到的问题的一个体现，学生如果只会死读书，可能就无法写出精彩且有深度的文章。

2018年高考全国卷一作文题目是"世纪宝宝中国梦"，可以说是牢牢扣住了"新时代"和"新一代"的历史内涵与特点。此题既选取21

世纪以来中国在科技、民生以及综合国力、国际影响力等方面的成就作为素材，又选取"2020""2035"这两个新时代中国发展的关键时间节点，以全面建成小康社会、基本实现社会主义现代化的伟大目标作为素材，充分发挥作文题的积极导向功能。2018年高考北京卷的作文题则为二选一，题目一：请以"新时代新青年——谈在祖国发展中成长"为题，写一篇议论文。题目二：请你展开想象，以"绿水青山图"为题，写一篇记叙文，形象生动地展现出人与自然和谐相处的美好图景。而2018年高考浙江卷作文题则以"浙江精神与浙江人"为题，要求站在人生新起点的浙江学子，写出自己的体验和思考。面对这些高考作文题目，学生如果没有积极投身于时代生活，认真观察生活，关心国事，是不可能写出有内容、有真情实感、有深度的好作文的。

2019年高考全国卷一作文试题要学生以"热爱劳动，从我做起"为主旨，要体现自己的认识与思考，并提出希望与建议。其中的"从我做起"其实就是特别强调学生对生活的观察，学生如果注意到了这个关键信息，就要思考为什么要从我做起，怎么从我做起，怎样写才能切题。如果没有对生活的细致观察和思考，一味空谈劳动的重要性，就会写出"假、大、空"的作文来。

总之，无论是从高中作文教学的目标，还是从方法、从高考作文任务来说，我们只有紧扣生活化作文这根"弦"，作文教学才会有大的作为、大的收获，而这也大大有利于学生的发展。

高中生活化作文写作教学探究

周孚提

作文与现实生活有着极为密切的联系，任何一篇优秀的作品，都是作者基于生活又高于生活，对生活的再加工与再创造，是作者生活的真实写照。高中生都有着自己独特的生活方式与学习习惯，都有着丰富而多彩的心理世界与情感世界，高中生其实有很强的作文表达需要。所以作为高中语文教师在作文教学上一定要在生活化上下功夫，引导学生热爱作文，写出较高水平的作文，切实提高学生的作文水平。但在现在的高中生活化写作教学中，对于生活化写作的理解和操作依然不是很清晰，笔者就这一问题谈谈看法。

一、充分利用语文阅读课堂帮助学生形成生活化的情感

《普通高中语文课程标准（2017年版）》指出："注重个性化的阅读，充分调动自己的生活经验和知识积累，在主动积极的思维和情感活动中，获得独特的感受和体验。"在阅读教学中要发挥主体的能动性，实施个性阅读。选入高中语文课本的作品都是经典之作，是能激发学生独立思考、探索的好作品。我们要利用好高中语文教材中的作品，为学生写出有生活的真情实感的作文教学服务。

例如，在讲授史铁生的《我与地坛》一文时，可以让学生品读："曾有好多日，只要见我还好好在这园子里，她就悄悄转身回去，我看见过几次她的背影……我真想告诉所有长大了的男孩子，千万不要跟母亲来这套倔强，羞涩就更不必要，我已经懂了，可我已经来不及了。"教师可以借此启发学生，很多时候我们沐浴在父母对我们浓浓的爱意

中，我们没能了解我们的父母，观察我们的父母。教师可以鼓励学生也尝试回忆自己与父母的点点滴滴，从作品的真实、细腻的描写中回归现实，与自己的生活对话，从而形成浓浓的来源于生活的情感。这样，学生在写作中书写对父母的情感时就不会觉得空洞。

学生应该回归生活，因为社会生活是教育内容的源头，是教育的重要组成部分，人们的情感体验来源于生活，高中语文课本的内容、情感也源于生活，是社会生活的写照和反映，教师应当对学生进行引导。比如，高中语文教材中有很多古典诗词，包含很多情感教育的内涵，有对真理的执着追求，有对历史的思考，有对社会的批判，有对人生的感悟和对生活的态度，强调求真；有强烈的爱国情，有浓烈厚重的亲情，有忠贞纯洁的爱情、有真挚可贵的友情、有悲天悯人的同情，强调求善；古典诗词的音乐美、形象美、意境美，强调求美。

引导学生认真体会领悟古典诗词的情感，从古典诗词追求真的特点出发来培养学生的理智情感，从古典诗词追求善的特点出发来培养学生的道德情感，从古典诗词追求美的特点出发来培养学生的审美情感，然后让这些情感回归现实，与学生自己的生活对话，从而帮助学生形成生活化的情感，并体现在他的作文中。

二、充分利用多种形式帮助学生积累生活中的作文写作素材

我们首先要告诉学生要做生活的有心人，关注生活，调动全身感官来积累素材。但我们常常在挖掘写作素材的时候忽略了这一点，针对这种情况，语文教师要有意识地用一些方法帮助学生积累素材。我们可以安排学生利用假期通过采访去积累素材，帮助他们确定采访的对象，经过认真的采访，就会对生活中的真实细节把握得比较好了。我们可以让学生记录日常生活的细节，通过记录积累第一手的写作素材。我们还可以利用语文课堂的课前三分钟演讲帮助学生积累作文素材，每个学生都可以把自己最感兴趣的生活化素材带到课堂中，通过分享既锻炼了表达能力，又能积累写作素材。

三、充分利用多种形式让学生利用生活化的素材抒发生活化的情感

学生形成了生活化的情感，又有了生活化的素材积累，还需要教师创造一定的条件，多督促学生动笔写，这样才可以真正让生活化的作文教学落到实处。我们可以让学生每天写日记，随时记录生活中的灵感，进行简单的写作练习，让灵动的情感随着笔尖流荡，真正做到情动于中而发于外。经常这样训练，学生的作文素养必然会有所提高。

民俗文化在生活化写作教学中的渗透

庄丽玲

民俗文化体现了中华民族吃苦耐劳、勤劳勇敢、善良质朴等精神风貌，将民俗文化渗透到写作教学中，能够为学生带来一个丰富的生活世界，使学生看到生活中真情的可爱、善良的可贵和美的价值，从而写出好的作文。

所谓民俗文化，钟敬文将其定义为"民众在长期的社会实践中创造、传承并享受的文化事象"。民俗文化作为传统文化的一部分，一直都是语文教学的重要内容。近年来，随着新课程标准的出台，人们开始重视重焕民俗文化的风采，教育界也逐渐开始重视民俗文化在中学语文课堂中的渗透。

潮汕地区地处潮汕平原，最大程度地保留了民俗文化的历史原貌。那么，民俗文化该以哪些途径渗透进高中生生活化写作教学之中，使其有效地带动写作教学，进而实现语文教学目标呢？

一、拓展生活视野的外延内涵

从内容上来说，民俗文化渗透能有效丰富学生的生活积累。民俗文化产生的根基是日常生活，因此有着广阔的外延和深刻的内涵，体现出求真、崇善、尚美等永恒的精神追求。日常生活作文模式晚近代表人物村山俊太郎指出："儿童的生活作文必须是使学生科学地认识生活现象，因而应重视观察、调查、分析、比较等方法。"他又将此概括为"了解生活，发现题材"八个字，可以说，生活中时时、处处有写作的题材。因此，民俗文化通过它庞大的体系，为学生带来一个丰富的生活世界，使学生看到真情的可爱、善良的可贵和美的价值，从而写出好的作文。

（一）关注家庭生活

每个家庭都拥有一定的家庭传统，这些家庭传统往往与一定的民俗文化相关。比如，家中晚辈会在长辈整数生日的时候为其做寿，这体现了我国的人伦礼仪和孝文化；南方家庭会在一定的时节采摘桂花并将其晒干，围着火炉熏炒青豆，然后制成熏豆茶，内含熏豆、桂花、陈皮、芝麻，这又是富有地方特色的饮食文化；一些农村家庭，板凳在他人坐过之后要在其上拍几下，自己才能再坐，认为这样才不会和他人吵架，这是一种民间禁忌文化，也体现了人们对人际和谐的重视。高中学生与社会接触不多，多数时间是在家庭之中度过的，家庭生活是学生作文素材的主要来源。

（二）珍惜旅行见闻

我国地域宽广，各地都有自己独特而有趣的风俗习惯，我们对这些宝贵的旅游资源也应该好好利用。比如很多少数民族保留了自己的民俗文化，如泼水节、走婚形式、吊脚楼等，涉及节庆、婚嫁、建筑、服饰等多个方面。旅行是让学生走出校门开阔眼界的好机会，这些不同的旅行见闻，成为学生写作取材的一大途径。

（三）利用节日资源

在紧张繁忙的学习之后，各类节假日是学生调节身心、娱乐放松的大好机会。而各种节日文化也充满了民俗特色。比如，每年农历七月三十日是地藏王菩萨诞辰，家家户户在晚上为其点香祭祀；乞巧节那天，女子用柏叶、桃枝煎汤沐发，象征着用银河圣水净发，希望获得织女神保佑，相传这天的露水是牛郎织女相会时的眼泪，因此还流行用脸盆接露水，抹在眼上，可使人眼目清明。这些有趣的节日活动，成为人们平凡的日常生活中的美好点缀，也有丰富的寓意。学生在玩耍的同时，也在积累着最生动的第一手写作素材。

"巧妇难为无米之炊"，取材是写作的重要环节。而写作源于生活，灵感的显现都蓄积在日常生活中。因此，平时多关注、感受生活，多发

现身边的民俗文化，才能积累丰富的写作素材。

二、珍视本土元素的无限活力

从思想性上来说，民俗文化渗透有利于重现本土的精神魅力。民俗文化是人民群众集体创造出来的一种文化形式，是群众思想的反映，因此，民俗文化必然也体现了中华民族吃苦耐劳、勤劳勇敢、善良质朴等精神风貌，值得珍视。歌德说："对于一个国家来说，只有根植于本土、出自本国的一般需要，而不是猴子式模仿外国的东西，才是好的。"因此，民俗文化渗透于作文教学，有助于学生在珍视本土文明的基础上建设健康的本土文化观，形成积极的价值观念，树立崇高的人生理想，从而使其作文具备思想上、立意上的独特性。

（一）获得感性认识

教师可以鼓励学生多方位地感受民俗文化，尝试着通过视听等多重感受来引起心灵的共鸣，获得对生活之美的感性认识。学生对我国民俗文化不感兴趣，实际上是由于对其不够了解。如果多做了解，就会发现民俗文化具有很大的价值。很多民俗文化的载体具有强烈的视觉冲击力：北方的窗花剪纸艺术，图案惟妙惟肖，具有很好的装饰效果；南方农村的灶头画，内容多为吉祥图案，色彩缤纷喜气，是民间艺术珍品；江南一带由蓝印花布做成的各种服饰和壁画，蓝白相间，显得素雅洁净、别具一格。

（二）形成理性认识

教师还应帮助学生将中西方的传统文化进行比较思考，从而对此形成理性认识。学生热衷于外来文化，源自追求新鲜与时尚的心理需求，通过比较就会发现，吸取外来文化也应适度，本末倒置的结果只能是不伦不类。比如，学生喜爱西方节日，却淡忘了自己国家的传统佳节。如果让学生了解中西节日产生的文化渊源和历史背景，就能懂得"橘生淮南则为橘，生于淮北则为枳"的道理了，身在中国，本土节日才最应景和适宜。再如，学生在穿着上喜欢模仿国外各种混搭、嬉皮的打扮，并以之为美。如果让学生多了解中国的传统服饰，就能认识到，各国有各国美的标准，这是无可厚非的，但是只有中国有旗袍、中山装，只有中国有千层底布鞋、蓝印花布，我们应为这独一无二的艺术形式感到骄傲。

三、回归本土语言的隽永之美

从形式美上来说，民俗文化的渗透能回归本土语言的隽永之美。民俗文化扎根于本国土壤，吸收着本土的养料和气息，其中的语言民俗自然集华夏精华于一体，闪耀着本民族的特有光辉。我国教育家陶行知认为"整个的社会活动，就是我们教育的范围，不消谈什么联络，而他的血脉是自然流通的"。生活中的语言是最富有活力的，也是和作文语言相通的。因此，民俗文化（特别是其中的语言民俗）能丰富学生的作文语言，使之在广泛吸收各类新兴语言的同时，能保持内在的本土特色和隽永之美。

（一）巧用方言俗语

一些地方流传的方言，往往使作文语言更有趣生动，别有风味。比如上海方言"敲竹杠"，原是指上海在殖民地租界时期，外国军官敲生意人用来放零钱的竹筒，意思是要交钱了，现在用来指代敲诈。北方话中的"嘚瑟"，是"得意洋洋"之意。谚语和歇后语等，也能增强文章的说服力和趣味性。比如嘉兴农谚"清明断雪，谷雨断霜"，说的是当地春天的气候特点。哲理农谚"摇船叫替班，一世勿出山"，指做人做事要学会独立才能成功。一些歌谣、民间诗歌，也是抒情散文的好素材，能增强情感的渲染力。比如北朝乐府民歌《敕勒川》："敕勒川，阴山下，天似穹庐，笼盖四野……"表现出草原开阔明朗的景象。又如儿歌《小燕子》："小燕子，穿花衣，年年春天来这里……"表现出一种童趣，格调清新活泼。

（二）融入传说故事

民间传说是在一定的社会现实基础上、依托百姓奇幻的想象、通过

一定的夸张手法创作而成的，涉及人物传说、史事传说和地方风物传说等几类。比较有名的传说故事有孟姜女哭长城、梁山伯与祝英台、刘三姐的传说等。还有很多地方性较强的故事，它们内容曲折生动、引人入胜，是丰富学生作文内容的好帮手。神话故事是在远古时期生产力水平低下的情况下人们为了探索自然、征服自然和改变自然而创作产生的口头民间艺术，分为创世神话、神佛神话、英雄神话等几类。我们耳熟能详的神话故事有盘古开天地、夸父逐日、大禹治水等，它们也具有很强的艺术欣赏价值，可以成为学生写作文时引出主题、辅助论述的材料。

（三）借用曲艺内容

多样的曲艺表演就像一朵朵艺术奇葩，盛开在华夏大地的各个角落。元宵节里有猜灯谜活动，灯谜语言押韵，多用比喻、拟人、对偶等修辞手法，读来朗朗上口，而且俏皮风趣，也可以运用到作文之中。比如"红娘子，上高楼。心里疼，眼泪流"，指的就是蜡烛。

潮汕地区节日文化节目中最具人气的是"猜灯谜"活动。每到新年，各村各寨都会举行新春猜灯谜活动，群众参与的热情很高。根据潮汕地区校本课程教材《中小学生灯谜入门》，教师要先指导学生学习猜灯谜的方法，再鼓励学生多参与，让学生领略中华优秀传统文化的风采，积淀文学涵养。

潮剧也是节日必不可少的曲艺节目，剧本中优美精致的台词富含文化底蕴。经典剧目《四郎探母》《红鬃烈马》，剧情跌宕起伏，引人入胜，语言韵味悠长，富有表现力，学生既可以借用，也可以仿写。

语言是文章的"面子"，活泼生动的写作语言能使一篇好的作文锦上添花。民俗语言流传千古而能保留至今，充分说明了它的生命力之顽强，是中学生写作的重要参考。

综上所述，在高中写作教学中渗透相关民俗文化内容，可以起到充实写作内容、深化思想情感、丰富语言表达等作用，是课程改革过程中值得重视的一大举措。同时，民俗文化作为中华民族历史文化积淀的产物，是语文资源开发利用的宝贵"矿藏"，对写作教学之外的阅读教学、综合实践教学等均有一定作用。"恰如其分地运用好民俗文化资源，不仅能丰富语文课堂教学的内涵，还能培养学生深入探究的思维品质，提升其审美能力。"若利用得好，民俗文化就是一笔不可多得的精神财富，有利于语文整体教学目标落到实处。

参考文献：

［1］钟敬文．民俗学概论［M］．上海：上海文艺出版社，1998．

［2］黄玫．挖掘民俗文化资源构建特色语文教学［J］．中学语文，2007（9）：9．

［3］方明生．日本教育中的"生活作文"教学思想［J］．外国教育资料，1996（5）：66．

［4］于漪．于漪文集（一）［M］．济南：山东教育出版社，2001．

［5］方明．陶行知教育名篇［M］．北京：教育科学出版社，2005．

［6］王莉莉．利用民俗资源，丰富语文课堂教学的内涵［J］．现代语文，2009（1）：98．

生活化写作教学理念下的高中议论文写作教学策略

陈浏如

  生活化写作教学是指在教学中寻找沟通生活与写作的各种有效途径，让学生在深入体验生活的基础上学会观察、学会体验、学会思考、学会积累，从而把自己日常生活的见闻与感受，真实、准确地记录和表达出来的一种教学方法。在指导高中生议论文写作时，教师可以围绕论点、论据、论证等议论文三要素展开指导：引导学生观察生活，养成深入思考的习惯；积累、丰富写作素材；以课文为例，展现如何用生活现象来论证；开展语文活动，让学生在真实生活场景下学以致用。

  议论文写作是高中阶段主要训练的写作类型。从学生写作情况看，很大一部分高中生所写的议论文往往存在论证思路不清晰，语言政治哲学色彩较浓，举例材料陈旧甚至无例子可举的问题。究其原因，学习压力和整天在校的学习环境容易使学生忽视生活，甚至严重脱离生活。高中学生的作文缺乏生活的气息和生命的灵性也就成了普遍现象。

  在作文教学方面，教师常常把作文训练看成是单纯的技能训练，偏重语言、构思、结构等方面的指导。教师习惯于十分具体地指导学生如何开头，如何结尾，怎样布局谋篇，让学生死记硬背，套用现成的材料和模式。这种公式化的写作技能训练，完全漠视了学生对生活的个性化体验，限制了学生自主思考的能力。学生原本想象丰富，思维活跃，离开了"生活之水"的滋润，写出来的作文苍白无力、毫无生趣就不足为奇了。

  实践表明，生活是创作的唯一源泉。要提高学生写作议论文水平，增强教师写作指导的效果，都必须将写作与生活结合起来。因此，教师要有生活化理念，并运用生活化理念来指导写作，让学生回归生活世界，以积极主动的态度全方位参与生活，学会在生活中表达自己的想法，论证自己的观点。

一、生活化作文的内涵、理论依据

什么是"生活化"?《辞海》中对"化"的定义是"表示转变成某种性质或状态，如：绿化；现代化"。换言之，生活化就是指事物向具有生活属性的一面转变。由此可见，生活化写作教学就是需要在教学中引导学生让其在写作中带有生活色彩，抑或体现生活属性，努力在教学中寻找沟通生活与写作的各种有效途径，让学生在深入体验生活的基础上学会观察、学会体验、学会思考、学会积累，从而把自己日常生活的见闻与感受，真实、准确地记录和表达出来。

生活化写作教学来源于教育生活化的理念。关于教育生活化的理念，比较有代表性的是杜威先生"教育即生活"的教育思想，以及叶圣陶先生关于语文教育与生活关系的论述。不管是杜威"教育即生活"的思想，还是陶行知"生活即教育"的主张，都强调了生活对教育的重要性。美国教育家华特·科威涅斯明确指出语文教育与生活的关系，他说："语文学习的外延和生活的外延相等。"日本的小沙丘忠义把"生活作文"的教育思想理论化，他在《我之作文生活》中提出"将人生看做作文之法是我作为教师的出发点"。这些观点都充分说明了语文写作教学与生活要紧密联系。生活是学生写作的源泉，作文教学不能离开学生的生活。议论文写作训练作为一个具体的写作训练内容，同样应该遵循生活化作文写作理念，教师在指导写作时，要注重写作与生活的紧密联系。

二、生活化作文写作教学的实施

基于生活化写作教学理念，在议论文写作指导中，教师可以依据论点、论据、论证这三个要素来展开指导，让学生对生活现象进行观察和评价，形成自己的观点，积累写作素材，学会运用生活素材来论证自己的观点。

（一）观察生活，养成深入思考的习惯

叶圣陶先生说过："生活犹如泉源，文章犹如溪水，泉源丰盈而不枯竭，溪水自然会活泼地流个不歇。"思想、观点、情感等构成议论文的一切材料，来自生活，积淀于生活。

学生写议论文缺少明确的观点，往往不是不知道写作要摆明观点，而是无法得出明确的观点，这与他们缺乏对现象的观察，缺少对现象做深入思考的习惯有关。教师要引导学生观察生活，不仅关注身边的家庭生活、学校生活，而且把眼光放远，去看整个社会生活的实况。比如，引导学生通过阅读报纸、观看中央电视台《新闻联播》《新闻周刊》等节目，大量地、全面地去了解和接触社会现实。尤其注意不要去"净化"社会生活，也不强迫性地替学生选择所"应该"接受的生活的某一方面。要相信学生自己的判断力，让学生自己去关注、去思考、去下结论。

观察生活、体验生活后，教师要督促学生及时记录想法。作家周立波说"举凡国际国内大事，社会家庭的细故，掀天之浪，一物之微，自己的一段经历，一丝感触，一撮悲欢，一星冥想，往日的凄惶，今朝的欢快，都可以移于纸上，贡献读者"。教师应启发学生留意生活中细微的情感变化，留心大脑中冒出的小见解、小感受，并随时记下它们。

锻炼学生深入思考的方式除了有平常的阅读累积、善于思考习惯的养成之外，教师还应逐步引导学生将其思维进行"后推"，即向"根"处挖掘。例如，笔者在讲授《寡人之于国也》一课时，让学生感悟如何深入议论：梁惠王认为自己"于河内凶时，移其民于河东，移其粟于河内，河东凶亦然"，已经算是对民用心而可期求"国内之民加多"了，但孟子以"五十步笑百步"的事例引出了真正的"仁政"与"王道"之理，即"养生丧死无憾乃王道之始，五十者可以衣帛、七十者可以食肉，数口之家可以无饥，颁白者不负戴于道路"，这是对梁惠王"保民"思想的进一步深入，是对人民需求的深层挖掘，即从养生丧死至"七十者衣帛食肉，黎民不饥不寒"需求的渐次满足。以此让学生明晰深刻思想的"进一步挖掘"的形态。之后，笔者和学生一起总结了"在论述方向确立之后问问自己还有没有进一步后推的可能，如在论证'是什么'时有没有触及事物本质，在论证'为什么'时有没有触及事物根源，在论证'怎么做'时有没有触及根本方法"等。这样，学生深入思考的意识、习惯与能力就能得到一定程度的提升。

（二）引导学生积累、丰富生活素材

留心生活事件，及时将其记录收集，是积累论证素材的重要途径。笔者在启发学生如何积累素材时，就以 2020 年突发的新冠肺炎疫情为核心设置问题："2020 年我们见证了一场没有硝烟的战役，如果让你选择一位'抗疫人物'作为素材收集对象，你会选择谁？请用一句话概括。"学生基本上都能举出钟南山院士、李兰娟院士等例子，笔者又引导学生互相交流答案后，将大家所举的例子进行归纳总结，运用排比的手法进行叙述。接着，引导学生们思考这样的素材如何去运用。比如运用于以"英雄"为关键词的作文，并提供了这样的语段，让他们仿写：灾难是最好的洗涤剂，洗去平凡的生活给每个人蒙上的铅华，将英雄凸显，让义士生辉。中华民族从来就是一个英雄辈出的民族。无论是说出"匈奴未灭，何以家为"的霍去病，还是立志"苟利国家生死以，岂因祸福避趋之"的林则徐；无论是抗日战场上冲锋杀敌的民族烈士，还是今天穿着白色防护服的抗疫护士，他们在灾难中挺身而出，就是芸芸众生的英雄，就是中华民族的脊梁。

这样，学生可以将以前积累的例子加以运用，将素材再延伸，让生活中的事例广泛联系起来，丰富了议论文写作的素材。

（三）以课文为例，展现如何用生活现象来论证

议论文写作中除了积累素材，如何开展论证同样也是困扰学生的一大问题。高中语文教材中有很多经典的议论文，教师可以抓住这些课文来进行议论文写作指导。如粤教版第四册的《季氏将伐颛臾》《寡人之于国也》《劝学》集中运用了比喻论证。比喻论证是一种以日常生活中常见的事情或现象作为喻体，来证明较抽象道理的论证方法。例如，

《劝学》一文就运用了生活中常见的大量比喻，为了说明"学不可以已"的道理，作者用了人们生活中常见的靛青色的提取、车轮的制造以及水寒冷而成冰等事例加以说明，充分表达了"学不可以已"而必须有所造就的道理。除此以外，还运用了对比论证，如文末"蚓"和"蟹"，"骐骥"和"驽马"，"锲而不舍"和"锲而舍之"，通过正反对照把学习要专一、坚持的道理阐述得具体明白。以这些作为引导，既能让学生学习论证方法，也能有效启发学生运用生活中的现象来展开论证。

（四）开展语文活动，让学生在真实生活场景下学以致用

议论文写作的命题，可以以热门话题为原型来加工出题，日常生活化的取材更能激发学生的写作热情，也更容易使学生上手。

广东省语文高考从 2016 年开始采用全国卷，从近几年的高考命题情况来看，作文命题生活化倾向明显。2016 年的作文题目是"两个孩子得到成绩后的奖惩"，是以学生学习生活为原型命题的；2017 年高考作文的主题是帮助外国人读懂中国，其中"'一带一路'、大熊猫、广场舞、共享单车、京剧、美丽乡村、高铁及移动支付"等都与学生的生活息息相关。2018 年作文要求 18 岁的考生"写给 2035 年的 18 岁的一代人"、2019 年的作文是写倡议大家"热爱劳动，从我做起"的演讲稿，都让学生有明显的生活感；2020 年的作文，要求就"齐桓公、管仲和鲍叔的故事"写发言稿，虽然以历史故事为内容，但演讲稿这一应用文体也具有要求学生思考人物品质的现代意义，写作时同样要贴近学生生活。可见，对这个时代、这个社会中与"我"息息相关的生活现象的思考，成为近几年作文题的主要命题方向。不管是内容贴近生活，抑或是文体要求实用化，都引导着学生在写作中结合自己的生活体验和阅读去思考生活中与"我"息息相关的种种问题，启发着语文教师在课堂教学中要有生活理念，教学上尽可能运用贴近生活的事例，引导学生关注生活，培养写作兴趣，从生活中获取写作素材，表达对生活中现象的看法。

这两年实用性写作命题的频频出现，提醒着日常作文教学应把演讲稿、慰问信、观后感、书信、辩论这样的实用性书面和口语表达训练，真正地落实到位。这样的命题提醒我们，在平时的作文教学中要切实关注学生真实的日常写作需要。作为教师，不妨在课堂形式上进行多样化设计，开展演讲、辩论赛、读书会等活动。比如，笔者就曾开展过课前三分钟演讲。笔者要求每个上台演讲的学生必须在演讲过程中凸显议论文的特点，演讲后还必须说明三个要点：一是说明观点，二是明确所用事例和论证方法，三是理清论证思路。通过演讲活动，绝大部分学生领略到了议论文独特的魅力，初步了解了议论文的框架结构，从认知方面为写作实践的开展打下了基础。

三、结语

高中语文生活化写作是当今语文教育发展的趋势，教师引导学生在写作教学中融入一些生活元素，以生活化教学来培养学生求真务实观察能力、理性思维能力，才能更好地还原语文学科的本质属性，让写作教学回归生活化，帮助学生在生活中发现写作的乐趣，自信地走向高考。

参考文献：

［1］陶行知．试验乡村师范学校答客问［M］．北京：教育科学出版社，1981.

［2］中国社会科学院语言研究所词典编辑室．现代汉语词典［M］．5版．北京：商务印书馆，2005.

［3］候改改．高中生写作思维训练策略研究［D］．上海：上海师范大学，2019.

语文写作形式生活化的实施路径探析

陈浏如

生活化写作教学是指在教学中寻找沟通生活与写作的各种有效途径，让学生在深入体验生活的基础上学会观察、学会体验、学会思考、学会积累，把自己日常生活的见闻与感受，真实、准确地记录和表达出来的一种教学方法。教师展开生活化作文教学，完全可以将作文交还给生活，引导学生用喜闻乐见的方式来作文，用生活中常见的形式如班刊、调查报告、网络作文等形式来展开作文教学，引导学生将写作形式生活化，从而提高作文质量。

生活化作文教学是一种面向学生生活世界的教学模式，它以学生的生活为蓝本，构建全新的学生作文世界，以丰富学生的现实生活和可能生活为出发点和归宿。

写作教学应贴近学生实际，让学生易于动笔，乐于表达，应引导学生关注现实，热爱生活，积极向上，表达真情实感，"应努力选择贴近生活的话题，采用灵活的形式组织教学"，"写作的评价，要重视学生的写作兴趣和习惯，鼓励表达真情实感，鼓励有创意的表达，引导学生热爱生活、亲近自然、关注社会。自然风光、文化遗产、风俗民情、方言土语，国内外的重要事件，日常生活的话题等也都可以成为语文课程的资源"。

笔者在实践操作中，采用了班刊、调查报告、网络作文等形式来展开作文教学，引导学生将写作形式生活化。

一、班刊

报刊是生活中常见的一种传播文字资料的工具，也是生活中深受学生喜爱的一种传播媒介。因而，采用刊物的形式来引导学生写作，是容易为学生所接纳并喜欢的一种作文形式。

班刊，就是模拟报刊投稿模式，以班级为单位办一份刊物，学生为班刊供稿。其具体措施包括以下几个方面：

首先，确定班刊的基本栏目，如校园采风（报道校园发生的新鲜事）、文学长廊（刊发学生自己创作的散文、小说、诗歌等作品）、新闻人物（介绍学校或者班级的优秀人物事迹）、读书频道（对佳作或者课外名作进行点评）、焦点访谈（对社会和学校热点问题进行访谈，写出对这些热点问题的看法和观点）、心灵之窗（记录思想的点点印记）等。然后，鼓励学生自由选择栏目，自由命题，选择适合自己的专栏进行创作。接下来，教师再分别从这些专栏中挑出（或者民主选出）一个进行编辑，负责组织该专栏的作者们对投稿作品进行集体讨论，发表意见，评出若干篇佳作，最后汇编成册，制成班刊。如果条件许可，可以组织印刷，保存成册，长期在班级传播。

班刊以月刊或双月刊为宜。笔者认为这是一种以学生为主体，能最大程度地调动学生积极性的创作模式。

实践证明，举办班刊的好处有：

第一，班刊能最大程度地发挥学生作文的主体性。班刊的作文过程，学生可以自由选择题材，选择文体，可以写自己想说的话、想抒发的情感。这样学生能自由表达，真正做到我手写我心，发挥出自己的最大才能。

第二，班刊能最大程度地激励学生关心生活。设置校园采风、焦点访谈等栏目，学生便会主动去寻找生活中发生的点滴新鲜事，把目光从寻常的生活中跳跃出来，观察更加敏锐，进而从班级校园这个小圈子跳出来观察社会。

第三，班刊能最大程度激励学生思考生活。学生在食堂、教室、宿

舍的三点一线的日常生活中变得麻木了，对生活中发生的事情总觉得理所当然，很少能主动去思考生活，感受生活的脉动。班刊的焦点访谈、心灵之窗等栏目势必会激励同学们对生活展开思考，从而对生活理解愈发深刻。

第四，班刊是一个全班性的生活素材积累本。众人拾柴火焰高，班刊的每个栏目，都是新鲜的生活事，都是新鲜的个人体验，把它们汇编成册，学生互通有无，相互交流，共同成长，最终为自己的作文写生活事件、生活情感、生活体验积累了大量生活素材。

第五，班刊能有效地培养学生阅读鉴赏能力和语言表达能力。作文是一个熟练活，只有多练，才能写得更熟练，写得更深刻，写得更好。学生相互竞争，踊跃投稿，自觉作文的频率越来越高，写作水平自然得到提升。通过专栏成员对投稿稿件的综合阅读和评选，也势必会提高学生阅读鉴赏能力。

二、调查报告

高中生社交圈子有限，怎样才能主动让高中生突破自己的圈子，去接触更多的生活，更深刻地思考生活呢？笔者认为调查报告是一个比较容易操作的方式。

教师可以选择若干社会热点问题，让同学们挑选出其中一个，然后就这个问题去进行调查，群策群力写出一篇调查报告来。比如，围绕部编版教材语文上册第四单元的"家乡文化"让学生写调查报告。笔者在教学实践中尝试过，最后学生形成的报告令我非常欣慰。学生自主的分工合作非常成功，充分发挥了各个不同性格不同能力水平学生的独特性，外向胆大的同学负责采访，搜集资料；写作水平高的同学负责将资料整理成文字；学生思考问题的角度和深度都让人吃惊——从文化形成的成因、发展阶段、意义等方面表达了自己的看法，而且颇为全面，具有建设性。

实践证明，开展调查活动好处颇多：

第一，调查报告能激励学生拓宽自己的社交圈子。学生社交圈子是狭小而固定的，鼓励学生围绕各种主体进行社会调查，将报纸、网络上的社会热点问题拉到学生的生活中来，这实际上就是激励学生突破自己的社交圈子，去接触一个更大的、全新的生活和世界。

第二，调查报告能提升学生思维高度。学生对社会的认识停留在较低的层次，思维主要受教师的影响和媒体的影响。无论是教师还是媒体，或是带有自己的主观情感，或者为了经济利益，对社会热点问题的思考往往比较偏激。调查报告由于是自己通过观察、走访等形式获得的一手资料，因而学生看待问题的角度会更加全面公正，得到的结论也会比较全面而深刻。在得出结论的过程中，学生的思维能力自然得到提升。

三、网络作文

教师还可以鼓励学生用微博、博客、论坛等平台进行作文创作，并对其他同学的作文进行及时反馈。网络作文教学模式也可以在生活作文教学中尝试开展。

笔者认为网络作文有传统作文模式无法比拟的几个优点：

第一，网络作文本身就是学生生活的一部分。博客、微博、论坛已然成为一种新型的文学形态，对人们的生活，尤其是对慢慢学会独立思考，尝试审视社会，渴望自由表达，希冀得到同伴认同的高中生来说，产生了巨大的影响。他们以碎片式的书写为主要的书写方式，让写作变成一种自我释放；他们以个性书写为主要书写内容，以获得同伴认同为写作旨归。因而，网络作文少了课堂写作的"正襟危坐"，写作不再是一项难以完成的任务，它本身就是学生日常生活的一部分。教师应该抓住这个契机，鼓励学生利用网络写作，引导学生关注生活、思考生活，表达自己对生活的看法和见解。

第二，网络作文能让师生平等对话。在传统的语文课堂中，虽然教师也在努力营造一种民主平等的氛围，但是站在讲台上的教师和坐着的学生这种客观的布局，就很难让师生能够平等对话。但是在网上，由于距离的疏离，加上每个电脑前的人都是一个独立的交往主体，所以很容

易营造出真正平等的对话关系。另外，教师还能够通过发表留言、论坛回帖等学生容易接受的方式对学生的网络作文进行引导和点评，这比在课堂封闭环境中对学生进行引导和点评更容易为学生所接受。

第三，网络作文更能有效反馈。传统作文课堂，即便是让学生自主批改，每个学生能看到的作文也是有限的，也不容易对每篇作文做出相应的评价，从而交流思想、提升自我；更何况在大多数的时候，教师出于对学生互相批改无从引导或者不够放心，对作文批改大包大揽，导致作文批改效率不高，学生无法得到及时反馈。网络交流的即时性，能够让学生在社区里边展开讨论、交流观点、加深思考，从而激发新的思维碰撞。教师不仅可以对写作者提出指导意见，还能对学生的评价意见进行再评价，这无疑提高了作文批改的效率和质量。

总之，作文形式可以是多样的，生活作文教学不应局限于课堂这个封闭空间，应关注生活，让学生的写作形式回归生活，回归到学生喜闻乐见的形式中去。

参考文献：

［1］中华人民共和国教育部．普通高中语文课程标准（2017 年版）［S］．北京：人民教育出版社，2018.

［2］刘勇强，杨九俊．普通高中教科书　语文　必修　上册［M］．北京：人民教育出版社，2019.

高中生写作生活化素材积累方法探析

陈　漫

　　写作无话可说、言之无物已成为困扰大多数高中生的一大问题，学生也常表示对于作文"爱不起"。本文以全封闭重点中学的学生为对象，根据具体学情，探究从生活中获取写作素材的四种方法，提出生活化写作是解决苦恼的根本途径，培养学生热爱生活、观察生活、善于从生活中寻找有用素材的能力和习惯，写出有新意、有高度、有深度的优秀文章。

　　《普通高中语文课程标准（2017年版）》中说："写作是运用语言文字进行书面表达和交流的重要方式，是认识世界、认识自我，进行创造性表述的过程。"学生写作时存在难以下手、抓耳挠腮的普遍现象，最主要的原因就是缺乏生活素材。学生学习任务重，他们日常的生活范围只限于校园和家庭，紧张而又单调的生活让学生感悟生活和发现美的能力变得薄弱。为此，教师应该鼓励学生积极参与生活，体验人生，关注社会热点，激发写作欲望。同时还要引导学生表达真情实感，不说空话、大话，避免将掌握的非常有限的论证材料多用、乱用、滥用，导致观点论证错误，内容肤浅，言之无物。学生既要有从生活中寻找素材的意识，也要有个性化写作的主动性。接下来，笔者将以实际课堂教学为基础，简要分析从生活中获取写作素材的四种方法，希望能够给予学生有用的指导，帮助学生走出写作困境。

　　方法一，借助图书报刊和视频汲取材料，进行提炼，以小见大阐释重大主题。

　　首先要给予学生足够的课内外阅读时间，不断向学生传输阅读很重

要的思想。广泛涉猎不同类型、不同方向、不同体裁的书籍，内容既可以是古今中外大事件、大人物，也可以是平凡生活的点点滴滴。最受学生欢迎的《语文周报》，不仅有热点新闻评论、人物特写，还有优秀作文范文。学校图书馆的海量藏书也可供学生定期借阅，甚至每个班级都有一个专用书柜，学生在教室里可随时阅读。长期坚持，学生的知识便会在无形中丰富起来，自然能够积累足够的写作素材，并善于利用这些素材，就可以写出内容丰富、情感真挚的文章。在此基础上，教师还需培养学生从不同的角度看待同一事物的习惯，学会从所读所得中阐释出重大的主题，即以小见大的能力。比如阅读贾平凹的《我不是个好儿子》，感受作者如何通过日常生活中的一件件小事来表达母爱的深厚。再如阅读李清照的《永遇乐·落日熔金》，体会作者通过描写元宵节游历这件小事，表达出深厚的爱国情感和强烈的忧患意识。素质教育不仅只是培养有文化知识的年轻人，更要培养心怀天下的有志青年。毕竟两耳不闻窗外事，一心只读圣贤书的行为早已被社会淘汰。而将阅读到的内容和社会上的某些事物联系起来便是以小见大的完美诠释。比如在一次阅读课中，有同学将久雨初晴，"流浪"的太阳终于回到人们的生活中，温暖美好的阳光洒在教室的窗台，联系到了 70 岁的中国登山者夏伯渝获 2019 年劳伦斯世界体育奖年度最佳体育时刻奖。在过去 43 年的登山历程中，夏伯渝遭遇了很多意外的打击，但最后夏伯渝创造了一个新的历史，成为第一个从尼泊尔一侧登上珠峰的双腿截肢选手。更有同学提出小到一个国民，大到整个发展中的中国，何尝不是在四面强敌的处境中艰难前进，最终取得了让世界瞩目的成就，青年人应该有时代的担当和使命感。由生活中习以为常的一件小事最后联系到了国家发展、个人责任感，这是素质教育的终极目标，也是作文教学的一个极为重要的环节。

除了读书，教师还可以引导学生适当利用课外时间观看相关视频，社会是多元的，青年人的世界不应只有综艺节目，还有很多高质量有营养的节目值得他们去观赏和吸收。比如新闻时事类的《新闻周刊》，中国传统文化类的《中国诗词大会》，年轻励志类的《开讲啦》等。不管是在阅读还是观看视频，学生都需养成随时做批注和笔记的习惯，并将收获到的优美词句、热点评议、丰富情感进行深度、高度的再加工，内化为自己的东西，这是从生活中积累作文素材的有效手段。

方法二，善于观察生活，就地取材，挖掘平常事物的深刻含义。

真正的选材来自广阔的生活空间。并非只有高大上的主题才能体现写作高度，一切优秀的艺术作品都是来源于生活，强大的理论必须扎根于生活，而观察生活就是我们获得成功的最根本方法。比如，齐白石先生为了画虾，在家里养了一大缸虾，每天不断观察虾在静止时、跳动时的细微动作。故而齐白石先生笔下的虾灵动通透又充满美感。校园中师生的一举一动、大自然的鸟叫虫鸣、社会中的各色人物和各种新鲜事，又如学生经常往返于校园的公交车上折射出的社会现状，各式各样的乘客，五花八门的交谈内容，不断变化的沿途景观，体现文明素质的乘车行为等均可成为学生从生活当中选取的写作对象。叶圣陶说："生活充实，才能表白出、抒发出真实的、浓厚的情思来。"可见，写作需要细心、用心观察生活。学生观察之后还需要挖掘出普通事物的深刻含义，做到"看山不是山，看水不是水"，这样方能写出新意、写出高度。例如，2011 年夏天，一家名为"风沙渡"的小吃店红遍全国，这都归功于当年的一篇高考满分作文。作者因赶考时看到一家名为"风沙渡"的小吃店，由此联想到人的高贵来自灵魂，来自思想层面的高贵，发出了"拒绝平庸"的感慨。作者由一家小餐馆的店名挖掘出了关于生命价值的深刻见解，这正启示着我们生活处处有文章，我们只需多观察和深度挖掘而已，这对热爱生活又有一定的知识底蕴的重点中学学生而言并非难事。

方法三，同性质事物的类比联想。

对于一些比较难以寻找写作素材的作文题，比如在本学期第一次月考中出现的一道关于"炫富摔"的作文题，有些同学甚至还不清楚"炫富摔"这回事，而所掌握的材料和生活中又没有相同的行为，这时候我们就可以采用类比联想。类比联想即由某一事物的触发而引起和该事物在性质上或形态上相似事物的联想。在课堂中，笔者带着学生们理

清了"炫富摔"的性质：普通人、主动展示、积极意义。笔者还选取了两个事例：一是本班的某位教师在朋友圈展示了一则他精心批改的学生作业，结果学生对他的批改提出了质疑，他发出了"学生成了我的老师"这一充满欣慰之情的感慨；二是西安交通大学第二附属医院心内科医生范博渊医生为了更好地传授心电图知识，自创了一首《心电图十七步诊断歌》上传到了网上，一夜之间在网上爆红。通过事例展示，进而引导学生总结出所举材料的性质为：普通人、主动展示、积极意义。经过类比联想，结合身边的例子和社会热点，作文题举例论证的难题便迎刃而解。运用好类比联想，找准不同事物之间的相同相似属性是关键。部分同学由于思考不深入，往往未能找出真正相关的事物，这也是造成选材错误的一个主要因素。在足够的生活素材积累的基础上，找出准确的属性，再搜索相似的事件，学生思想意识当中只能靠"瞎编"的无头绪写作却也能够"编"得合情合理，"编"出水准。

方法四，带着生活化的思维，对材料展开合理的想象，进而获得有效的论证素材。

部分学生如果实在没有足够的素材积累，又缺乏类比联想的能力，可以尝试着对原作文材料列举的例子展开合理的联想。比如在"炫富摔"作文材料中提到"摄影爱好者摔出了各色零件"，我们可以根据常识联想到摄影爱好者为了拍出震撼人心的艺术作品，不顾艰难险阻，四处奔波，历尽艰辛的生活场景；"消防员摔出了全套消防装备"则让我们的脑海里浮现出新近震惊全国的四川凉山消防员森林灭火牺牲事件，联想到消防员恪尽职守，舍生忘死，英勇顽强，无私奉献，用青春、智慧、汗水和鲜血凝聚成了具有时代特征、消防特色的品质和作风。甚至还有学生提出了我们应该学习消防员展示的居安思危、刻苦锻炼、钻研救生技能的精神。有了材料，有了合理的想象，一篇优秀的文章也就有了。这对于苦无素材写作的学生是最好的解决方法。但学生在原材料扩展的基础上，切忌只是简单无内涵地扩写，而应是扩展，即扩写和展开。不局限于原有的素材，而是以原有素材为基础，展开符合客观现实的想象。既能够保证不离题，也能够做到内容丰富，得到教师的肯定。

生活是学生写作练习必不可少的现实背景，学生写作需要一定的自由想象能力，也需要在生活中获取写作素材的动力。教师需要调动学生在生活中积累写作素材的积极性，在生活中做一个有心人，养成良好的写作习惯。语文生活化的写作探索任重道远，写作既需要正确理论的指导，也需要持之以恒的练习，成功并非一朝一夕可得，贵在坚持。但在以上方法的指导下，经过一学期的有针对性的生活化作文练习，本班大部分同学的作文写作已经有了质的提高，不再局限于那些早已被写"烂"了的课本人物和事件，而是养成了从生活中获取素材的思想意识，初步掌握了将接地气的生活化材料运用到写作中的能力，并经过谋篇布局构思出了初具新意和高度的文章。这是学生能力的有效提升，也给学生增强了写作自信。作为一位专业语文教师还需在生活化写作的道路上进行不断的探索，摸索出高效可行的写作方法，增强生活化作文教学的效果，增强学生对生活的感悟能力和思考能力，提升自身写作能力和写作水平，实现生活化作文教学的目标。

参考文献：

［1］燕好荣．浅谈生活化作文教学策略［J］．探索，2018（15）：15－17．

［2］叶圣陶．叶圣陶语文教育论集［M］．北京：教育科学出版社，2015．

［3］廖石燕．高中语文生活化作文教学探析［J］．当代教研论丛，2018（7）：31，35．

位卑未敢忘忧国

——浅谈青年学生如何在写作中升华"强国有我"的责任担当意识

陈　漫

在学生将作文写对的基础上，引导学生将作文写好，已成了高三一轮后期复习的重点。本文通过分析观点的时代背景，以及在阐释"强国有我"的概念中，列举了近几年来家国情怀作文的命题趋向，提出了高中学生如何在写作中升华"强国有我"的责任担当意识的方法。

一、背景

党的十八大报告指出，社会主义核心价值观是引领当代中学生成长成才的根本指针。《普通高中语文课程标准（2017 年版）》要求普通高中语文教学要"培养热爱中华文明、热爱祖国、热爱人民、热爱中国共产党的深厚感情"。中学生只有学习和践行社会主义核心价值观，坚持崇高理想追求，弘扬伟大民族精神，塑造文明道德风尚，才能健康成长为社会主义建设的有用人才。纵观近几年高考作文命题，不难发现其趋势及特点，近些年的作文要求更多地融入了学生对社会主义核心价值观的理解和践行，具有新时代特点，既强调了学生个体的"小我闪烁"，也要有时代赋予的责任感和担当意识；既要做忠诚的爱国者，时刻不忘自己是中华人民共和国的一分子，维护国家利益，还要把个人的奋斗志向与国家和民族的前途命运联系在一起，树立正确的人生观和价值观，追求高尚的人生目标。

2020 年的最后两个月，当"双 11"的多维度解读，《人民日报》上的热评人物，从"深圳速度"到"中国速度"，从新冠肺炎疫情的防控和应对谈自由与约束等成了高考作文预测的大热门，我们可以发现，作文早已成了体现学生家国情怀、使命担当的一大主要阵地。考试在选材与行文时只知关注"他"，而忽略了真正该关注的"我"。所以将"我在文中"的基础升华到"强国有我"主人翁的意识再渗透到行文中早已成了写作的必备。

二、概念阐释

"强国有我"即成长在祖国强盛时期的中国青年，在作文中将一个年轻人的勇挑重担、勇克难关、勇往直前，与祖国同呼吸、共命运的时代责任感和使命感，渗透到文章中，彰显社会主义核心价值观。

纵观近三年高考全国卷一的作文设置，2018 年全国卷一作文题目"世纪宝宝中国梦"精选了七年的热点事件，满分作文《十八年与中国共同成长》的作者在展示新时代的重大规划的同时，又精准对接这一代考生成长过程中经历的重要时刻，全文内容具有强烈的时代感与历史感，感受大国风采、民族精神和时代品格，将"小我"和"大我"联系起来，充分认识个人成长与国家、与民族、与新时代的深刻关联，更切实感受"四个自信"，增强自己和同代人的荣誉感、责任感，在实现社会主义现代化，实现中国梦的生动实践和激情奋斗中放飞青春梦想。文章最后写道："可是，在中国走向繁荣之际，我也想请你不要忘记，祖国走向强大的路上，不能没有你。中国的美好之歌应该是由千千万万个你和我一同谱写的。过去，祖国母亲养育了你和我，伴我们一路成长，那么未来的多少个十八年，我们也应该携起她的手，走向未来。十八年，我们与中国一同成长；在未来，我们还会一路相伴。我们已然长大，鹏鸟展翅，当助祖国终铸辉煌。"

2019 年全国卷一作文写作任务之一是面向本校同学写一篇演讲稿，倡议大家"热爱劳动，从我做起"，启示考生在深刻领悟中华民族站起来、富起来、强起来，实现伟大复兴的历史进程的同时，也不忘热爱劳动，从我做起，做到"强国有我"的真正落实。

在 2020 年全国卷一作文中，无论是甘居其下的鲍叔牙，或是不计前嫌、用人唯贤的齐桓公，还是在其位谋其职的管仲，都在发挥着榜样

人物的示范功能，对考生的品德修养起着潜移默化的引导作用。在湖南省考生的优秀作文《胸襟广阔，格局高远》中，作者写道："朋友们，以前贤为效，心胸宽广；以前贤为师，志存高远。愿我们也有这般格局，在时代的洪流中，怀着对家国未来的热望，踏浪前行。"考生将小我融入祖国的大我之中，实现人生价值，升华人生境界，充分展现时代青年的精神风貌。

三、如何升华"强国有我"的写作能力

由于当代学生学习压力大，生活体验不足，因此时常在写作中出现"为赋新词强说愁"的通病，无法怀揣深深的家国情怀，浓浓的赤子情，而是有"无病呻吟"之嫌。关于如何加强学生的"强国有我"写作能力，笔者提出以下几点见解：

（1）艺术来源于生活，写作不能脱离生活，只有接地气的生活化写作才能使作品根基稳固，只有扎根于生活的写作才能有丰厚的内涵和感召力。学生应该理清学习和放松、感知和实践的关系，当电脑、手机、平板电脑占据了我们的主要休息时间时，我们所谓的休息只是另外一种体力消耗罢了。甚至有学生认为"一机在手，何愁没有"，缺乏对现实生活的观察和体验。须知："机"上得来终觉浅，没有深入生活的人谈何艺术创造，高考作文真正"生活化"，是高考改革的一大方向。所以考生应用心去体验生活，把生活感悟融入作文中。学生应该懂得放下电子产品，面对生活，体验生活，热爱生活，深入生活，将生活融入写作中，摆脱电子产品的桎梏，只有灵魂自由才能有好的创作。

（2）教师引导学生关心家国事天下事，树立正确的"三观"。我国即我家，国事即家事，定期让学生接触多元的栏目内容，可以涉及时政、经济、教育、文化、社会等各个领域的热点话题，改正学生在写作中碎碎念、把鸡毛蒜皮小事当作典型事例的错误。通过关注社会热点，一是可以增强学生的民族自豪感；二是通过某些话题培养学生剖析问题，提出解决方案的能力；三是让学生深入到国这个"大家"当中来，在思考人生和社会之余，能以明日主人的身份为"家"排忧解难。

（3）要求学生勤思多练，将所思所想付诸笔端，强化逻辑思维能力。每两周一次的作文训练是作文训练的重中之重。以文字的形式呈现出来的作品，一方面教师可以发现学生写作中存在的问题，并指导学生如何解决问题；另一方面可以强化学生大脑处理问题的能力——逻辑思维能力。只有具备强有力的逻辑思维能力才能"临危不乱"，做到心中有明灯，无惧"黑夜"。学生具有强大的思维能力，小到遣词造句，大到谋篇布局，都能成为整篇文章稳固的根基，在此基础上抒发青年一代的家国情怀，无异于锦上添花。

四、总结

一篇好的文章常常需要经过千锤百炼，当代学生既需锤炼写作方法，更需锤炼心中永不熄灭的"强国有我"的责任感和担当意识。位卑未敢忘忧国，只有经过学习能力和思想高度的锤炼，才能在风云变幻的国际局势中捍卫国家尊严和大国地位。

参考文献：

［1］丁永辉．作文出彩技法：不落窠臼，文中有"我"［J］．求学（理科版），2015（5）：37－38.

后 记

教育是事业，事业的价值在于贡献；教育是科学，科学的精髓在于求真；教育是艺术，艺术的生命在于创新。

2018年12月，课题小组成立。在明确了研究的内容后，小组成员立刻扎进资料堆里。我们大量地阅读书籍，不停地收集资料，对文献进行梳理，最后讨论观点综述。

作为一线教师，我们的工作量比较大，白天上课、批改作业，解疑答难；晚上备完课后，还要研究课题。当课题实践进行到一定程度，各种想法逐渐产生，经过思考以后，在资料的基础上提炼论文的观点。在做这些事情的时候，教师们有时会拿韩愈的《进学解》自嘲："焚膏油以继晷，可谓勤矣"，"然而跋前踬后，动辄得咎"。但教师们本着乐观精神，在面对写作瓶颈时，依然不言苦累，笑对困难。

虽然在写论文的那段时间，教师们分明感到精神上的焦虑与孤独，但在准备结题时经常一起交流写作中碰到的问题，往往因意想不到的收获而备受鼓舞。如果不是这个课题，我们很少有机会进行热烈的讨论。在讨论的过程中，教师们碰撞思想的火花，不断地进行思考，不断地完善学术观点。最终论文积累成册，对一名普普通通的教师而言，这是莫大的光荣！

同时，在生命中有许多的相遇总是那么让人回味，更让我们感受到生命精彩的是，感动总是在我们的身边围绕。

在本书的编撰过程中，感动穿越每一个文字，让我们的心灵不断得到荡涤，让我们感受到生命中不断堆积的温情。

在这里，非常感谢母校韩山师范学院的支持，感谢韩山师范学院副

249

校长黄景忠教授在百忙中为本书作序，感谢韩山师范学院教育发展研究院张君敏常务副院长等的大力支持，也感谢所有关心和支持本书出版的朋友、老师、领导。

黄少杰

2021 年 10 月